Mara Sánchez Llorens

LINA BO BARDI.
OBJETOS Y ACCIONES COLECTIVAS

Sánchez Llorens , Mara
Lina Bo Bardi : objetos y acciones colectivas . - 1a ed. - Ciudad Autónoma de Buenos Aires : Diseño, 2015.
316 p. : il. ; 21x15 cm. - (Textos de arquitectura y diseño / Marcelo Camerlo)

ISBN 978-987-3607-74-5

1. Bo Bardi, Lina. 2. Estudios de Arquitectura. I. Título
CDD 720.9

Textos de Arquitectura y Diseño

Director de la Colección:
Marcelo Camerlo, Arquitecto

Diseño de Tapa:
Liliana Foguelman

Diseño gráfico:
Karina Di Pace

Hecho el depósito que marca la ley 11.723
Impreso en España / Printed in Spain

I.S.B.N. 978-987-3607-74-5

Mayo de 2015

Mara Sánchez Llorens

LINA BO BARDI.
OBJETOS Y ACCIONES COLECTIVAS

diseño

LINA BO BARDI.
OBJETOS Y ACCIONES COLECTIVAS

ÍNDICE

10 **LA VALENTÍA INTELECTUAL DE UNA CREADORA DE NUEVOS MUNDOS**

16 **LABORATORIO VITAL DE LINA BO BARDI**
21 Talleres laboratorio
29 La presencia de la Bauhaus en el nordeste brasileño

44 **DE LA VENTANA A LA SINFONÍA ESPACIAL**
47 Atmósferas espaciales
58 Narrando historias. Diseño en acción
71 ¿Qué aspectos participan en la construcción visual de los proyectos de Lina Bo Bardi?

76 **ARQUITECTURAS DEL CUERPO**
83 Primer objeto: Insecto
86 Segundo objeto: Collar de aguamarina
89 Un paréntesis: Exposición paulista de Alexander Calder

92 **JUGUETES Y JUEGOS**
98 Conceptos clave en la simetría entre el juego y la arquitectura
105 Nuevas Fuentes. La apreciación de la infancia en la sociedad. La didáctica del juguete
111 El lenguaje. El mensaje y la semántica del juguete
119 El predominio de la imagen conceptual
122 Las proporciones afectivas y la exageración
126 La acción plástica
135 El valor simbólico de los signos
137 La escenificación. La actividad lúdico-gestual y las atmósferas creadas

147 **LINA BO BARDI A ESCENA**
152 Dónde localizamos la relación entre Lina Bo Bardi y el juego
158 Juguetes populares y exposiciones para niños
162 Una pausa. Musicalización del espacio

168 ALTERACIONES Y METAMORFOSIS
171 Dos objetos. Dos juguetes. Dos acciones
208 Un paréntesis: Reunión del lado femenino de la modernidad brasileña

210 FABRICACIÓN Y ACCIÓN COLECTIVA
212 La mimesis y el juguete colectivo
217 El paisaje futurista creado
225 La propuesta. Esencia abierta
239 De la Catedral al Circo moderno

246 ACTIVACIÓN Y CREACIÓN
250 La disonancia
259 El valor de lo temporal
276 La esencia aérea
286 La exposición del vacío
289 Gran Vaca Mecánica - MASP

294 LINA BO BARDI. OBJETOS Y ACCIONES COLECTIVAS: JUGUETES Y JUEGOS BOBARDIANOS

304 CRONOLOGÍA BOBARDIANA

306 BIBLIOGRAFÍA COMENTADA

LA VALENTÍA INTELECTUAL DE UNA CREADORA DE NUEVOS MUNDOS

Cuando se recuerda la trayectoria de Lina Bo Bardi se suele pensar en sus edificios concluidos, pero Lina fue muchos años, muchos recovecos y muchos ámbitos en los que abrió nuevos caminos. Ella replanteó y repensó todas las esferas creativas con una excepcional originalidad, una formidable imaginación y una enérgica valentía intelectual.

Colaborar en la difusión de su trabajo en el año del centenario de su nacimiento es una muestra de que su obra no ha caído en el olvido y es más contemporánea que nunca.

Comenzaré diciendo que este conjunto de textos es como un *parangolé*[1] que desfila ante nosotros. Una especie de manto que sólo muestra sus colores plenos, formas, texturas y materiales con los que está ejecutado, a partir del movimiento propio y de la mirada que lo contempla.

Y es que la obra de Lina Bo Bardi se revela plenamente cuando el observador se implica convirtiéndose también en creador. Lina recurrió a todos los medios que tuvo a su alcance: la arquitectura, las exposiciones, las escenografías teatrales y otros numerosos medios de difusión de masas –como si el proyectar de Lina se tratara del diseño de estos objetos móviles que son los parangolés.

La idea de que objetos y acciones colectivas son precursores de la compleja obra de Lina Bo Bardi es el pensamiento con el que se aborda esta investigación.

Lina Bo Bardi, nacida y formada como arquitecto en Italia, desembarcó en Brasil en 1946. La situación vivida previamente en Europa la predispuso a afrontar su nueva vida en el país de acogida de manera apasionada. Lina entendió que la arquitectura era un medio de conseguir ciertos objetivos colectivos.

Para encadenar todas las creaciones de Lina Bo Bardi es necesario acompañarla en su búsqueda a través del hombre, de igual manera que

[1] Parangolé: Propuesta de Helio Oiticica, artista vanguardista brasileño fundador del movimiento cultural brasileño *tropicalista*, que en 1963 hizo participar a los habitantes de la favelas de Rio de Janeiro, vestidos con capas pintadas y trabajadas con diferentes materiales de desecho, en sus happenings urbanos. Esto fue un punto de inflexión en su obra hacia la experiencia artística, por la que objeto y sujeto se desplazan, interactuando con la figura humana, no vistiéndola.

ella buscó en Brasil sin saber qué, pero con la esperanza de encontrar en el proceso las respuestas a las preguntas que le hacía la vida; como diría Baudelaire, atrapando lo eterno en lo transitorio, aun sabiendo que su búsqueda era parcial e incluso que el tiempo la volvería equivocada.

Este trabajo nació de la curiosidad. Hasta el año 2001 nadie me había hablado nunca de Lina Bo Bardi y de una manera casual, la encontré. Me acerqué a este personaje que construyó de manera contundente y escribió lo suficiente para poder trasmitir sus inquietudes e intenciones.

En el año 2007 recorrí parte de la geografía brasileña, tratando de descifrar los entresijos de los espacios públicos diseñados por Lina Bo Bardi. Mi recorrido siguió los pasos de la propia arquitecta: su llegada a Río de Janeiro, su vida cotidiana en São Paulo, su estancia en el estado de Bahía. Previamente al trabajo de campo, pude examinar que en la obra de Lina Bo Bardi existían objetos ligados a ciertos espacios colectivos. Una vez comprobada la implicación entre los usuarios y estos espacios, empapada de todo ello, los objetos se me revelaron como parte inherente, como semilla de los lugares que los acogían.

Lina fue una mujer creadora de excepcional originalidad, que buscó el alivio a su preocupación por la humanidad desde su desvelo particular por Brasil; allí desaparecieron los límites de su universo creativo. Al establecerse en São Paulo en 1947, se abrió en su vida una etapa de reflexión y creación con nuevos criterios y prioridades. Su producción completa nace de criterios *replanteados* y *repensados*. Yo diría que en el caso de Lina, su creatividad estuvo unida a la valentía intelectual de una autora apasionada y sensible que se enfrentó a un mundo masculinizado sin rendirse jamás, a pesar de las trabas encontradas, y se convirtió en la más valiente hacedora de caminos de la modernidad.

Los objetos de Lina –que fueron una respuesta elemental a las cuestiones vitales que ella misma se hizo– y las acciones que los activaron (aprender, habitar, jugar) se convierten en precursores de su obra. «"Sum qui sum", por los frutos conocerás el árbol»[2] afirmó Alejo Carpentier.

[2] Alejo Carpentier, «Villa-Lobos habla de música», Caracas, 25/01/1953, *Ese músico que llevo dentro*, Madrid, Biblioteca de Autor, 2007, pp. 17-19, (La Habana, Letras Cubanas, 1ª edición 1980).

La premisa de este trabajo ha sido la selección de cuatro objetos de Lina Bo Bardi y cuatro espacios en los que habitan o habitaron, tratado de verificarse la autenticidad de la superposición de objetos, acciones y arquitectura.

EL PORQUÉ DE LOS OBJETOS

Achillina di Enrico Bo se licenció en Arquitectura en Roma en 1939. Un año después decidió dejar Roma para buscar un horizonte cultural libre. Durante la guerra vivió en Milán rodeada de notables creadores contemporáneos. Trabajó con Gio Ponti, que ya era un arquitecto de prestigio, en proyectos de interiores, ferias y exposiciones y en revistas como *Stile* realizando ilustraciones y crónicas. Lina fue hija legítima de las vanguardias históricas europeas. De esta primera etapa profesional, ella aprendió el oficio y las herramientas gráficas e intelectuales necesarias para desarrollar su carrera.

La presente investigación se inicia acudiendo al origen del interés que Lina Bo Bardi sentía por los objetos: los coleccionó de toda clase desde niña y lo continuó haciendo durante toda su vida, lo que nos relató en su texto *Piedras contra brillantes*. Sus inicios profesionales fueron de la mano del diseño, gracias a sus colaboraciones con Gio Ponti. Una referencia importante fue la experiencia de la Bauhaus, en su extensión norteamericana —Institute of Design of Chicago— que ligó industria y diseño, con la que la arquitecta se sintió intensamente identificada y que trasladó a Brasil.

En 1958, Lina se mudó a Salvador de Bahía para impartir un curso de arquitectura. Además de otras muchas actividades, realizó una exploración antropológica por el nordeste brasileño recopilando objetos cotidianos artesanales. La compilación obtenida fue estudiada de manera técnica y clasificada por ella misma, en una suerte de intelectualización de la artesanía. De todo aquello dedujo el proceso creativo de un país humilde pero resolutivo ante las necesidades del día a día, sin intención alguna por obtener objetos hermosos, que sin embargo lo eran. Ella propuso intelectualmente que la artesanía individual se sustituyera por industria colectiva y trató de llevar esta idea a la práctica, en Salvador, apoyada por las administraciones locales.

Todo este material acumulado se convirtió en el fondo museístico del Solar de Unhão que ella proyectó, dirigió y gestionó. Lina, al descubrir la enorme capacidad creadora de Brasil elevó estas piezas a la categoría de obras de arte. El contacto que mantuvo con los objetos artesanales brasileños, unido a sus herramientas europeas tan ligadas al novedoso campo del diseño, la animó a fabricar objetos, de cuya particularidad, desarrolló un mecanismo de proyecto universal.

Esta sucesión de experiencias vitales es lo que definimos como *Laboratorio Vital de Lina Bo Bardi*, idea a la que se dedica la primera parte de este texto.

EL PORQUÉ DE LAS ACCIONES COLECTIVAS

La obra *bobardiana* forma parte de su réplica a la modernidad, diferenciándose de otras respuestas, en su proyección social (el tiempo lo ha confirmado). En este sentido, el argumento esencial de lo colectivo para Lina, se analiza en la segunda parte de la investigación, a través del encuentro planteado entre lo primitivo del YO –y lo que definimos como arquitectura del cuerpo– y el NOSOTROS, que representa nuestra sociedad de hoy, pública, y con la que se identifican varios de los proyectos colectivos aquí investigados, y en el que objetos y acciones dan las pautas para que los usuarios conceptúen los espacios.

CUATRO OBJETOS, CUATRO ESPACIOS

La última parte, Juguetes y Juegos, se centra en el estudio de los juguetes y objetos creados por Lina Bo Bardi y la relación con su arquitectura pública.

Las acciones colectivas precursoras: aprender, habitar y jugar; los objetos, los juguetes colectivos, y los argumentos que justifican esta definición, protagonizan el proceso argumentativo de la investigación en esta última etapa, en la que tratamos de verificar, además, la auténtica imbricación entre los juguetes y objetos bobardianos y los espacios públicos acotados, a través de una suerte de diálogo entre ellos.

Lina Bo Bardi –que representa a ese grupo de artistas europeos que hicieron de su exilio (voluntario) una oportunidad positiva para repensar el arte y el mundo– tejió una red de relaciones entre arquitectura, artesanía, arte y antropología, desde una mirada que aporta nuevas claves a la contemporaneidad. Este texto trata de desenmarañar la red tejida por la arquitecta.

Ella, que proyectó desde la espontaneidad y la libertad; seguramente compartió con el músico brasileño Heitor Villa-Lobos el siguiente consejo:[3]

> «Quiero que trasmitas un mensaje mío a los jóvenes compositores... que se empapen de su música popular... pero no para «hacer folklore»... deben hallar su propia personalidad... Y entonces –¡por Dios!– que no traten de ser modernos, originales, nuevos... Y, sobre todo, tengan siempre presente su obligación de NO SER EXÓTICO... que lo que compongan tenga un sentido universal para todos los hombres... Y, sobre todo, ¡libertad!... Nada de consignas, de normas ideológicas, de ideas preconcebidas... Sólo puede crearse algo grande dentro de la más absoluta libertad de expresión...»

Como observadora entusiasmada que acerca su mirada a Lina Bo Bardi interesada por lo que ella vio, me dispongo a considerar un nuevo punto de vista, en el que los objetos, las acciones colectivas y la arquitectura se entremezclen, dejando que su obra se muestre plenamente (descifrando su complejidad) y se revele como una obra abierta en libertad.

[3] Alejo Carpentier, «Del folklorismo musical», Caracas, 25 de enero de 1953, *Ese músico que llevo dentro*, Madrid, Biblioteca de Autor, 2007, pp. 17-19 (La Habana, Letras Cubanas, 1ª edición 1980).

LABORATORIO VITAL DE LINA BO BARDI

Largo Getúlio Vargas, 1946, Acuarela, Lina Bo Bardi.

Prácticamente y hasta nuestros días, y con toda seguridad hasta bien entrado el siglo XX, muchas de las mujeres que se esforzaron por alcanzar la cúspide de la creatividad, llevaron una vida aislada, solitaria. No fue así el caso de Lina Bo Bardi, que hizo de su vida un laboratorio de investigación y de creación colectiva, que buscó recorrer los entresijos del ser humano y entenderlos para admirarlos. Observó, aprendió y transformó todo lo que la rodeaba para crear *nuevos mundos*.

El arte moderno, con su clara vocación didáctica, desencadenó actividades lúdicas, clave en la enseñanza del arte actual, y que quizá, junto con el objetivo de aproximar el acto creativo al público, desde un compromiso estético y formativo, determinaron que su razón de ser fuera la forma de hacer, el proceso: el arte se hizo aprehensible.

Lina Bo Bardi, más allá de las obras, entendía el arte como medio de comunicación, como *expresión colectiva*; tenía una especie de deseo de que el arte llegara a la calle y alegrase la vida de sus contemporáneos, por eso, a través de su museografía, bajó la pintura del pedestal y la expuso a mano de la calle, como ya propusieron los Delaunay, para quienes «el mundo se arreglaba con luz y color».[1] Lina opinaba que el arte nuevo debía ser reflejo de una sociedad nueva y debía emerger desde la inocencia, la alegría, la valentía y la sinceridad. Aprender a conocer era su primera tarea, una labor para la que contó con herramientas propias, desarrolladas a partir de las aprendidas en Europa.

En la ciudad de São Paulo desarrolló un taller paralelo al Museo de Arte de la ciudad (MASP), con el objetivo de desentrañar el nuevo arte. Posteriormente y en Salvador de Bahía, creó un museo-taller, Solar de Unhão, en el que exhibió objetos artesanales cotidianos como expresión auténtica del ser humano.

De la fusión de ambas experiencias, dedujo un novedoso concepto global de expresión profunda y colectiva del hombre que exteriorizó y difundió. Su arquitectura se apropió de esta enseñanza bifronte.

Lina Bo Bardi ayudó a comprender los procesos creativos y facilitó el desarrollo creador de los seres humanos desde todos los ámbitos en

[1] Julián Gállego, *Los Delaunay: Una moral del vanguardismo*. Conferencia impartida por el autor en la Fundación Juan March, Madrid, 1982.

Mesa de trabajo de Lina Bo Bardi.

Lina Bo Bardi y amigos reunidos en la Casa de Vidrio, 1980, © Archivo Instituto Lina Bo & P.M. Bardi.

que desarrolló su carrera profesional. Como ya afirmara Picasso: «A los 12 años, dibujaba como Rafael. Poseía toda la herencia de mi tiempo. Y necesité toda la vida para aprender a desaprender», ella, desde su obra vital, enseñó a desaprender lo aprendido para reaprender a ver, a conocer y con todo ello *reaprender a pensar*.

En el proceso creador de Lina Bo Bardi el concepto de juego colectivo fue ganando protagonismo, como revelaremos más adelante, y es, desde este hallazgo, que buscó nuevas variaciones y combinaciones que derivaron a su vez en otros juegos.

En su persona se consumó el principio pedagógico de Johannes Itten: «El juego será fiesta, la fiesta será trabajo, el trabajo será juego».

Comenzamos el presente análisis a través de la acción de aprender (adquirir conocimiento por medio del estudio y la experiencia), investigando dos prácticas experimentales de carácter didáctico en dos ciudades brasileñas. Nos centramos así en su papel como exploradora de un mundo desconocido, que era el brasileño, y en cómo fue capaz de fijar en su memoria lo observado reflexivamente en dicha búsqueda, ensanchando los horizontes de lo artístico, es todo esto lo que definimos como *Laboratorio vital de Lina Bo Bardi*.

Primer encuentro de Lina Bo Bardi con Brasil, Recife, Acuarela realizada por Lina desde el "Almirante Jaceguay", 1946.

TALLERES LABORATORIO
[São Paulo, 1948]

Primeros museos y experiencias didácticas

Lina Bo Bardi divisó las tierras brasileñas en 1946, a bordo de la nave *Almirante Jaceraguey*. El crucero en el que el matrimonio Bardi había realizado la travesía transoceánica desde Italia partió del puerto de Nápoles el 24 de septiembre de 1946 y llegó a Recife el 12 de octubre de ese mismo año. Tras una parada técnica allí, el viaje continuó hasta Río de Janeiro, donde los Bardi se instalaron provisionalmente:[2]

[2] Lina Bo Bardi, *Lina Bo Bardi*, Milán, Ed. Charta-São Paulo, Ed. Instituto Lina Bo e P.M. Bardi, 1994, p. 12.

Último encuentro de Lina Bo Bardi con Italia, Nápoles, Dibujo realizado por Lina con tinta china desde el "Almirante Jaceguay", 1946.

Llegué a Río en barco, en octubre. ¡Fue mágico! Para quien llegaba desde el mar, el Ministerio de Educación y Salud emergía como un gran buque blanco y azul contra el cielo.
Cuando llegué a Brasil, me sentí aturdida. Era una gente insolente, ordinaria, maravillosa...
Reencontré las esperanzas de las noches de guerra en las que un sólo año equivalía a cincuenta años.
Estaba feliz, y aquí no había ruinas.[3]
[Este fue el primer encuentro de Lina Bo Bardi con Brasil]

[3] «Aquí no había ruinas» como en Roma que en 1941 quedó destrozada por la guerra. Para una panorámica satisfactoria de este contexto, véase Andrea Giardina, «Scenari Romani», Roma Antica, Roma, Editori Laterza, 2000.

Pietro M. Bardi junto a estatua de Chateaubriand. Foto de Andreas Heiniger. © Archivo Instituto Lina Bo & P.M. Bardi.
¿Quién era Pietro Maria Bardi?
Nacido en La Spezia en 1900, su vida en Italia estuvo marcada por dos aspectos: su formación autodidacta y su afiliación al Partido Nacional Fascista en 1926.
Su intensa actividad como museólogo, crítico e historiador del arte, periodista, marchante, coleccionador y profesor, le llevó a vivir entre Roma y Milán.
Colaboró en la difusión de las creaciones artísticas a través de la Galleria d'Arte di Roma en 1930 y en exposiciones como la Muestra Italiana de Arquitectura Racional.
En 1933 viajó a Argentina y de paso por Brasil conoció São Paulo.
Su actividad editorial para la difusión de la arquitectura fue enorme, entre los años 1933 y 1936 dirigió la revista Quadrante, para la que contó con la colaboración de Le Corbusier y Terragni, entre otros.
En 1945 fundó el Studio d'Arte Palma en Roma, adquiriendo a nivel personal una cantidad ingente de obras de arte.
1946. Se casó con Lina Bo. En ese año, viajaron a América del Sur, quedándose a vivir en Brasil.

Los primeros apuntes de viaje que la arquitecta tomó en Brasil fueron un par de acuarelas –probablemente realizadas desde la cubierta de la nave en la que llegaron– dos paisajes realizados desde un punto de vista lejano de la ciudad de Recife en el nordeste brasileño. En una de ellas la ciudad se fundía con el horizonte en una exuberante vegetación, lo que nos recuerda las palabras de Alejo Carpentier:[4] «Y ya estaba frente a la costa... se iba definiendo en valores de vegetación y actividad humana. Todo parecía suntuoso, fascinante, extraordinario... Los verdores del mundo parecían haberse integrado en un solo paisaje para darle la bienvenida».

El lenguaje de esta acuarela en suaves tonos, era completamente diferente al de los apuntes tomados en Nápoles al comenzar el crucero, dos dibujos a tinta china. Estos dibujos de Nápoles y Recife (dos ciudades muy diferentes abiertas al mar, mirándose como en un espejo,

[4] Alejo Carpentier, *El Siglo de las Luces*, Barcelona, Austral Narrativa, 2007 (1ª edición 1962).

simetría que Lina siempre evocó) representaron la puerta que Lina Bo Bardi cerraba a Europa y la que abría a un nuevo Mundo, Brasil, país imaginado por Lina desde pequeña y donde llegaba repleta de sueños por desarrollar.

Ya en Brasil, ella entró en contacto con tres realidades culturales: la del Movimiento Moderno protagonizado por los arquitectos Oscar Niemeyer, Lucio Costa o el paisajista Burle Marx; el mundo aún desconocido del Nordeste brasileño, ligado a la artesanía y al arte primitivo y posteriormente el del Movimiento brasileño Tropicália.

Lina sintetizó estos tres mundos, divergentes en apariencia, tejiendo una red de relaciones entre la arquitectura, la artesanía, el arte y la antropología, desde una mirada que aportó nuevas claves al arte contemporáneo. Lina representó a ese grupo de artistas europeos que hicieron de su emigración una oportunidad positiva para repensar el mundo y el arte.

Pietro María Bardi, marido de Lina, recibió el encargo de Assis Chateaubriand, de crear un Museo de Arte Moderno en São Paulo, tras coordinar en el Ministério da Educación y Salud carioca una exposición de pintura italiana antigua en noviembre de 1946. Éste es el verdadero motivo por el cual se trasladaron de ciudad y de país:[5]

> [1947] Chateaubriand llamó a Pietro para que fundara y dirigiera un Museo de Arte en Brasil: Río o São Paulo. Yo me sentía más arraigada a Río, pero el dinero estaba en São Paulo. Le dije a Pietro que quería quedarme,... Así que nos quedamos en Brasil.

La primera etapa de los Bardi tras su llegada a São Paulo, entre los años 1946 y 1951, estuvo marcada por tres proyectos culturales en dicha ciudad y fueron creados desde tres frentes: la difusión, el conocimiento y la crítica; y la producción. Nos referimos al Museo de Arte de São Paulo (MASP), el Instituto de Arte Contemporáneo (IAC) y el Estudio de Arte Palma.

El proyecto de crear el Museo de Arte de São Paulo tuvo que ser un gran reto, ya que São Paulo no tenía tradición museística y hasta la

[5] Lina Bo Bardi, Curriculum letterario de Lina Bo Bardi, *Lina Bo Bardi*, Milán, Ed. Charta-São Paulo, Ed. Instituto Lina Bo e P.M. Bardi, 1994, p. 12.

fecha, Río de Janeiro (capital brasileña entonces en todos los sentidos) había sido el centro neurálgico del arte del país.

Pasaron más de diez años hasta que se descentralizó la difusión del arte, trabajo que concluyó con la creación de la Bienal de São Paulo que se celebraría en el Parque Ibirapuera, situado al sureste de la ciudad y diseñado por Oscar Niemeyer, entre otros.

El eje artístico París-Nueva York se fue poco a poco desviando[6] hacia la capital cultural brasileña en la segunda mitad del siglo XX.

Pietro María Bardi defendió que el museo inicialmente llamado *Museo de Arte Antiguo y Moderno*, por decisión de Chatteubriand, pasara a llamarse simplemente Museo de Arte, lo que implicaba un *concepto museístico* novedoso. Además se fusionaba un espacio de museo (conocimiento) con un espacio de taller-escuela (creación). El trabajo fue multidisciplinar. Lina y Pietro, en estos tres proyectos, trabajaron en equipo.

Lina Bo Bardi se anticipó desde su arquitectura y su actividad ligada a los museos-talleres a la manera contemporánea de entender las exposiciones y la cultura, al atender y dar protagonismo al objeto que se expone, y centrarse a la vez en el sujeto que contempla esa exposición. Ella trasladó estas ideas a su manera de entender el espacio.[7]

Museo de Arte de São Paulo

En los tres primeros años de vida, el museo funcionó en un salón de mil metros cuadrados en la sede de los Diários Associados,[8] en la calle 7 de Abril.

[6] *Lina Bo Bardi*, vídeo elaborado por el Instituto Lina Bo e P.M. Bardi, São Paulo, 1993.

[7] Pedro Azara, «Objeto y sujeto en la escenografía actual», *Arquitectos a escena. Escenografías y montajes de exposición en los 90*, Barcelona, Gustavo Gili, 2000, pp. 30-37.

[8] Assis Chateaubriand (1892-1968), periodista, era propietario de los Diários Asociados –cadena de periódicos– y otros medios de comunicación de la ciudad de São Paulo. *Instituciones y museos*, Enciclopedia Itaú Cultural de las Artes visuales.

Estudio de publicidad del Museo de Arte de São Paulo, 1952.
En el programa de exposiciones y muestras temporales celebradas en el Museo de Arte de São Paulo Assis Chateaubriand (MASP), en los primeros años del Museo destacaron:
Exposición del arquitecto Le Corbusier que comprendía diseños originales para el lote del Ministerio de Educación en Río de Janeiro, marco de la arquitectura moderna de Brasil, además de pinturas, esculturas y planos urbanísticos para la ciudad de Rio de Janeiro; exposición de Max Bill que daría origen a la tendencia concretista en Brasil; muestra de joyas y móviles elaborados por Alexander Calder; muestra de diseños inéditos de Paul Steinberg; muestra de la Escuela de París; muestra de diseño italiano contemporáneo; muestra de grabado expresionista alemán; exposición completa de grabados de Khäte Kollwitz; exposición panorámica del retrato francés, de Fouqué a Prud'hon; exposición panorámica de carteles, con originales de Tolousse-Lautrec y de Chéret; muestra de arquitectura de casas de campo diseñadas por Richard Neutra; muestra de ediciones bibliográficas antiguas de Don Quijote de la Mancha; desfile de modelos de Christian Dior; entre otros eventos.

La gestión y la recopilación de la colección en sí misma, para el Museo, estuvo en manos de Pietro y de Chateaubriand. Tras los primeros años de adquisición, el MASP incrementó su fondo solamente con donaciones espontáneas de artistas y particulares.

El proyecto museográfico corrió a cargo de Lina Bo Bardi. El museo abrió sus puertas dividido en cuatro espacios: pinacoteca, donde quedaban expuestas las obras del fondo; salón de exposición –didáctica acerca de la historia del arte mundial, con tablas repletas de reproducciones, documentos, textos y fotografías dispuestos en hojas de cristal y sostenidos por tubos de aluminio, en los que los visitantes podían acompañar una síntesis del desarrollo del arte; salón de exposiciones temporales y auditorio. Esa visión reflejaba su vocación de museo generador de conocimiento y cultura, opuesta a la idea de museo como simple depositario de obras de arte, un concepto innovador y eficaz.

El sistema expositivo también fue diseñado por Lina Bo Bardi y consistía en una retícula de tubos metálicos [como de nuevo haría en el Teatro Oficina:... La estructura también metálica, garantiza la estabilidad de las galerías laterales por medio de tubos desmontables...][9] con un doble artilugio –uno regulable en altura para colgar en él los cuadros según su tamaño y otro que incorporaba una lámpara de iluminación–; dicho sistema facilitaba y permitía una gran flexibilidad de la sala.

Este novedoso sistema expositivo, fue clave en los proyectos que la arquitecta realizó en 1951 y que estudiaremos más adelante por su carácter transportable y temporal.

Ella también esbozó un sistema expositivo itinerante resuelto a través de un contenedor motorizado, en el que las obras eran contempladas a manera de escaparate de igual manera que la fachada que proponía para el propio museo. Esto quedó en papel.

Este concepto de transportar y transportarse, se fijó en la mente de Lina Bo Bardi para, años más tarde, crear la colección de objetos de uso cotidiano del nordeste brasileño, recopilados desde una búsqueda real por la geografía desconocida de los estados situados al norte de Río de Janeiro.

Bajo la dirección de Pietro, el MASP fue una reseña fundamental en la historia de los museos contemporáneos cuyos criterios, todavía hoy, están vigentes.

En paralelo se impartieron cursos de grabado, diseño, pintura, escultura, danza y diseño industrial; seminarios sobre cine y literatura, que fueron dictados por artistas como Lasar Segall y Roberto Sambonet, arquitectos como Lina Bo Bardi y Gian Carlo Palanti, el escultor August Zamoyski y el cineasta Alberto Cavalcanti, entre otros. También se creó un grupo de danza y una orquesta juvenil.

Es importante anotar que el Museo también fue pionero en la implementación de guías, preparados directamente por el profesor Bardi, para la atención de los visitantes. La forma de presentación de las

[9] Evelyn Furquim Werneck Lima, «Por uma revolução da arquitetura teatral: o Oficina o SESC da Pompéia. Projetos singulares de Lina Bo Bardi», *Arquitextos* 101, octubre de 2008.

obras también difería bastante de otros lugares de exposición de la ciudad. Sin paredes, los cuadros de la exposición permanente quedaban suspendidos por tirantes de vidrio, con iluminación puntual para el local.

El museo funcionó como el MoMA de Nueva York dirigido por Alfred H. Barr. La diferencia fue la museografía de Lina, que insistía en una escenificación de lo expuesto y en la manera de contemplarlo, libre, evidenciando todas las conexiones entre el arte y el espacio asociado participativo y la creación. Tras este paréntesis continuamos con otra experiencia didáctica.

Instituto de Arte Contemporáneo

El IAC fue la Escuela de Diseño Industrial del Masp, creada con los mismos objetivos que el modelo norteamericano de la Bauhaus, es decir, el Institute of Design of Chicago:[10]

> (...)Lina se alineó con el grupo de la Bauhaus en los Estados Unidos, como por ejemplo Hannes Mayer...; y en Brasil estuvo en compañía de de Franz Heep, Lucien Kornjold, Giancarlo Palanti, Bernardo Rudofsky, Jacques Pillon y muchos otros, la mayoría radicada en São Paulo. La ciudad..., era un escaparate de arquitectura de extranjeros.

El folleto de divulgación del IAC de 1950, solicitaba la colaboración de la industria en la circulación de nuevas ideas estéticas, compatibles con la era de la máquina. Se trató por lo tanto de un proyecto didáctico-productivo, además de expositivo en el Museo.

El IAC fue muy importante (en tres años tuvieron más de mil alumnos) pues estableció las bases para la Facultad de Arquitectura y Urbanismo (FAU) de São Paulo que arrancó en 1962 y fue clave en la fundación de la Escuela de Diseño de Río de Janeiro en 1963; donde hasta entonces

[10] Silvana Rubino, «A escrita de uma arquiteta» en Silvana Rubino y Marina Grinover, *Lina por escrito. Textos escolhidos de Lina Bo Bardi 1943-1991*, São Paulo, Cosac Naify, 2009, p. 19-40.

sólo existían estudios de Artes Gráficas, impartidos en la Fundación Getúlio, creada por el artista Santa Rosa en los años cuarenta.

Pietro Maria Bardi, Lina Bo Bardi, Oswaldo Bratke, Sambonet, Jacob Ruchti, Roger Bastide, Leopold Haar y Flávio Motta, entre otros, integraron el cuerpo docente del IAC.

Además de los cursos regulares, el Instituto ofrecía conferencias y talleres temporales con profesores y artistas visitantes. En el primer año se incluían asignaturas básicas obligatorias divididas en tres áreas: Teoría y Estudio de la Forma (matemáticas, perspectiva, dibujo a mano alzada y composición); materiales, técnicas de trabajo y métodos de producción; conocimientos de arquitectura, historia del arte, psicología y sociología. En el segundo año, el alumno optaba por cursos especializados en áreas de su preferencia: producción de equipos o comunicaciones visuales. El tercer y cuarto año los estudiantes debían desarrollar proyectos individuales.

Nos encontramos ante la primera presencia del ideario de la Bauhaus en Brasil, que convirtió São Paulo en epicentro del diseño industrial del país aunando dos visiones: la más utópica de la Bauhaus junto a la más pragmática que utilizó el diseño como parámetro de expansión de la industria.

> ... formar a jóvenes que se dediquen al arte industrial y se muestren capaces de diseñar objetos en los que el gusto y la racionalidad de las formas correspondan al progreso y a la mentalidad actualizada.

El matrimonio Bardi consideró que en el arquitecto y en el diseñador industrial se volcaba el compromiso de "educar el gusto de las masas", asumieron la responsabilidad de la cultura visual de las sociedades modernas. [Clave en la competencia que existió entre la Escuela Paulista y la Escuela Carioca][11]

Los dos proyectos se crearon de manera simultánea pero sólo el Museo de Arte Moderno tuvo continuidad (la escuela cerró sus actividades a finales del tercer año) aunándose parte de ambos programas didácticos.

[11] Lina Bo Bardi crítica e ironiza sobre la Escuela Carioca y su academicismo moderno en textos como «Bela criança» o «Duas construçoes de Oscar Niemeyer» (Ibidem, pp. 70-75).

La nueva sede se ubicó en 1968 en la avenida Paulista y fue conocido definitivamente como MASP resultando interesante profundizar sobre la interrelación del contenedor que alojó este nuevo concepto de museo, proyectado por Lina Bo Bardi y el concepto museístico, ambos definidos con una palabra clave: libertad.

El MASP fue y es un hito referencial en la museografía mundial (Museo de arte contemporáneo más importante de Iberoamérica, junto con el Museo de Arte Latinoamericano de Buenos Aires, MALBA; que abrió sus puertas en 2001). Se ha convertido en icono urbano de São Paulo.

LA PRESENCIA DE LA BAUHAUS EN EL NORDESTE BRASILEÑO
[Salvador de Bahía, 1958-1964]

> Cuando Lina llegó, Bahía estaba dormida.
>
> Lina encontró una ciudad estratificada, yo diría, una ciudad sedimentada entre el siglo diecisiete y el dieciocho, en su manera de vivir, con características medievales, completamente aislada. El único contacto que tenía con el exterior era a través de hidroaviones que aterrizaban en la península de Itapagipi si el mar estaba en calma. No había enlace, ni viario ni ferroviario, que conectara el norte de Brasil con el sur.
>
> En Bahía, vivíamos en una selva fantástica, frondosa. Para ustedes, en Europa, la naturaleza es una maravilla en la que todo está ordenado. Los cipreses se plantan ordenadamente a lo largo de las calles. Aquí en el trópico la naturaleza te devora, te engulle y destruye como un animal, la tierra de Adán, primitiva y terrible para sobrevivir, porque aquí ahora no hacemos sacrificios de animales para los dioses...
>
> El Candomblé resultaba excéntrico, se pensaba que se trataba de un sacrificio de un par de gallinas. Se dio por supuesto que era algo así por nuestra procedencia de África.
>
> Mario Cravo, *Oficina Bo Bardi*.

Os retirantes, Candido Portinari, 1944.

En 1958 Lina Bo Bardi fue invitada para dar un curso en la Universidad de Arquitectura de Salvador de Bahía. Lina no conocía Bahía y estaba entusiasmada.[12] La arquitecta marchó allí con la idea de conocer ese otro Brasil, para ella desconocido y que supuso un cambio vital en su manera única e irrepetible de entender el mundo:[13] "«De aquí a unos cientos de años, en este mismo lugar, otro viajero tan desesperado como yo llorará la desaparición de lo que yo hubiera podido ver y no he visto... Cada hombre lleva en sí un mundo compuesto por todo aquello que ha visto y amado, adonde continuamente regresa, aun cuando recorra y parezca habitar un mundo extraño».

[12] Graziella Bo Valentinetti, *Oficina Bo Bardi*, ideado y realizado por Silvia Davoli, Francisca Padrino y Andrea Valois Restelli, DVD 2' 31" (en vías de publicación por el Instituto Lina Bo y P.M. Bardi), 2006.

[13] Claude Lévi-Strauss, «La búsqueda del poder», *Tristes Trópicos*, colección Surcos, Paidos, 2006, pp. 45-53 (1ª edición, 1955).

Salvador, Pierre Verger, trabajos fotográficos realizados entre 1946 y 1978. © Fundación Pierre Verger.

Para penetrar en los arcanos del legado de Lina Bo Bardi resulta imprescindible conocer ciertos aspectos de la historia del Brasil que ella descubrió, su propia filosofía vital y las razones que la llevaron a proyectar toda su obra tal y como lo hizo y no de otra manera. Hay que tener en cuenta, en el marco de esta genial obra, apoyada en una vida fascinante, algunas coordenadas que parecen brotar desde el mismo destino de la arquitecta y que, con los años culminaron en sus proyectos de espacio público en la ciudad de São Paulo; es decir: la desilusión producida por la situación económica, política y social y por todo ello cultural de Europa; las convicciones de la arquitecta y su exilio voluntario.

Siempre que se piensa en Lina Bo Bardi, se suele pensar en clave moderna, como representante del lado femenino de la Modernidad, en clave años 50 –su primera década en Brasil– la década que sucede a la Segunda Guerra Mundial y que supuso cierto escepticismo tras el fracaso de las utopías y las revoluciones frustradas, secesiones, vanguardias; revoluciones científicas y sociales que dejaron tras de sí consecuencias positivas y negativas pero en ningún caso la absoluta felicidad del ser humano que pretendían.

Y sin embargo, como cualquier otro creador importante, Lina es muchos años, muchos ámbitos, muchos más recovecos. Y es en esas

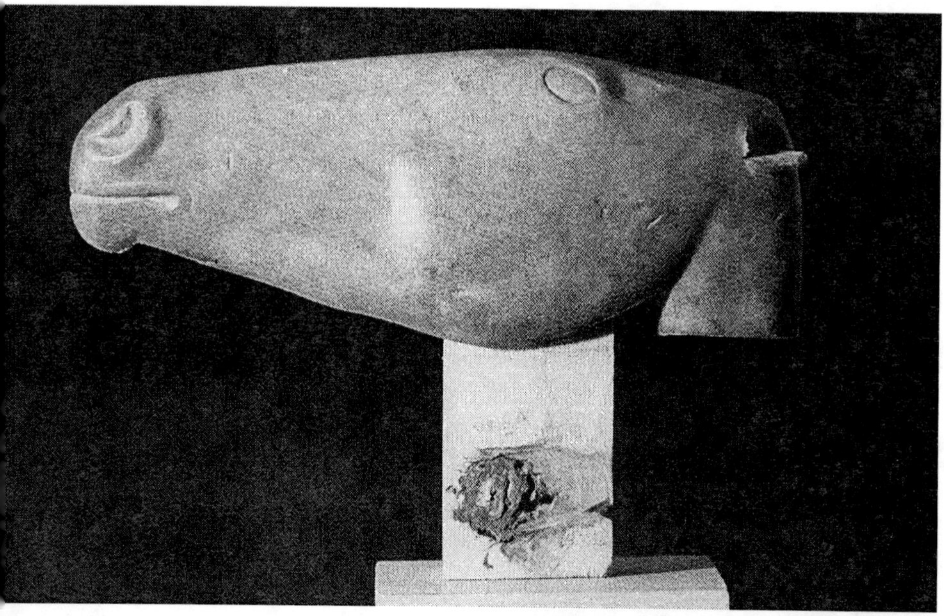

Cabeza de caballo. Ex-voto, Colección Llívio Xavier, Juazeiro do Norte, Ceará. © Archivo Instituto Lina Bo & P.M. Bardi.

Mujer sentada, Vale do Rio, São Francisco. © Archivo Instituto Lina Bo & P.M. Bardi.

décadas de investigación profunda sobre el Brasil más desconocido (décadas de los cincuenta y los sesenta), su experiencia en el nordeste brasileño que nos hace pensar en Lina Bo Bardi en clave popular, cercana a lo vernáculo y en definitiva, en soñadora de lo real.

Como veremos en profundidad en la presente disertación, Lina formó parte del debate artístico italiano de los años treinta y cuarenta, elaboró su propia crítica del Arte. Sentenció que con Dadá el arte occidental había muerto al convertirse en un negocio. Sólo encontraba una salida, el arte debía favorecerse al ser humano, arte pro-ser-humano. Lina Bo Bardi mantuvo dichos objetivos en su ensayo de convertir el pre-artesanato en diseño y en su arquitectura.

En su opinión la artesanía nacía de la necesidad,[14] es decir, de la realidad, proceso de creación del cual nace su arquitectura, auténtica expresión de la cultura humana, llena de belleza y vida.

Ella retomó por tanto la unificación entre Arte y Artesanía así como algunas otras condiciones románticas de la Bauhaus, haciendo de ellas los antecedentes de su proyecto de Centro Artesanal de Salvador de Bahía (proyecto CETA).

¿Se trataba de la nueva belleza para el siglo XXI? ¿Una belleza que nacía de la tradición artesanal auténtica, una belleza tecnológico-artesanal; una belleza atmosférica, una belleza de lo auténtico, una belleza como metamorfosis de la naturaleza?

Desparecido el concepto de belleza clásico, ¿dominaba el de libertad? Lina afirmó en su respuesta, ligando pedagogía y producción:[15]

[14] Parafraseando a Gropius en el primer Manifiesto de la Bauhaus en 1919: «Se aspiraba al descubrimiento del hombre integral, nunca comprometido con ningún dogma, desde la libertad creadora, crítica de los sistemas tradicionales pero en continuidad con lo auténtico de la historia del arte. No debía romperse con la artesanía, sino unidad entre Artes y Artesanía».
Detlef Noack, *La Bauhaus como institución pedagógica*. Conferencia impartida por el autor en la Fundación Juan March, Madrid, 1978.

[15] Lina Bo Bardi, «Arte industrial», *Lina por escrito. Textos escolhidos de Lina Bo Bardi 1943-1991*, São Paulo, Cosac Naify, 2009, pp. 107-110.

Exposición *Bahia*, Ibirapuera, São Paulo, Lina Bo Bardi, 1959.

> «La nuestra es una época colectiva. El trabajo del artesano se sustituye por el trabajo de equipo de los hombres que tienen que estar preparados para esta colaboración».

Lina Bo Bardi dedujo de su observación cuidadosa de Brasil, el proceso creativo de un país humilde pero resolutivo ante las necesidades del día a día, sin intención alguna por obtener objetos hermosos y que sin embargo lo eran, para ella eso era belleza. Esta investigación quedó plasmada en todos los medios que tuvo a su alcance proyectos construidos y sobre papel, exposiciones, labor editorial, actividades académicas, trabajos de diseño, juguetes y objetos de infancia, teatro y otros medios de difusión de masas.

Lina propuso la creación del Centro-Museo didáctico-Taller creativo y de investigación, convirtiéndolo en la clave del desarrollo de la ciudad de Salvador de Bahía:[16]

[16] Lina Bo Bardi, «Casas ou Museus?» Carlos Basualdo, *Tropicalia. Uma revolução na cultura brasileira (1967-1972)*, São Paulo, Cosac Naify, 2007, pp. 212-213.

Exposición *Mil juguetes para los niños brasileños*, SESC Pompéia, São Paulo, Lina Bo Bardi, 1982.

Móvil (fotograma del documental *Oficina Bo Bardi*), Colección Lina Bo Bardi.

Maestro Vitalino, ceramista en compañía de sus hijos, Caruarú, Pernambuco. © Archivo Instituto Lina Bo & P.M. Bardi.

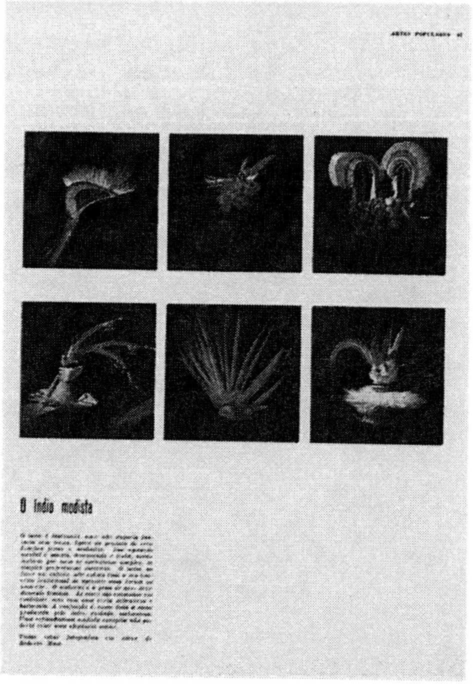

Vestidos para niña realizados con retales, Caruarú, Pernambuco.

El indio modista, artículo publicado por Lina Bo Bardi en la revista brasileña HABITAT en el apartado Artes Populares, 1950.

> ¿Primero las Casas o los Museos? Todo de una sola vez... edificios públicos que todavía hoy son considerados un lujo intelectual... El museo moderno tiene que ser un museo didáctico.

El lujo intelectual dejó de serlo para ella, debía llegar a todos lo cual implicaba sumar una base didáctica y técnica con un espíritu lúdico. Con esta adición la cultura dejaba de ser elitista y el juego dejaba de ser superfluo.

El objetivo último fue transitar de una artesanía primitiva al diseño industrial, motor de desarrollo económico.[17] Esta suerte de experiencia piloto contó con dos etapas:

[17] Mario Cravo, *Oficina Bo Bardi*, ideado y realizado por Silvia Davoli, Francisca Padrino

Granja con animales aplicados sobre tela de algodón negra, Maragojipinho, Sergipe.

Piezas de papel recortado, Fortaleza, Ceará. © Archivo Instituto Lina Bo & P.M. Bardi.

[Primero]

Una investigación previa sobre el estado del diseño brasileño.[18] La exploración comenzó con un viaje por el nordeste brasileño,[19] coleccionando

y Andrea Valois Restelli, dvd 2' 31'' (en vías de publicación por Instituto Lina Bo y P.M. Bardi), 2006.

[18] Contemporáneamente, Charles y Ray Eames pasaron cinco meses en la India y prepararon un informe sobre el estado del diseño en ese país para el gobierno indio.

[19] Burle Marx comenzó sus colectas o expediciones por diferentes zonas de Brasil en 1949. Dos de sus percepciones son clave en la experiencia del nordeste de Lina Bo Bardi y su posterior trabajo:

«El jardín permite una reconquista del tiempo, la posibilidad de recuperar la unidad

Platos cerámicos, Maragogipe, Bahia. © Fundación Pierre Verger.

Retrete de cerámica, vidriada, Mercado de Agua de Meninos, 1960, Salvador de Bahia.

Trabajos en fibra de coco, Recife, Pernambuco.

Solar de Unhão, Salvador.

toda clase de objetos artesanales. De forma paralela creó un magnífico archivo fotográfico: *Apuntes de Nordeste 1959-1980*.[20]

A partir de este trabajo reflexionó sobre la capacidad de crear algo nuevo con materiales deficientes, usados o impropios como en los ejemplos encontrados de lámparas, cafeteras o platos surgidos del reciclaje de una lata de queroseno.

A este mecanismo de diseño lo llamó *diseño del pueblo*. La experiencia nace de la exposición *Bahía*. «Un país de la aristocracia del pueblo» –como ella decía– «del pueblo nuevo, mezcla del europeo, con el africano y con el indígena».

perdida entre la naturaleza y el hombre. Un impulso controlado y pulido hasta equilibrar los ecosistemas propuestos: Esto es arte».
«La ecología consiste en acercarse a la naturaleza para comprenderla y admirarla. Mis jardines son un esfuerzo por desvelar la belleza y armonizarla con el ser humano».

En: Marta Iris Montero, *Burle Marx. El paisaje lírico*, Barcelona, Gustavo Gili, 2001.

[20] AA.VV, *L'Impasse del design. L'esperienza nel Nordest del Brasile*, Milán, Ed. Charta-São Paulo, Ed. Instituto Lina Bo e P.M. Bardi, 1995.

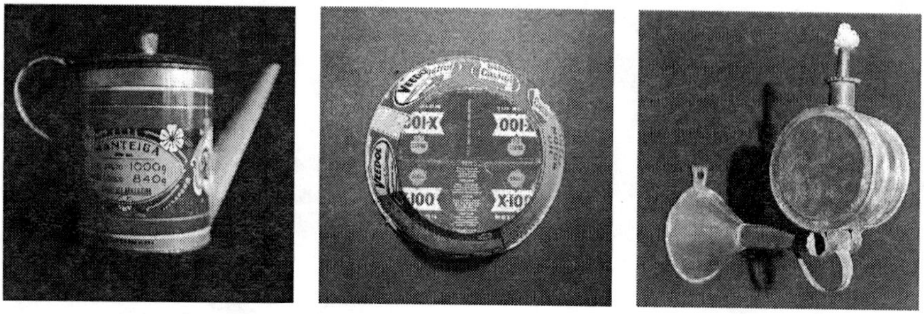

Cafetera, taza y lámpara realizadas con latas recicladas, Feira de Santana, Bahia. © Archivo Instituto Lina Bo & P.M. Bardi.

La obra planteada por la arquitecta fue importante para el arte pero también para la Antropología.

Posteriormente, extrapoló este concepto de diseño del pueblo a la arquitectura en lo que en adelante denominaremos, *tecnología vernácula*:[21]

> (...) Si el pueblo era arquitecto, capaz de construir obras correctas con pocos recursos, era un pueblo del presente...
>
> Para Lucio Costa, y en la arquitectura colonial brasileña, podemos encontrar algunas claves de la arquitectura moderna. Para Lina éstas están en la casa de "pau a pique" (ramas de madera), del recolector en la arquitectura... hemos de cambiar radicalmente nuestra perspectiva.

Dicho viaje le sirvió, además, para comprender los hábitos de la gente, lo llamaremos *inventario del hombre*. Lina Bo Bardi se adentró en un mundo desconocido para ella, que le cambió su punto de vista. Su mirada se hizo antropológica capturando la esencia del nordeste brasileño e hizo de aquella esencia su mecanismo de proyecto:[22]

[21] Silvana Rubino, «A escrita de uma arquiteta», *Lina por escrito. Textos escolhidos de Lina Bo Bardi 1943-1991*, São Paulo, Cosac Naify, 2009, p. 34.

[22] Manuel Delgado Ruiz, Introducción, Claude Lévi-Strauss, *Tristes Trópicos*, Paidos, 2006 (1ª Edición, 1955).

Escalera Solar de Unhão, Salvador de Bahia,
© Archivo fotográfico Nelson Kon.

> Testimonio privilegiado de cómo naufragan las culturas, quizás el etnólogo entienda, como esa incómoda conciencia, la dimensión real de su suerte y de su miseria: la de ser uno de los últimos en ver y palpar ese tesoro inmenso que es la diferencia, un tesoro que no supo merecer Occidente, esa playa, no menos triste, a donde llegan a morir los dioses. La antropología no es sólo ciencia; es también un estado de ánimo.

Profundizó en los objetos creados por los propios niños, expresión del día a día. Eran conceptos materializados desde la esencia. La creación debía surgir de aquello. Nos invitaba a ser niños para después ser hombres libres, creadores libres derrochando en ello pura fantasía y electricidad vital.

[Segundo] CREACIÓN DE UN MUSEO-TALLER

La gran colección de objetos artesanales permitió instaurar el Museo de Arte Popular de Salvador de Bahía, en el Solar de Unhão.

En el periodo del 58 a poco más del 60, Bahía vivió el esplendor de un encuentro de iniciativas que representó una esperanza para todo el país: La Escuela de Teatro, la Escuela de Música y el Museo de Arte Moderno.

Lina fue seleccionada para hacer el Museo de Arte Moderno de Bahía. Fue llamada para instalar y dirigir un museo de arte moderno, no existía, lo creó ella. Lina trajo piezas desconocidas en Bahía, como Degas.

La actuación en el Solar de Unhão, comenzó con la definición del solar en clave geográfica. Lina Bo Bardi desvió la vía litoral e incluyó en el conjunto la Iglesia. A continuación jugó con el simbolismo de lo existente: la Casa Grande se convertía en Museo Popular, la Iglesia se mantenía restaurándola, la Senzala se transformaba en Talleres. Todo ello dominado por un gran plano italiano de acceso.

En el Taller se desarrollaron modelos extraídos de los objetos artesanales mostrados:[26] «Una humanidad unificada sería una humanidad osificada». De aquí nació un concepto arquitectónico: arquitectura pove (no indigente) crear materiales y tecnología desde la imaginación.

El término Arte Povera (voz italiana para *Arte Pobre*) fue una tendencia dada a conocer a finales de los sesenta, cuyos creadores utilizaron materiales considerados pobres de muy fácil obtención, como madera, hojas o rocas placas de plomo o cristal, vegetales, telas, carbón o arcilla, o, también, de desecho y, por lo tanto, carentes de valor. En un esfuerzo por huir de la mercantilización del objeto artístico, ocuparon el espacio y exigieron la intromisión del público. Trataron de provocar una reflexión entre el objeto y su forma, a través de la manipulación del material y la observación de sus cualidades específicas.

Un artista típico fue Mario Merz, famoso por sus *iglús*, estructuras hemisféricas realizadas con materiales diversos.

Acuñado por el crítico y comisario de arte italiano Germano Celant en 1967 para el catálogo de la exposición *Arte povera-Im Spazio*, intentó

[23] Claude Lévi-Strauss, *La vía de las máscaras*, México, Siglo XXI, 2001, (1ª edición, 1975).

describir la tendencia de una nueva generación de artistas italianos a trabajar con materiales nada tradicionales y supuso un importantísima reflexión estética sobre las relaciones entre el material, la obra y su proceso de fabricación y también un claro rechazo hacia la creciente industrialización, metalización y mecanización del mundo que les rodeaba, incluido el del arte. Originario de ciudades como Turín, Milán, Génova o Roma y de carácter muy heterogéneo, el movimiento tuvo en seguida mucha influencia en las escenas artísticas europea y americana.

Lina Bo Bardi participó en toda su obra de esta reflexión y probablemente se trató de una conclusión tras su experiencia en el nordeste brasileño. Quién influyó sobre quién sería motivo de una investigación muy interesante, sin embargo, la transcendencia de dicha influencia resulta independiente al estudiar su obra.

De las experiencias que acabamos de investigar, extraemos algunas de las claves de sus creaciones, como los encuentros inesperados de lo popular con lo culto por ejemplo, la insistencia del reciclaje, la cosificación del arte nuevo y la necesidad de enfrentarse a la creación desde la esencialidad y desde la realidad.

Lina Bo Bardi afirmó:

> Materia prima: la basura. Bombilla, pedazos de tela, lata de lubricante, cajas viejas y periódicos. Es la presencia de «útil y necesaria» para establecer el valor de esta producción, no su poética de los asuntos humanos, creados a partir de la pura imaginación. Forma completa de la electricidad vital.

Fue quizá su contacto con la artesanía brasileña lo que la incitó a fabricar objetos, lo que nos lleva a uno de los puntos clave de esta disertación.

DE LA VENTANA
A LA SINFONÍA ESPACIAL

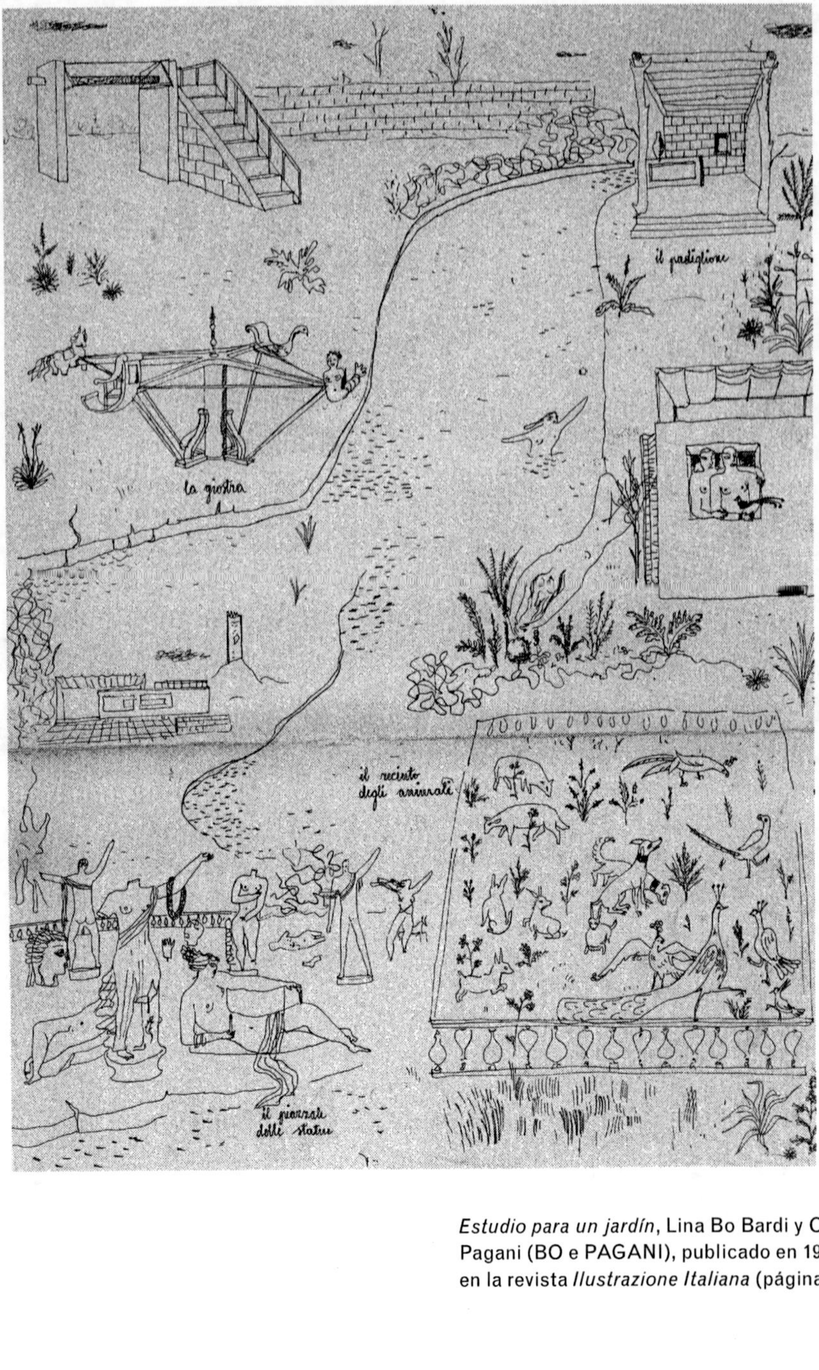

Estudio para un jardín, Lina Bo Bardi y Carlo Pagani (BO e PAGANI), publicado en 1942, en la revista *Ilustrazione Italiana* (página 32).

Entreato para crianças, SESC Pompéia, São Paulo, 1985.

4º Centenario São Paulo, Parque Ibirapuera, 1950.

Museo al borde del oceano, São Vicente, 1951.

Los puntos de partida del lenguaje utilizado por Lina Bo Bardi acompañaron la génesis de sus proyectos con métodos-no-métodos inventados y con resultados imprevisibles para hacernos ver y enseñarnos a habitar en ellos. Dichos procesos forman parte del descifre de su laboratorio vital. Ella se expresó como hubiera podido expresarse un clásico en cualquier época de la historia de la arquitectura.

En primer lugar vamos a analizar lo que denominaremos atmósferas espaciales, analizadas a través de tres bocetos –acuarela-collage-fotomontaje– que la propia Lina Bo Bardi esbozó, entre los años 1950 y 1985 para tres exposiciones distintas, en los que encontramos semejanzas con la ventana surrealista y con las imaginadas por Robert Delaunay. Son sorpresivas, inmediatas y dinámicas.

En segundo lugar identificaremos la sucesión de documentos gráficos en el proceso creativo, entendidos como narración de pensamientos, por medio del caso particular de un concurso de diseño de mobiliario para la ciudad italiana de Cantù, que la arquitecta realizó en 1957.

En ambas herramientas descubriremos la visibilidad, que en sus proyectos, discurre entre lo real y lo imaginario y viceversa y averiguaremos cómo los cúmulos de pensamientos en aparente desorden le sirven para fijar sus ideas y transformarse posteriormente en documentos técnicos precisos. [Busquemos la simultaneidad, lo inexplicable, la no repetición, el modelo dubitativo].

ATMÓSFERAS ESPACIALES

ENTREATO PARA CRIANÇAS

El 24 de marzo de 1985 se celebró en el SESC Pompéia la exposición infantil, Entreactos para niños.

El dibujo que estudiamos fue realizado por Lina Bo Bardi, mediante acuarelas –color– sobre lápiz, completándose con anotaciones en diferentes colores hechas por ella misma. Aparece fechada el 27 de diciembre de 1984.

Acompaña el dibujo de un texto:[1]

[1] «He visto a los niños jugar», Philippe Soupault. Escritor y político francés, impulsor del dadaísmo en Francia e iniciador del surrealismo.

Algo parecido a una ballena, 1950,
Dino Buzzatti.

Eu vi as crianças a brincar
Philippe Soupault
Deve ser
Deve ser
Deve ser
Toda a vida
Alice Preta
Rio 1946

La arquitecta iniciaba con esta muestra una serie de exposiciones que invitaban a los más pequeños a convergir dos mundos: la ciencia –muy cercana a la lógica infantil, como ella afirmó– (rigor) y la fantasía (imaginación).

El motivo principal fue una serie de animales tridimensionales –propios de las granjas así como otros bichos dispersos. Animales (alguno nos recuerda a animales pintados por Marc Chagall), y bichos sobredimensionados y fácilmente reconocibles por la sencillez del trazo y el color, a medio camino entre el expresionismo y el surrealismo. Se entabla una relación con los niños en la importancia de la expresión vital, en el empleo de la proporción subjetiva de las formas, en el uso del color más por sus efectos emocionales que para reproducir la realidad óptica, en la falta de perspectiva y de la gravedad y en el dominio de la fantasía. Algunos animales aparecían acompañados de una anotación común: simbiosis.

Componían una invitación atractiva para que los niños se acercaran, se subieran sobre ellos y los descubrieran a través del juego, despertandose así el interés de los niños en la Ciencia:[2]

> El acercamiento al mundo de los niños en su concepción de juego artístico forma parte de la revolución de la revolución estética y lingüística del siglo XX, en el que el azar, lo accidental lo imprevisible reflejan y provocan la sorpresa desarmada del niño.

Proponía también tres elementos arquitectónicos que organizaban espacialmente el pabellón:

- Una rampa rematada con una pequeña pagoda japonesa: escenario para posibles debates y eventos infantiles (Constante en los espacios escénicos de Lina).
- Un carrusel (Elemento infantil clave para Lina).
- Una piscina de papel pintado (La sala ya contaba con un río que Lina Bo Bardi realizó para recrear el agua que filtrada por las cubiertas en su primera visita a la fábrica y como escenificación geográfica).

No podemos evitar, al contemplar la escena, recordar algunos dibujos anteriores, como el Estudio para un Jardín (con el que hemos iniciado el capítulo), que realizó junto a Carlo Pagani, en Milán y el reconocido amor hacia los *bichos* que Lina Bo Bardi adquirió de la mano de Dino Buzzatti.

Estos tres elementos generaron ámbitos de actividad a su alrededor. El espacio que contenía la exposición se transfiguró en dos de sus caras:

La cubierta: un plano horizontal de cables en la cubierta para colgar animales de él.

Uno de los muros laterales de la nave: recubierto con una tela sobre subestructura de madera en la que se pintan insectos por cartelistas de cine.

Esta es una primera lectura de la imagen, sin embargo, cada objeto que vemos en los dibujos de Lina Bo Bardi esconde algo más; lo que

[2] Tulliola Sparagni, *L'arte del gioco: da Klee a Boetti*, Roma, Mazzotta, 2002, p. 69.

está oculto por lo que vemos, una suerte de combate, diríamos, entre lo visible oculto y lo invisible aparente.

Hay un aspecto misterioso que no tiene que ver con el lenguaje plástico, pues se trata de un lenguaje real y exacto, sino con la desorientación que provocan los objetos que no están en el ambiente que les corresponde y con su escala. Hablaríamos de una realidad cotidiana que conocemos y que a través de esta composición sugestiva elabora un sistema expositivo objetivo. En realidad son las falsas leyes establecidas, las que no encadenarían estos objetos por vecindad.

El contenido nos asombra por las relaciones encadenadas entre los objetos y la escala de los mismos.

Prosigamos con el segundo ejemplo:

4° CENTENARIO SÃO PAULO

En 1950, con motivo del 4° Centenario de la fundación de la ciudad de São Paulo, se celebró en el Parque Ibirapuera, situado al sur de la ciudad, una exposición conmemorativa. Lina Bo Bardi proyectó una instalación para el espacio de exposiciones de dicho parque.

Constituía la primera inmersión de Lina en la arquitectura paulista y su transición de una dedicación plena al mundo del diseño y editorial, al de la arquitectura.

Nos encontramos ante un dibujo realizado con una técnica mixta de collage sobre acuarela. Lina hizo suyo el lenguaje del collage, un collage cuyo lenguaje plástico estaba cercano al espectador.

El proyecto no fue realizado, sin embargo, años más tarde, en 1953, la propia Lina lo publicó en la revista Habitat que ella misma dirigía, revista de la Artes en Brasil.

Con motivo de esta misma exposición, el músico compositor paulista Heitor Villa-Lobos conversaba con el escritor Alejo Carpentier; le hablaba del Amazonas y de su inmensidad, de los desiertos, de las rocas trágicas, de los pájaros-campanas ocultos bajo carapachos de tortugas sonando como un gigantesco carillón, de los misioneros del

Museo al borde del oceano, São Vicente, 1951.

Instalación provisional Museo Magritte, Bruselas, 2009.

Río Negro y de las antífonas de los pescadores del Río San Francisco etc. Cuando cambiando repentinamente de tema, el maestro le dijo:[3]

> Quiero que trasmitas un mensaje mío a los jóvenes compositores... Diles... que estudien a fondo el folklore de su país; que lean los trabajos de Juan Liscano, que escuchen las grabaciones de cantos populares realizadas por Isabel Aret y Ramón y Rivera... que se empapen de su música popular... pero no para «hacer folklore». ¡No! Que no apuntes los temas; que no anoten los ritmos... Lo que deben hacer es hallar su propia personalidad... Y entonces –¡por Dios!– que no traten de ser modernos, originales, nuevos... Que escriban los que sienten, como lo sienten... Y, sobre todo, que tengan siempre presente su

[3] Alejo Carpentier, «Villa-Lobos habla de música», Caracas, 25 de enero de 1953, Ese músico que llevo dentro, Madrid, Biblioteca de Autor, 2007, pp. 17-19 (La Habana, Letras Cubanas, 1ª edición 1980).

obligación de NO SER EXÓTICO. Nunca exóticos... Que nada en su obra suene a cosa exótica. ...que tenga un sentido universal Un significado para todos los hombres. ...Cuando un artista encuentra su acento verdadero, siempre es original y avanzado, aunque no tenga conciencia de ello....

Hace una pausa el compositor, y añade:

–Y, sobre todo, ¡libertad!... Nada de consignas, de normas ideológicas, de ideas preconcebidas... Sólo puede crearse algo grande dentro de la más absoluta libertad de expresión...

La conversación parece que hubiera planificado premonitoriamente el viaje que años más tarde realizaría Lina Bo Bardi por el nordeste brasileño. Parece que ese mismo mensaje, el de libertad [Libertad es también un sentimiento común de rico y variado público],[4] es el que Lina trasmite con su collage.

ÁREA EXPOSITIVA DEL MUSEO AL BORDE DEL OCÉANO EN SÃO VICENTE, SÃO PAULO

De manera muy básica podríamos describir este museo como un gran espacio racional único, elevado y abierto al exterior. La estructura potente era ROJA, único color utilizado en el boceto que investigamos.

Para este documento gráfico, en el que Lina Bo Bardi nos habla de la museografía que se imagina en el espacio expositivo –situado de espalda al acceso y mirando al inmenso mar– utilizó la técnica del collage fotográfico en blanco y negro. En realidad, realizó dos collage desde sendos extremos de la sala expositiva.

El contenido de esta sala respondía a una idea novedosa en la que se mezclaban cuadros de las vanguardias europeas con creaciones brasileñas, como ex-votos del nordeste del país.

Frente al eje creado en las vanguardias, Europa-Nueva York, Lina Bo Bardi, desde sus primeras apuestas, nos habló de la desaparición

[4] André Vainer, «Cidadela da liberadade», en AA.VV, *Cidadela da liberdade*, São Paulo, Instituto Lina Bo e P.M. Bardi, 1999, p. 11.

de ejes y propuso la creación de un *nuevo paisaje cultural con muchos nudos*, todos relacionados entre ellos y con aportaciones propias. No se trató de un indigenismo –lo cual habría producido otro estancamiento– sino de un alejamiento del factor estético, del arte por el arte, para recuperar la inocencia. Construyó un espacio con una preciosa organización de formas y texturas.

Hay algo de misterio medieval para comunicar en realidad sus sentimientos e ideas, ese mirar al mar en silencio.

El riesgo de mostrar el arte culto y el popular, tenía que ver con su concepción sobre el arte como medio de comunicación. Este equilibrio que Lina Bo Bardi resolvió con sencillez y precisión, es clave.

La primera composición muestra cómo la sala se abre por completo al exterior, a un exterior que nos presenta con un mar en calma, infinito.

La segunda tiene en primer plano el muro expositivo. El espacio se ordena gracias al patio abierto. De nuevo la inmensidad del mar con un horizonte sosegador.

La escala es desconcertante; uno por la proporción del propio museo, por la ausencia directa de referencias exteriores –es difícil dar escala a la roca que interrumpe la homogeneidad del océano, dos por la inexistencia de individuos.

¿Qué esperaba exponer Lina en este museo? Ella desde su llegada a Brasil optó por una museografía en la que convivieran lo culto y lo popular –que se mezclara la cultura de élite y la artesanía. «Conceptos como exuberancia, choque, revelación y antropofagia estaban también presentes en todas las exposiciones de Lina [lo estaban en la esencia del Movimiento Tropicalista] en la forma y en el contenido: ángeles barrocos al lado de exvotos, hojas de pitanga en el suelo del museo, como se utiliza en las plazas de candomble, dorados de seda contrapuestos con los más primitivos barros, colchas de retazos que remiten a las más finas técnicas del reino de Dahomé, trajes de Oixas casi parangolés; nada de folklore, nada de gadget, nada de romanticismo: dignidad y sofisticación por encima de todo».[5]

[5] Marcelo Carvahlo Ferraz, *Lina Bo Bardi e a tropicália-Tupi or not tupi?* Chicago, 2005, Comunicación personal del autor, 12 de agosto de 2007.

Ella también exponía la inmensidad del mar, para este objetivo era importante la *creación de dos límites*: el plano del espectador y su techo, es decir la creación de su ventana y de su horizonte.

En 1951 Lina Bo Bardi realizó este proyecto de museo y ese mismo año proyecta la Casa de vidrio, un estudio de vivienda económica y un estudio para un espacio genérico de uso público. Algo muy importante: Establecía ese año y así, las bases para el futuro MASP.

¿QUÉ NOS RESULTA INTERESANTE DEL ANÁLISIS COMPARATIVO DE ESTOS TRES DIBUJOS?

Las tres atmósferas crean una suerte de Parangolé[6] en el que el creador o el espectador se viste con una capa que consta de varias series de paños de colores que se van descubriendo en la medida en que éste se mueve, corriendo o bailando. El misterio en los proyectos de Lina Bo Bardi surge de esta manera: al recorrerlos, van sucediendo y surgiendo.

Los tres dibujos están realizados con técnicas diferentes. Se trata de tres imágenes que Lina Bo Bardi realizó para tres espacios expositivos y que en su conjunto podrían entenderse como una imagen única, una mirada sobre un mismo lugar, en tres momentos diferentes.

La perspectiva que es muy repetida es similar a la ventana surrealista. Una ventana, como metáfora del ojo.[7] Una ventana como frontera entre el interior y el exterior, igual que el ojo humano, en la que su cristal es el soporte de la ilusión de la realidad, como mimesis, como ilusión.

En 1928, René Magritte describía su pintura en su ensayo *Teatro dentro de la vida* como un escenario en el que, a telón abierto, se desarrolla una tragicomedia cuya protagonista es la representación.

Parafraseando a André Breton:

[6] Parangolé. En noviembre de 1964 Helio Oiticica escribía: "El descubrimiento de lo que doy en llamar parangolé (que denomina una situación de sorpresiva confusión o exhitación en un grupo), experiencia referida a la construcción del color en el espacio, especialmente en relación a una nueva definición de lo que dentro de esa experiencia sería el objeto plástico o mejor dicho la obra".

[7] AA.VV, *La ventana como cuadro: René Magritte*, EducaThyssen. Itinerarios artísticos, Madrid, 2008.

> El ojo está hecho para pasar un hilo conductor entre las cosas de aspecto más heterogéneo y las va enhebrando, dicho hilo, de enorme ductilidad, debe permitirnos captar las relaciones que encadenan en un tiempo mínimo la continuidad de las innumerables estructuras físicas y mentales. Relaciones enmarañadas por las falsas leyes de la vecindad o clasificación científica.

Los tres dibujos participan de este concepto y tienen algo que nos recuerda los dos sentidos del surrealismo propuesto por Patrick Valbert: la inmediatibilidad y la desorientación voluntaria.[8]

La *inmediatibilidad* en esta composición gráfica radica en el carácter irreal, infantil, de aparente arbitrariedad en que los diferentes objetos se acumulan, también hace referencia a la *temporalidad* de la escena propuesta.

La perspectiva se repite de manera similar en los tres dibujos. Nos sitúa en un gran contenedor análogo en los tres casos, de similares proporciones.

La mirada se fija elevada respecto del suelo [Mendes da Rocha: «La arquitectura brasileña es una línea horizontal levantada del suelo»] Estamos ante una ventana que observa, que presta atención, como siempre hizo Lina Bo Bardi, y nos introduce en lo sorpresivo e inmediato, esa primera mirada de las irrealidades, que nos ayuda a hacer una introspección en nosotros, a compartir y sociabilizar.

Advertimos que la elaboración de estas tres atmósferas parece sucesivamente más lenta, más silenciosa; esto tiene que ver con la velocidad del dibujo y por ello con la técnica utilizada.

Tienen mucho de escenográfico y sobre todo tienen mucho del evento que allí sucede. Están carentes de personas, con la excepción de unos niños que juegan y dan escala en el primer dibujo pero que son elementos secundarios de dichas escenas. Resultan silenciosas.

En el primer dibujo simplemente no se percibe. Los niños están protegidos, como veremos que también sucede en el SESC Pompéia y

[8] Julián Gállego, *El misterio de lo cotidiano*, Conferencia impartida por el autor en la Fundación Juan March, Madrid, 1989.

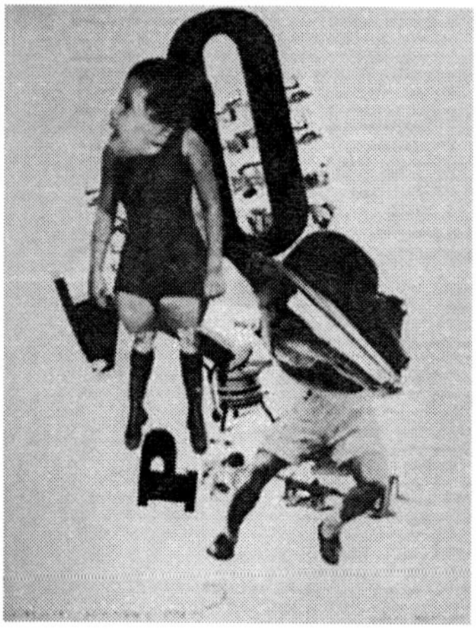

Collage fotomontaje. Imágenes y materiales reciclados, proceso creativo, Hannah Höch Da-dandy, 1919.

Portada de la revista del grupo *Domus*, *A*, *Architettura*, *Abitazione*, *Arte*, número 2-Lina Bo, 1946.

en otros proyectos, y tienen una referencia indirecta a través de los paneles que no llegan hasta la cubierta, en una idea cercana a la de una fortaleza.

En el segundo el paisaje nos recuerda al sertão que protagonizará el concurso de muebles Cantù, sintetizado, horizontal, con arbustos puntuales que en ningún caso nos remite a esa otra vegetación exuberante tan brasileña. El color tampoco es excesivamente brasileño.

¿Dónde nos sitúa Lina?

El *desconcierto* reaparece en el tercer dibujo, propuesto por Lina Bo Bardi para el Museo São Vicente. La mirada se equilibra entre exterior/interior, lo definido se enfrenta a un paisaje neutro, mudo, no sabemos si se trata de un mar en calma o un desierto.

El punto de vista es elevado y desconcertante (un punto de vista que retomó con fuerza Le Corbusier).

La línea del horizonte en este dibujo nos desconcierta sobre la altura a la que estamos. Sólo surge algo de vegetación en el patio lateral, donde el espacio cobra intensidad y realismo. El espacio se abre al cielo.

En el orden en que hemos compuesto esta imagen, el tercer dibujo es más elaborado, más definitivo, más realista en lo técnico pero sin embargo, más degradado. Un fotomontaje en Blanco y Negro, más surrealista, incluso lo es el cuadro protagonista y en primer plano, en el espacio expositivo para el Museo São Vicente.

Collage y fotomontaje fueron dos métodos de representación visual que Lina Bo Bardi incorpora a su arquitectura. El lenguaje estaba lejos del comic como harían coetáneos suyos pero sí estaba cerca del lenguaje infantil. El collage y el surrealismo formaron una pareja indisoluble. [En su participación en el Dadá en Berlín de la pareja Höch-Hausmann el collage surge como herramienta de comunicación y Ana Höch fue pionera.]

> Nosotros, educados para ver lo habitual y lo ya instaurado, debemos, desabrir el mundo de lo visible. Debemos revolucionar nuestro pensamiento visual. Debemos quitarnos del ojo un velo que nos cubre desde el ombligo.
>
> Alexander Rodchenko, 1922

Lina Bo Bardi, utilizó las herramientas del collage y del fotomontaje.

Desde una despreocupada soltura, se atrevió a transcribir y poder visionar intensamente, de lo real a lo imaginario, de lo concreto y material a lo conceptual y viceversa.

Estas tres atmósferas temporales esbozadas por ella –entre los años 1950 y 1985– para tres exposiciones distintas –analizadas como si se tratara de una imagen única son, en su conjunto, un cúmulo de ideas en aparente desorden, cargadas de sugerencias, de comunicación, de investigación y de celebración, fueron instrumentos precursores que no pretendían ser modernos, originales ni exóticos, sino que fueron creados desde la más absoluta *libertad de expresión*.

NARRANDO HISTORIAS. DISEÑO EN ACCIÓN
[São Paulo-Cantù, 1957]

Estudio consurso de mobiliario Cantù,
Primera y Segunda Escena, Lina Bo Bardi.

En el año 1947 El matrimonio Bardi fundó el Estudio de Arte Palma, con el objetivo, entre otros, de desarrollar un mobiliario moderno e industrial.

Lina había iniciado su carrera profesional en Milán, de la mano de Gio Ponti y el mundo del diseño, lo que junto con otros factores, la condujo a una particular manera de proyectar.

Un par de años después de la llegada de los Bardi a São Paulo en 1946, es decir en 1948, la pareja inauguró el Estudio de Arte Palma junto con el arquitecto Giancarlo Palanti.

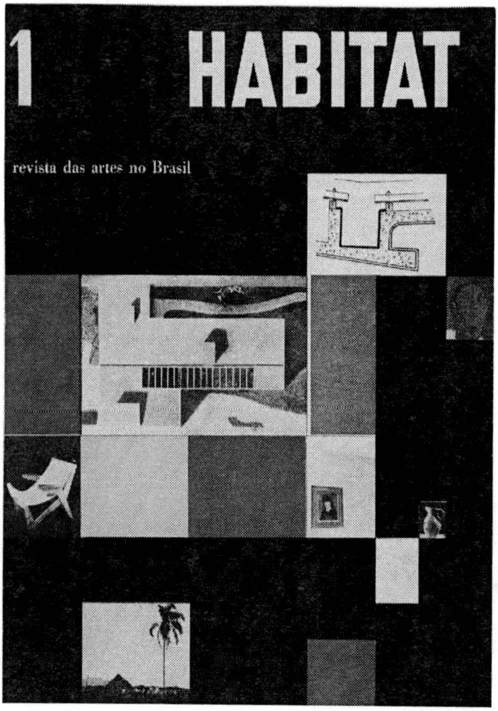

Portada *Habitat-revista das artes no Brasil*, N° 1, 1950, Lina Bo Bardi.

Se unían así tres italianos emigrados a Brasil con un interés común: desarrollar un mobiliario moderno, producido industrialmente pero bajo un filtro: la mirada lugareña brasilera.

Ella aportó su sólida base teórica y una considerable experiencia profesional en el campo del diseño desarrollada en Milán junto a Gio Ponti y Carlo Pagani.

El estudio estuvo localizado en una gran sala del Edificio Thomas Edison, en São Paulo y desarrollaba proyectos en arquitectura de interiores, también poseía un anticuario y una sección de exposiciones periódicas de arte antiguo y contemporáneo.

Para fabricar dicho mobiliario, los tres socios fundaron la Fábrica Pau-Brasil –que produjo un gran número de sillas, mesas, sillones, estantes, sofás, luminarias y bancos hasta mediados de 1951.

Tenían una gran preocupación por el clima y los modos de vida y la producción vernácula, todo el mobiliario proyectado era fabricado con maderas brasileñas (como por ejemplo, la cabreúva y la jacarandá paulista) y telas naturales, el sisal, el atanado, el cuero y la taboa – resaltando siempre las tradiciones indígenas, africanas y campesinas del pueblo brasileño. De esta manera casi como en un inventario Lina fue introduciendo los materiales que existían en Brasil, provocando su metamorfosis hacia otros nuevos como de manera culmen hizo en el proyecto para A Nova Prefeitura da São Paulo en 1990.

A pesar de haber tenido una vida corta, el Estudio Palma fue considerado pionero en la producción del mobiliario moderno brasileño.

El estudio estuvo en contacto con otros diseñadores de mobiliario que buscaban objetivos similares como Sérgio Rodrigues por ejemplo, quien a su vez recibió el primer premio por su Poltrona Mole en el Concurso Internacional de Mobiliario de Cantú en su edición de 1961, concurso sobre el que versa esta parte del capítulo.

El año en que Lina Bo Bardi elabora la propuesta de mobiliario que pretendemos analizar, 1957, coincide con la presentación de su Tesis: *Contribuição Propedêutica ao Ensino da Teoria da Arquitetura*, la cual elaboró entre los años 1955 y 1957. Esto nos sugiere destacar algo importante, el carácter pedagógico de los documentos: fiel reflejo del desarrollo de una idea gráficamente.

Lina Bo Bardi publicó en el primer número de la revista *Habitat*, dirigida por ella misma, sus proyectos de mobiliario cuyos objetivos estaban orientados a la producción en serie y la sencillez estructural, según el ideario del diseño industrial moderno propuesto por las vanguardias europeas.

La revista *Habitat* abarcó todo el panorama cultural contemporáneo brasileño (culto y popular).

En este primer número Lina Bo Bardi auto publicó los trabajos realizados por su Estudio Arte Palma entre los años 1948 y 1950.

Auto de juguete, Raffaella Crespi, 1959.

Silla y banqueta modelo Pirkka, 1955, piezas de mobiliario ganadoras en el Concurso Internacional Cantù en su edición del año 1955, diseñadas por el finlandés Ilmari Tapiovaara fundador del estudio de diseño Tapiiovaraa Design.
El concurso se convocó cada dos años, con carácter Internacional, a través de asociaciones artesanales y productores de muebles crearon el Centro de servicios para el sector del diseño de muebles de madera de Cantù (CLAC), con el objetivo de expandir su producción local a un ámbito internacional y que sus diseños fueran más contemporáneos.
El jurado estuvo formado por personalidades del mundo del diseño como Alvar Aalto, George Nelson, Finn Juhl, Arne Jacobsen, Gio Ponti, Carlo De Carli, Franco Albini, Ignazio Gardella, Carlo Mollino, etc.
Se obtuvieron resultados de excelente calidad como las piezas de Ilmari Tapiovaara, Werner Blazer (trabajaron en la oficina de Le Corbusier y Mies Van der Rohe), Niko Kralj, Eero Aarnio (quien posteriormente se dedicó al diseño de piezas de plástico), Raffaella Crespi (que diseñó un maravilloso coche de juguete expuesto en la Bienal de Milán de 1959) o Gianfranco Frattini entre otros.
Con los diseños ganadores se elaboraron prototipos que posteriormente fueron incorporados a las colecciones para venta del centro CLAC.
Con todos los diseños presentados se elaboraron diez catálogos editados entre los años 1955 y 1973.

Concurso de mobiliario en Cantú, Italia. Bases y contexto [São Paulo-Cantù, 1957]

> Cantú es una pequeña ciudad cercana a Milán, centro de artesanos madereros, que heredaron la técnica tradicional más esmerada junto con un pésimo gusto e ideas confusas que pueden deberse a no estar acompasadas con la evolución de los tiempos.[9]

Diez años más tarde de su llegada a Brasil, en 1957 y ya viviendo en São Paulo, Lina Bo Bardi realizó una propuesta para el Concurso Internacional de mobiliario de la ciudad de Cantù, al norte de Italia.

El origen de dicho concurso, Concurso internacional de mobiliario de Cantù,[10] se remonta a mediados de los años cincuenta, en dicha ciudad italiana de gran tradición en el diseño del mueble de madera.

En el Archivo histórico del Concurso internacional de mobiliario de Cantù no figura la participación de la arquitecta en ninguna de sus convocatorias, lo que nos lleva a pensar que ella nunca envió la propuesta que vamos a analizar [Hipótesis: uno, no envió la propuesta; dos, se trata de un ejercicio teórico de diseño de mobiliario, un ejercicio teórico práctico ligado a su Tesis; tres, se trata de una abstracción de su mecanismo de pensamiento].[11]

Nos interesa de dicha propuesta, especialmente, la sucesión de documentos gráficos con los que Lina la elaboró y definió: el *proceso creativo*.

Lina daba respuesta a una serie de muebles, diseñados con una misma pieza o "comodín" (de forma parecida a un boomerang) que dependiendo de su posición –situada de manera estratégica– servía para estructurar sillones, mesas, estanterías, entre otras aplicaciones.

[9] Lina Bo Bardi, «Artesanato Industrial. Concurso para mobiliário», *Habitat*, 46, 1958, São Paulo.

[10] Datos facilitados por el CLAC, Centro de servicios para el sector del diseño de muebles de madera de Cantù, Italia: Simona Maspero, Responsable de Galería de Diseño y Mobiliario. Fuente: Archivo histórico de la selección y Concurso internacional de mobiliario de Cantù. Comunicación personal autora.

[11] En la reciente catalogación de los más de siete mil dibujos del archivo de Lina Bo Bardi, se encuentran una veintena de bocetos dedicados a este concurso.

[Son similares a las cajas de juguetes transformables de Joaquín Torres-García].

LA PROPUESTA DEL CONCURSO

La sucesión de dibujos se elabora desde el conocimiento, un conocimiento de las cosas y de sí mismo como veremos; nace del descubrimiento y desemboca en la creación.

La propuesta se recoge en la siguiente documentación gráfica elaborada toda ella a línea: dos dibujos a mano alzada con dos escenas, dos planos técnicos y seis pequeñas escenas realizadas también a mano alzada.

PRIMERA ESCENA

En primer lugar nos narra de dónde extrae su idea. Para ello acude a un análisis inventivo muy inteligente: una escena que Lina Bo Bardi habría contemplado repetidamente, es decir adopta una actitud que le permite impregnarse de una situación para aprehenderla, anota lo siguiente:[12]

> El (hecho importante) desencadenante surge de la observación de una posición cómoda y primitiva del cuerpo humano. La pieza móvil se adapta a la posición agachada, en cuclillas, muy usada en las bellas haciendas de café.

¿De qué manera resulta más natural y cómodo estar sentado? ¿No se trataba de una reflexión sobre algo evidente? ¿Se ponía en duda algo tan obvio como el hecho de sentarse? ¿Dónde había comprobado Lina la comodidad de dicha postura? De Brasil y del mundo: La forma originaria.

[12] Lina Bo Bardi, «Concorso di mobili», *Lina Bo Bardi*, Milán, Ed. Charta-São Paulo, Ed. Instituto Lina Bo e P.M. Bardi, 1994, pp. 96-97.

Estudio consurso de mobiliario Cantù, Primera Escena, Lina Bo Bardi.

Cebras a lo lejos, Alexander Calder, 1930.

LA POSTURA

La respuesta a cómo sentarse responde a la más pura de las lógicas. La anatomía del hecho de sentarse se evidencia en estos primeros dibujos de Lina Bo Bardi, se sientan de manera natural; recurre a una manera de sentarse considerada primitiva –en cuclillas vencido ligeramente hacia atrás para mantener el equilibrio. Dibuja a dos trabajadores de los cafetales sentados en dicha postura, uno de ellos se nos muestra de frente y otro de perfil.

La escena nos recuerda totalmente a las escenas recogidas por Tarsila do Amaral en sus cuadros Pau Brasil. (Veíamos la llegada de Lina Bo Bardi a Brasil recogida en una acuarela de la ciudad de Recife, tanto Tarsila como Lina realizan de un mismo encuadre a diferente distancia y diferente lectura).

La mirada antropológica justifica el origen de esta escena contemplada anteriormente: Lina Bo Bardi elabora un *documento antropológico*. Los personajes observados son aparentemente brasileros, aparentemente son peones que ante la necesidad de un descanso y la falta de asientos donde hacerlo, descansan de esta forma ancestral. Su deducción esencial nace de la observación previa, NO de un estudio anatómico posterior, como harían otros diseñadores contemporáneos como The Eames Office o Charlotte Perriand.

LA LOCALIZACIÓN DE LA ESCENA

El entorno en el que se nos muestra la escena es un paisaje desierto, devastado: el sertão, un paisaje característico del nordeste brasileño, lugar en el que la arquitecta todavía no conocía por aquel entonces. Dicho paisaje lo caracteriza con sintéticos trazos [Esta vez evocamos los dibujos de Alexander Calder y su síntesis paisajista]: tres plantas o arbustos, una línea de horizonte ligeramente escarpada y la textura del terreno.[13] Lina Bo Bardi registrará en sus dibujos la riqueza paisajística del país a lo largo y ancho de la geografía recorrida, con ella, podremos descubrir dónde nos encontramos y qué paisaje caracteriza el lugar o qué paisaje debería caracterizarlo. La arquitecta liga su argumento antropológico a un *paisaje*.

En definitiva se trata de una imagen constitutiva que suple la ausencia de lo que se no se ha percibido in situ, un intento de representar aquello que no se puede ver, además, los vacíos que quedan en esta escena se desarrollan en nuestra fantasía.

[13] En Brasil, el sertón (en portugués sertão) es una extensa región geográfica semiárida del Nordeste Brasileño.

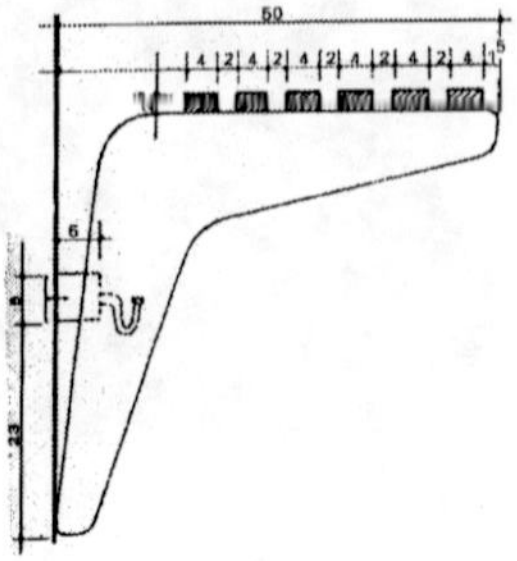

Estudio consurso de mobiliario Cantù, Diseño de mobiliario transformable, 1957, © Archivo Instituto Lina Bo & P.M. Bardi.

SEGUNDA ESCENA

LA LOCALIZACIÓN

El entorno, una hacienda, es otro aunque el paisaje de fondo es el mismo (aparecen dos vacas, una de perfil y otra vista desde atrás, un recurso curioso).

Simplemente sabemos que estamos en un entorno edificado pero pareciera que se trata de una senzala y no la casa grande, ¿por qué lo intuimos? Porque los usuarios de los asientos que esboza son mujeres con ciertos rasgos del nordeste del Brasil, dos de ellas tejen o realizan una actividad similar y otras dos, que una vez más aparecen de frente y perfil simplemente contemplan el paisaje.

La dualidad entre los personajes y sus diferentes posiciones nos dejan con la duda de que se trate de un mismo personaje que se está moviendo, con lo que Lina Bo Bardi acude al recurso de una simultaneidad descriptiva: De manera sintética narra en muy pocos documentos lo que nos quiere contar.

LA POSTURA

La finalidad del dibujo es narrarnos la armonía de la escena en que unas mujeres, ahora sí, descansan muy cómodamente sentadas en unos asientos en los que la postura a mantener es esencial:[14]

> La característica del auténtico tema folklórico, de la auténtica danza folklórica, de la sonoridad cabal de la música folklórica, es la de parecerse a sí misma –la de ser fiel a su propia tradición, la de aceptar dictados remotos. El verdadero tocador (del tambor mina en Venezuela, por ejemplo) es aquel que conoce los toques, el carácter de los toques, las normas dentro de las cuales deben producirse los toques. Esto no excluye la existencia de un virtuosismo personal.

DISEÑO DE MOBILIARIO TRANSFORMABLE

El tercer dibujo es un plano técnico y en él diseña la pieza en cuestión. Dibuja un tablero de madera acotado: 2.20 × 1.60, sobre el cual dibuja el patrón de la pieza repetida ajustándola a las medidas de dicho tablero para el máximo aprovechamiento de la materia prima – treinta piezas por tabla con un mínimo de cortes.

Como si de un patrón de piezas de transformables de Joaquín Torres-García se tratara [También podría compararse con el *Arsintes* de Ángel Ferrant], además de la propia definición de la pieza "comodín" –geometría, escala y material, nos sugiere la manera de industrializar el proceso: elaboración y propuesta, la repetición de un módulo.

Acompaña a este plano otro dibujo técnico, completamente acotado, nos describe la pieza de cincuenta centímetros.

La versatilidad está en la colocación de la pieza y la combinación de un número fijo de plantillas, lo que permite producir una gran variedad de muebles.

[14] Alejo Carpentier, «Del folklorismo musical», La Habana, 1966, Ese músico que llevo dentro, Madrid, Biblioteca de Autor, 2007, pp. 389-406 (La Habana, Letras Cubanas, 1ª edición 1980).

[Escenas múltiples]

Los siguientes dibujos son pequeñas escenas con el uso de los variables muebles, se describe en una sucesión de escenas donde aplica la pieza a sillas, mesa de comedor y de estar, aparador, un perchero, un paragüero, un banco, un escritorio, una estantería, una cama, un sofá, unas mesillas de noche, un sillón tumbona y un reposapiés.

Las escenas son poco sugerentes en sí mismas pero tienen el interés de la búsqueda, en cada estancia de la vivienda, de la inserción de la pieza comodín en la estructura de cada mueble.

Ya no estamos probablemente en Brasil, finalmente se trata de una propuesta para un concurso internacional, que se falla en Italia, ya el contexto no es importante o Lina Bo Bardi trata de comunicar de esta manera que un diseño brasileño puede tener una salida internacional, lo que convertiría la propuesta en parte del discurso que Lina realiza para explicar que la Artesanía puede convertirse en motor económico para la ciudad de Bahía o para todo el país [ella aspiraba a que el diseño fuera motor económico nacional como en los países nórdicos. Coinciden algunos de los objetos recopilados por Lina Bo Bardi y por Ralph Erskine en el estudio que ambos realizan de manera paralela acerca del diseño].

El despliegue de la creatividad pertenece al mundo de lo simbólico, estudiándola como una situación humana, se desarrolla en la esfera lúdica, fuera del mundo real:[15]

> La persona creadora sabe que lo que crea es una ficción. Sin embargo, lo que es creado llega a existir por derecho propio; es decir como algo que tiene valor y efecto artístico. De este modo, al mismo tiempo que una obra artística es ficción, también es realidad: realidad artística. La obra de arte es a la vez ficticia y real, se vuelve dualista, pertenece a una segunda realidad que se mantiene a cierta distancia de la primera.Durante el acto creador, el artista ve su obra como independiente de él, como poseedora de una vida propia.

[15] Silvano Arieti, en «Imagen general del juego en la cultura», María Teresa Gutierrez Párraga, La significación del juego en el arte moderno y sus implicaciones en la pedagogía artística, Tesis presentada en la Facultad de Bellas Artes, Madrid, 2004, p. 57.

Se podría haber comenzado el presente capítulo con el precioso fragmento: «Llovió después en la alta fantasía» verso de La Divina Comedia de Dante (Purgatorio XVII, 25), recordado el papel de la imaginación en la creación literaria aludiendo a la Visibilidad que existe en la poesía, esas imágenes que llueven del cielo, enviadas por Dios al poeta y que construyen su poder de formar imágenes, obra que es este sentido universal. Este puede ser un referente más al explorar y recorrer los dibujos bobardianos, que son, como hemos analizado, un proceso narrativo.

La comparación entre el proceso existente al proyectar y el proceso creativo literario no es casual, la propia arquitecta se identificaba con ello, consideraba que su obra era una novela, un ardid para entender el proceso del re-pensamiento espontáneo, sin prejuicios, liberado de toda mitología de la belleza clásica y lleno de fantasía e imaginación.

¿QUÉ ASPECTOS PARTICIPAN EN LA CONSTRUCCIÓN VISUAL DE LOS PROYECTOS DE LINA BO BARDI?

La imaginación, entendida como una lluvia de imágenes, ilustra nuestra primera impresión cuando observamos los dibujos de Lina Bo Bardi: la impresión de estar presenciando una lluvia de imágenes, provenientes de una fuente inagotable de imaginación. Alegría, irreverencia y despojamiento de un diseño minuciosos al *inventariar* los objetos de los hombres.[16]

Un lugar en permanente cambio, que crea con ello un acontecimiento más que estético y que forma parte del proceso creativo de la arquitecta, del que participa esa construcción visual que Lina elabora para anticipar visualmente lo que los interlocutores de sus espacios ven, imaginan sueñan, recuerdan o narran, dentro del propio proyecto igualmente imaginado; una herramienta similar a los fotomontajes actuales y que existen antes del proyecto, no como herramienta para

[16] Luis Antònio Jorge, «As liçoes da arquitetura brasileira de Lina Bo Bardi», *Projeto Design*, septiembre de 1997, Brasil.

contar el proyecto, que también, sino como herramienta de creación dentro del proceso de pensamiento.

Esa capacidad gráfica que se halla en los dibujos de Lina Bo Bardi, previos a cualquier elaboración de maquetas o planos técnicos y con los que Lina nos presenta sus proyectos, convierte sus dibujos en documentos que hay que mirar y comprender desde el contenido que hay dentro.

> Lina Bo Bardi se permitió el lujo de soñar con la poética, para ella los tiempos de urgencia no existían.[17]

Convergen aquí dos aspectos importantes de la creación arquitectónica de Lina y que es la elaboración de un pensamiento: La solución al problema planteado debe ser contundente y clara. Parafraseando a André Vainer «...su arquitectura se entiende siempre desde el principio y de una vez»;[18] confirmada a través de la atmósfera allí desplegada.

La materialización de dicha solución se desarrolla a través de planos técnicos, reducidos en su cantidad pero muy precisos y expresivos por ello.

[Tres conceptos]

- Observación, que nace del contacto directo con el mundo real. En esto consiste la exploración de Lina en Brasil, a esto venía ella, a descubrir y observar ese mundo que además estaba lleno a su vez de imaginación: *dignidad* y *creatividad*.

  La observación de ese mundo real que la rodeaba quedó perfectamente plasmada en sus dibujos, desde una mirada única, que era la suya.

[17] «Frente a los modelos estructurales que proponía la Escola Paulista o las soluciones dadas por el grupo Arquitectura Nova, Lina acudió a la poesía. João Vilanova Artigas provenía de la Escuela de Ingeniería y creó la Escuela de Arquitectura con los mismos conceptos que los existentes en su propia arquitectura. Arquitectura Nova fue muy importante –un estudio que tuvo un destino no muy afortunado–fueron los primeros en proponer que se interviniera en las favelas, para dignificarlas y consolidarlas. Estaban muy ligados al partido comunista. Lina no lo estuvo aquí, aunque sí que coincidían en algunos de sus objetivos. Llevaron hasta las últimas consecuencias el compromiso ético de la construcción del espacio arquitectónico propuesto por Artigas, nuevas casas para morar.» Milton Braga. Comunicación personal del autor, 31 de octubre de 2007.

[18] André Vainer. Comunicación personal del autor, 5 de noviembre de 2007.

Este aspecto coincide con la elaboración de un inventario de los objetos del hombre.

Lina Bo Bardi situó el problema, contempló y conversó con los interlocutores a los que iba dirigido el diálogo y tras este aspecto más sensible abstraía el pensamiento obtenido para obtener un ejemplo *universal*.

Es necesaria una inmersión en Brasil para obtener una respuesta PRO ser humano. Se produce un guiño hacia el interlocutor, para conseguir que su mirada se enfoque de tal manera que se produzca una identificación con lo observado.

En el concurso de mobiliario de Cantù que hemos tomado como ejemplo conductor, esta observación se recrea a través del primer dibujo. Lina escogió una imagen de unos trabajadores en el sertão brasileño descansando de las faenas propias del campo.

- Transformación de esa realidad en forma onírica. Este aspecto se plasma en escenas, dioramas, la vida como un teatro le sirve a Lina para pasar de la realidad al sueño.

  Esta transformación surge en el segundo dibujo que analizábamos. Se insiste y aclara la localización de la escena. Se añade una información que es la casa grande, esto también viene de la observación de escenas similares, pero comienza la transformación que está en la introducción de su objeto como participante de dicha escena, como colaborador en el descanso de los trabajadores.

- Desarrollo personal del pensamiento que consiste en la elaboración de planos que disfrutan de una precisión que proviene de su técnica formación así como de su trabajo en el mundo del diseño.

  Este desarrollo se materializa en planos acotados, que son capaces en un único documento de darnos la geometría de la pieza, su materialidad, su ejecución seriada y la economía del material a utilizar lo que anticipa esa posible seriación.

  Únicamente nos está definiendo la pieza comodín, válida para cualquier pieza de mobiliario tal y como desarrolla verbalmente en la sucesión de escenas que rematan el documento. La pieza

Recife visto desde el mar, Tarsila do Amaral, 1925.
La mirada caipira.
Recuperamos la mirada de Tarsila do Amaral, fundadora del Grupo de los Cinco en 1922 y fundamental en el Modernismo Brasileño, contexto en el que desarrolla su PAU-BRASIL generado desde el enfoque geométrico de la iconografía brasileña: «(...) la captación sintética de una realidad brasileña, sentimental e ingenua, de la que se habían avergonzado los artistas de nuestro país».
Tarsila entró en la vida del matrimonio Bardi, a través de Pietro, el cual había dado seguimiento a la Semana del Arte Moderno en São Paulo en 1922. Entre los años 1936-1950 Tarsila colaboró regularmente con el *Diario de São Paulo*, así como con la revista *Habitat* que dirigía Lina Bo Bardi.
Un aspecto muy importante en la pintura de Tarsila es el papel de la geografía brasileña, esa curva Tarsiliana que evoca geometrías como la de Niemeyer y que proviene de paisajes como el de Río de Janeiro.
Lucio Costa, Cândido Portinari o Burle Marx, van más allá y como Tarsila en su Pau Brasil enraízan Naturaleza y Arquitectura.
Lina Bo Bardi hará lo mismo con su arquitectura, incluso en São Paulo, donde esa geografía no era tan evidente, donde había que buscarla.

permite una libertad total a la hora de crear ese mobiliario ya que es la pieza comodín la que estructura.

Se ha tratado de un proceso narrativo. Convergen aquí dos aspectos importantes de la creación arquitectónica de Lina y que son la elaboración de un pensamiento: la solución al problema planteado y su materialización.

Los procesos gráficos están filtrados por *su propia mirada*:

- La mirada hacia el «objeto». Es una mirada re-fundacional. Lina se pregunta: qué, por qué, cómo, para quién y para qué del objeto y éstos responden desde su necesidad interna.

  Desaparecen los prejuicios que frenan la fantasía. Se crea una identificación entre el interlocutor a quien se dirige Lina Bo Bardi y el proyecto, que es entendido como un objeto.

  Un objeto que siempre es contundente, rápido de entender, leve pero exacto y múltiple. Es muy importante esa identificación con el interlocutor –es una búsqueda del símbolo, del tótem, etc.
- La mirada pro-ser humano: «inventario del hombre»: Es una mirada llena de ilusiones y emociones, llena de reflexión y debate sobre la vivencia de la sociedad a la que se dirige, con el objetivo de superar los desencantos del siglo XX.
- La mirada del «horizonte». Con la presencia del paisaje como desencadenante de la transformación de sueños en realidades.
- La mirada «caipira». Es la mirada del ojo ingenuo, que aprende jugando, pues el juego es un ejercicio de múltiples experiencias y actividades, de creación y de descubrimiento. De conocimiento de las cosas y de sí mismo. Esta fue la mirada con la que Lina se zambulló en Brasil, para revelar su personalidad. Con una visión intuitiva que lleva al verdadero conocimiento, para después modificarlo: conocimiento y creación.

A través del sencillo ejemplo de Cantù, hemos comprobado que en el proceso creativo bobardiano participan las cuatro miradas, a través del dibujo priorizará una más que otra, según el proyecto en cuestión, pero el proceso es el mismo en todos ellos.

La acción de aprender conecta las otras acciones que vamos a analizar: jugar y habitar. Estudiamos esta acción basándonos en el papel desempeñado por Lina Bo Bardi como exploradora de un mundo desconocido y como fijadora en la memoria de lo observado y de lo reflexionado.

Rematamos así la definición del laboratorio vital de Lina Bo Bardi, fruto de sus experiencias vitales con las que ensanchó los horizontes de lo artístico y en el que la diversidad de lenguas manejadas por ella se corresponden con su *visión del mundo*.

ARQUITECTURAS DEL CUERPO

Bardi's Bowl, portada de la revista americana *Interiors* (premiada en 1953), © Archivo Instituto Lina Bo & P.M. Bardi.

Iniciamos esta parte de la investigación con el estudio de las arquitecturas del cuerpo, una reflexión sobre la habilidad de las *transformaciones corporales* equivalentes a las pinturas corpóreas, a las máscaras y a los disfraces; es decir, a la capacidad de ser otro y que representa el habitar individual y primigenio en su diálogo con el exterior.

Collar de aguamarina, 1951,
© Archivo Instituto Lina Bo &
P.M. Bardi.

Recurrimos a los adornos diseñados por Lina Bo Bardi tras su llegada a Brasil en 1947, su primer *ensayo de reciclaje en objetos*, éstos pertenecen a la geometría del cuerpo humano, una geometría anatómica que implica procesos constructivos y materiales vitales como el moldeado y la creación de tejidos.

Frente a este concepto de lo individual, se encuentra el NOSOTROS que define nuestra sociedad pública de hoy y que desarrollaremos a través de otros objetos como Dodecaedro y Polochon, el Pequeño Tren de Carritos y la Gran Vaca Mecánica.

Máscaras acceso SESC Pompéia, 1981.
© Archivo Instituto Lina Bo & P.M. Bardi.

Desde este argumento nació la esencia del habitar colectivo para la arquitecta, idea a la que ella llegó tras diversas investigaciones y acciones, como los artículos que desplegó en la revista *Habitat* que dirigió en Brasil, en una sucesión de artículos que analizaron alfabéticamente dicho concepto. Esta idea culminó con el proyecto para la Nova Prefeitura de São Paulo.

La industria de adornos[1] o joyas por parte de Lina fue una actividad breve a la que se dedicó en un momento determinado de su vida, cuando el matrimonio Bardi acababa de instalarse en São Paulo en 1947, sin embargo, pertenece a cierta actividad o actitud que tuvo desde adolescente –manifiesto de su peculiar sensibilidad.

Esta labor tiene que ver con su particular inquietud por los objetos: un insecto que bien podría ser un broche, una maqueta de barco convertida en sombrero etc. y por supuesto, su colección del nordeste brasileño.

Los adornos o joyas pertenecen a lo que definimos como arquitectura del cuerpo, una *arquitectura esencial* por ser, junto con las pinturas corporales[2] o las máscaras, un gesto primigenio del hombre al

[1] Roberta Marchis de Cosulich, «Adornos de Lina Bo Bardi», *Lina Bo Bardi. Do Pré-artesanato ao Design*. Disertación, Maestría en Universidad Presbiteriana Mackenzie. São Paulo, 2007, p. 53-55.

[2] Claude Lévi-Strauss, «Una sociedad indígena y su estilo», *Tristes trópicos*, Barcelona, Paidós Surcos 24, 2006, pp. 209-240 (1ª Edición *Tristes tropiques*, 1955).

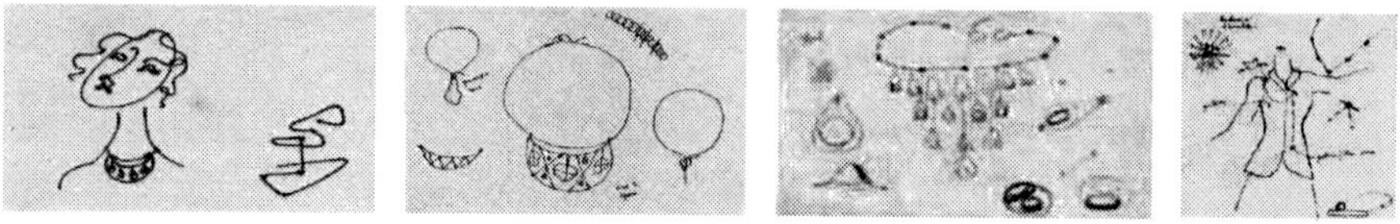

Estudios collar aguamarina, 1947, © Archivo Instituto Lina Bo & P.M. Bardi.

enfrentarse con el mundo.[3] Esta habilidad de transformar el cuerpo, señala el camino que los *objetos* tendrán en su propia obra. Pertenece también a lo que podemos definir como el lado femenino de la modernidad.[4]

En este sentido, Lina, que en Brasil se declaró antifeminista, perteneció a su propia escena brasileña en la que la mujer creadora se incorporó a la sociedad contemporánea como activadora social en general y no como mujer en particular.

Gracias a su trabajo en Milán, ligado al diseño, ella pudo potenciar sus habilidades manuales y sobre todo incorporó a su formación como arquitecta el papel determinante en el siglo XX del diseño.

Es precisamente su encuentro con tierras brasileñas, lo que la anima a desarrollar un conjunto de joyas con un doble objetivo: poner en valor las piedras semipreciosas, injustamente infravaloradas según su propio criterio y desarrollar un proyecto de diseño brasileño.[5]

> A la luz de una investigación minuciosa, concluiríamos que en la mayor parte de los casos de la historia, la Arquitectura ha sido

[3] Nilo Palenzuela, «La memoria de los signos», *Moradas del intérprete*, Madrid, Tierra Firme-Fondo de Cultura Económica de España, 2007, pp. 92-102.

[4] Son las únicas obras realizadas por Lina Bo Bardi de género femenino (Nota de Autora).

[5] Lina Bo Bardi, «Conceitos e significações da arquitetura», *Contribuição Propedêutica ao Ensino da Teoria da Arquitetura*, São Paulo, Instituto Lina Bo e P.M. Bardi, 2002, pp. 10-14. Tesis presentada al Concurso de la Asignatura Teoría de la Arquitectura en la Facultad de Arquitectura y Urbanismo de la Universidad de São Paulo, 1957.

ALENCASTRO

Logo *Alencastro*, Lina Bo Bardi.

apariencia, es decir fachada, una evolución de la tienda decorada de los pueblos primitivos.

En las primeras descripciones que Lina hacía de Brasil, hablaba de un país impensable, irreal. Desde niña le había atraído este país tropical, misterioso en el que te encontrabas piedras preciosas por las calles, según el testimonio de su hermana Graziella Bo Valentinetti.

En primer lugar podríamos reflexionar sobre los ornamentos que la arquitecta estudiaría posteriormente en el nordeste brasileño y que son una muestra de los ornamentos humanos de todas las civilizaciones, carentes de prejuicios éticos[6] y muestra de las "industrias del hombre".

El amor que sintió hacia las piedras no tiene que ver con una búsqueda formal –de hecho, se trata de esas piedras que Lina dice no buscar sino encontrar y que la naturaleza muestra y ofrece. Las joyas son entendidas como una transformación del cuerpo humano lejana de la renuncia al ornamento.

No se trataba de recurrir al primitivismo como habían hecho algunos artistas a principios del siglo XX, como Picasso o Braque, se trataba de una *filosofía*, si queremos *plástica* sobre la que edificar su construcción arquitectónica.

En los orígenes de la humanidad la cultura corporal conformaba un todo que fue dividido en especialidades, tales como el circo, la danza, la gimnasia, el teatro etc.

[6] Lina Bo Bardi consideraba que llamar al brillante piedra preciosa y al cuarzo semipreciosa era un prejuicio.

La cultura corporal englobó distintos primitivismos dentro de una misma categoría y los unificó.[7]

> La lectura consciente de los signos del pasado se muestra por un instante como reproducción de la reproducción, para de forma inmediata enfrentarse de nuevo a su estado primigenio: irrepetible e indecible.

Se trataba de un mecanismo análogo al de Torres García y sus máscaras[8] constructivas. Éstas, tras una desbordante actitud pedagógica, encerraban un idioma plástico de extremo rigor y ascetismo visual, agregándole en una síntesis personal que lo transformaba, un elemento idealista y un trasfondo mágico.

También cabe la reflexión acerca del revés de la máscara,[9] como sucede en el diseño de logotipos y en el de los tótems señalizadores.

Lina Bo Bardi se cubrió con una máscara o antifaz que observaba anónimamente para redactar su provocativa, sarcástica e irónica columna en la revista *Habitat*, bajo el seudónimo de *Alencastro*. Esta actitud coincide, de manera ingenua, con la de muchas artistas mujeres que hasta los años sesenta y setenta no se representaron a sí mismas de maneras abierta, sino ligeramente escondidas y transfiguradas.

Ella inició con sus joyas un primer ensayo de diseño industrial para el desarrollo económico de Brasil, dotándolo de un trasfondo mágico al evocar el misterio y la sorpresa de la naturaleza brasileña dadora del material primario dotado de hermosura. En sus adornos, asoció la geometría exacta y necesaria para el diseño de joyas, al lenguaje popular, austero y concentrado en su composición.

Experimentó a través de estos objetos, con diferentes materiales y técnicas. En ellos encontramos cómo a partir de la materia con la

[7] Nilo Palenzuela, «La memoria de los signos», *Moradas del intérprete*, Madrid, Tierra Firme-Fondo de Cultura Económica de España, 2007, p. 102.

[8] Máscara: Figura que representa un rostro humano, de animal o puramente imaginario, con la que una persona puede cubrirse la cara para no ser reconocida, tomar el aspecto de otra o practicar ciertas actividades escénicas o rituales. Diccionario de la Lengua Española. RAE. 22 ª Edición, 2001.

[9] Claude Lévi-Strauss, *La vía de las máscaras*, México, Siglo XXI, 2001 (1ª Edición, 1975).

que trabaja (la parte exacta) adopta la forma del adorno y cómo en el empleo de hilo metálico (la parte maleable) obliga a una búsqueda de la esencia de la forma.

El proyecto de *Diseño de Joyas* no se desarrolló y se convirtió a partir de 1958 en un proyecto de desarrollo industrial basado en el diseño de objetos de uso cotidiano brasileño de carácter colectivo como veíamos en el primer capítulo.

PRIMER OBJETO: INSECTO

[Concepto] Reciclaje de materiales cotidianos: una bombilla, alambre y unas plumas verdes de ave –de pájaro tropical probablemente.

[Estudio previo] Analicemos lo recién expuesto a través del insecto que Lina Bo Bardi diseña hacia 1957 y cuyo estudio previo podría derivar de un apunte que realiza en los alrededores de su casa en Morumbi.[10]

El insecto difícilmente reconocible desde nuestro conocimiento, es estudiado minuciosamente, incluso en la forma de sus patas y antenas.

Ella recopiló juguetes y objetos de uso cotidiano esenciales –realizados con latas de queroseno recicladas, en las que este material además, aportaba su propio colorido y textura– y elaboró desde este principio de reciclaje de objetos cotidianos, un objeto de uso ambiguo, cercano a la abstracción y sobre todo un adelanto de lo que más adelante se llamaría *Arte Povera*.

[Proceso] La escultura –adorno es realizada con materiales– cotidianos de desecho. Éstos apenas son alterados y sugieren la forma, más

[10] Esta vivienda particular del matrimonio Bardi, fue proyectada y construida por Lina Bo Bardi entre los años 1950 y 1951 y es conocida como la «Casa de Vidrio».

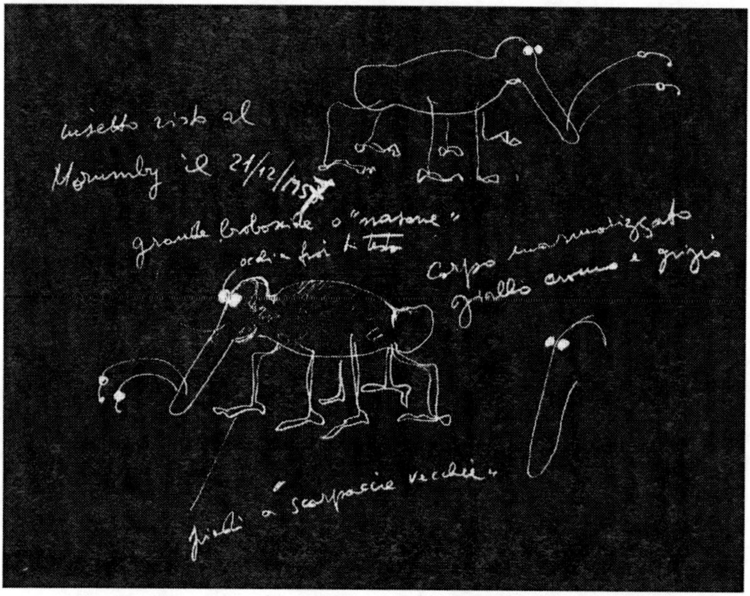

Insecto, 1957, Lina Bo Bardi. © Nelson Kon.

Estudio boceto *anatomía de un insecto* en el jardín de Morumbi (Casa de vidrio), 1957, Lina Bo Bardi.

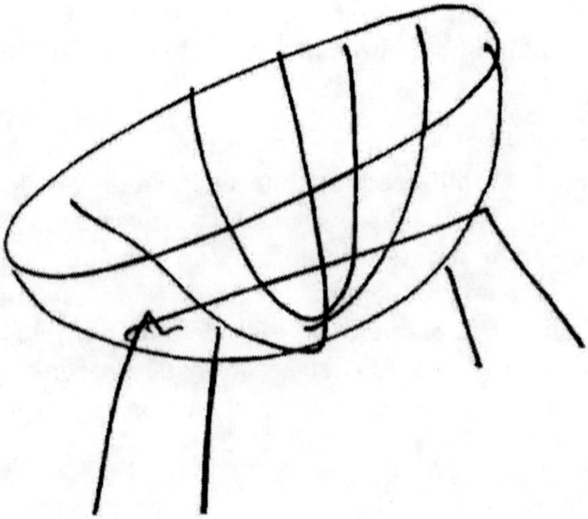

Boceto *Bardi's Bowl*, 1951, Lina Bo Bardi.

que hacerla explícita. Este proceso de *reciclaje*, lo trasladará a toda su arquitectura en lo que ella misma definió como *arquitetura pobre*.

El tema animal –con una gran economía de medios– es adaptado a una única *postura* debido al conocimiento de la morfología del insecto gracias al citado estudio realizado previamente en los jardines de su casa de Morumbi.

Se trata de un objeto cercano a la Casa de Vidrio, como lo fue el sillón «Bardi's Bowl», desde una misma esencia definida por la estructura básica metálica, el esqueleto y completada por vidrio, que en esta ocasión es una bombilla, lo que nos evoca la posible iluminación del insecto.

SEGUNDO OBJETO: COLLAR DE AGUAMARINA

[Concepto] Moldeado anatómico. Lina Bo Bardi no fue la "reina del alambre" como Alexander Calder pero compartió con él la capacidad de manipulación de dicho material incluso en su *aplicación sobre el cuerpo*.

Alexander Calder, en sus primeras esculturas, congelaba sus dibujos tridimensionales, simplificaba las figuras; incluso con algunas que tenían una visión frontal aparente, jugaba a través de distintos puntos de vista: lo que en un momento parecía una línea podía pasar a ser un sombrero –esto nos recuerda a los dibujos con que Lina explicaba el concurso Cantù. Los diseños de joyas de Lina participan de esta abstracción. Sus dibujos y sus estructuras se *retroalimentan* para su perfeccionamiento, jugando para ello incluso con el grosor del alambre.

[Proceso] El movimiento de las joyas es la clave del objeto y se encuentra en las *articulaciones* de las piezas para su adaptación al cuerpo humano, como analiza en uno de los esbozos en los que aparece uno de los únicos retratos caricaturizados realizados por Lina. En dicho dibujo, la relación de las diversas formas (piedras) se establece por la conexión de los alambres (oro), lo que nos evoca las constelaciones de Calder, o el pez de Brasil.

El espacio generado por Calder –que está cerca del imaginado por la arquitecta en sus dioramas[11] es la diferencia que se produce con las joyas que carecen de la dualidad del móvil y su sombra o de la abstracción etérea de las piezas de Calder, ya que las joyas de Lina no son esculturas sino que pertenecen a una metamorfosis del cuerpo y las relaciones entre las diferentes piezas pertenecen por tanto al propio *relieve del cuerpo humano*.

En el esbozo de collar bobardiano que analizábamos previamente, el primer anillo pertenece al cuello del que cuelga, en él, independientemente, se articulan dos aros doblemente articulados con alambres en zigzag, lo que garantiza la adaptación al cuerpo y la estabilidad de la forma.

[11] Lina Bo Bardi, «Palma», en AA.VV, *Habitat-Revista da Arte no Brasil*, nº5, p. 62, São Paulo, 1951.

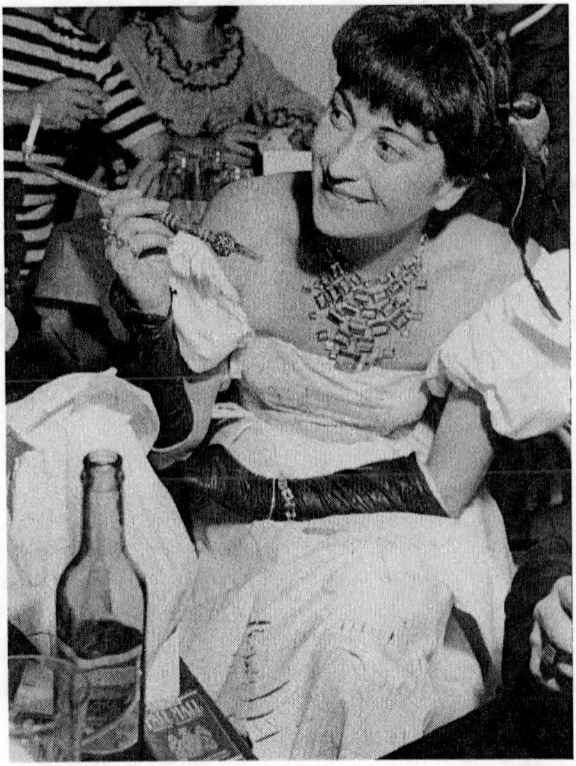

Lina Bo Bardi portando collar de aguamarina, baile de carnaval, 1948.

Muchos de los diseños de mobiliario de Lina Bo Bardi participan de este concepto, como la silla de hierro con tres patas o la propia *Bardi's Bowl* (imagen que encabeza el presente capítulo) en la que además interviene cierta evocación animal. La silla bobardiana es una extraordinaria síntesis entre el diseño y el cuerpo humano, con gran capacidad de manipulación individual. Se trata de la pieza de mobiliario diseñada por Lina más *personal*.

En estos diseños, el tubo metálico dibuja en las tres dimensiones el esqueleto del mueble, sobre él se aplicará un material maleable, como la tela, el plástico o el cuero para materializar el asiento.

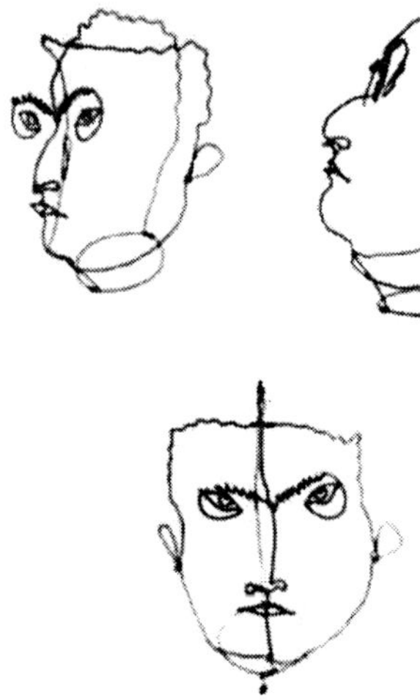

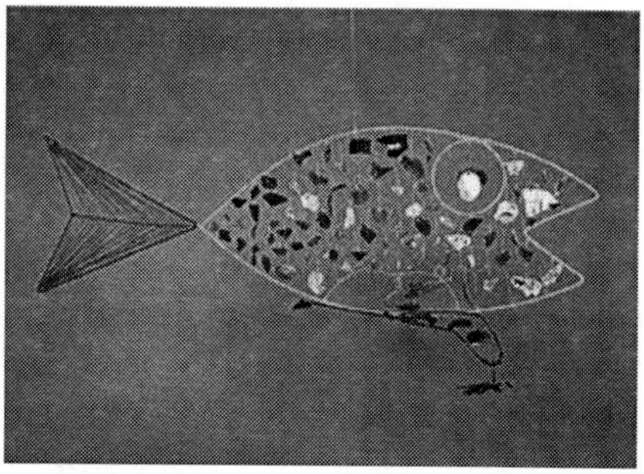

Edgar Varèse desde tres ángulos diferentes, hacia 1931, A. Calder.

Pez del Brasil, 1949, A. Calder.

En el diseño de joyas de Lina, ésta incorpora la composición de las piedras que cuelgan de manera independiente y con libertad gracias a un enlace en el que el alambre rodea a la piedra: el material más blando y maleable abraza al material rígido. Se crea en su conjunto una textura, similar a las de los materiales que ella crea para su arquitectura edilicia.

Una de las constantes de la arquitecta era la utilización de objetos pequeños para que éstos crearan volúmenes, texturas y sombras en diálogo con materiales abstractos continuos ilimitados y potentes, creando un sistema único.[12]

Los diseños de curiosas formas en espirales, círculos o inspirados en la naturaleza, fueron el primer intento de Lina por hacer del diseño brasileño un escape económico.

Lina Bo Bardi rehuyó de los materiales excesivamente nobles o preciosos para sus creaciones de joyas, una especie de manifiesto de lo que sería posteriormente su arquitectura.

12 Lina Bo Bardi esbozó estas máscaras gigantes –2,50 metros–, luminosas y realizadas en madera policromada para dar la bienvenida al teatro del SESC Pompéia.

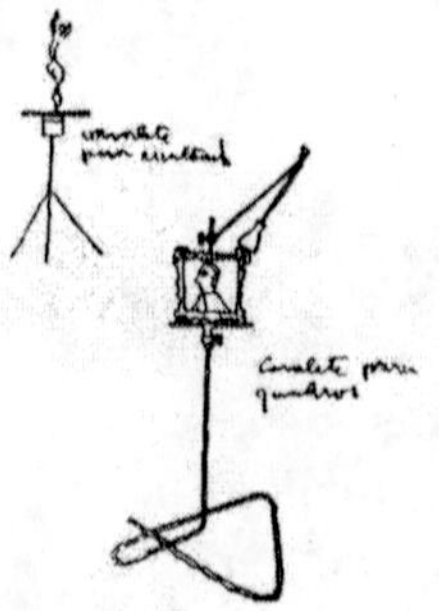

Estudio del sistema expositivo para el Museo de Arte, MASP, 1947, Lina Bo Bardi.

Silla tres patas. Fotografía de la silla completa y estructura, y boceto inicial, 1948, Lina Bo Bardi.

UN PARÉNTESIS: EXPOSICIÓN PAULISTA DE ALEXANDER CALDER

Insistimos en este punto en la coincidencia entre Lina Bo Bardi y Alexander Calder en la creación de adornos femeninos y que en el caso de Calder fueron expuestos en el Museo de Arte Moderno de São Paulo en una exposición ideada por Lina Bo Bardi en 1949.[13]

En 1949, la arquitecta –dos años después de que creara su colección de joyas– organizó una exposición monográfica, *Joyas y Móviles*, elaborados por Alexander Calder en el Museo de Arte de São Paulo situado en la rua 7 Abril, cuyo objetivo principal, veíamos anteriormente era preparar al público para apreciar el arte contemporáneo.

[13] Entre los meses de marzo y de julio del año 2009, el Centre Pompidou de París acogió la exposición 'Alexander Calder –los años parisienses, 1926-1933', pudiéndose descubrir el conjunto de las figuritas del Circo, que hasta ahora nunca habían dejado Nueva York, mostrándose en una retrospectiva de los años parisienses de este artista trasatlántico. Se encontraban de esta manera dos referentes importantes de Lina Bo Bardi, Calder y el Centro Pompidou, uno de los edificios más admirados por la arquitecta.

Se trataba de la segunda exposición monográfica celebrada en el recién creado museo, sucedía a otra sobre Burle Marx.

Alexander Calder acababa de participar en Río de Janeiro en una exposición colectiva sobre la Abstracción en el Arte.

Lina y Calder trabajaron juntos en el montaje, lo que nos hace pensar que ambos mantuvieron algún tipo de diálogo (suponemos interesantísimo) sobre la visión que ambos tenían del arte. De dicha exposición celebrada en el Museo de Arte contamos únicamente con una fotografía en la que Calder desembala unas joyas y ella observa; además de las caricaturas que Calder realizó a los Bardi y que podemos contemplar en la Casa de Vidrio.

Las joyas de Alexander Calder fueron revolucionarias. Recordemos el constante enfrentamiento entre la no-objetividad y el surrealismo, representado por Peggy Guggenhein y la anécdota siguiente: «El día de la inauguración, en 1942, de la mítica galería Art of this Century, galería-museo que llegaría a ser el meeting point de tantas cosas en el Nueva York de esos años, el local físico donde la Escuela de Nueva York se hace realidad, Peggy Guggenhein lleva puestos dos pendientes: uno de Tanguy y otro de Calder, para enfatizar la imparcialidad entre surrealismo y abstracción».

Anjelica Huston protagonizó la portada de *New York Times* (NYT) en 1976 portando un collar por él diseñado, llamado *Marido Celoso*. Calder diseñó aproximadamente mil ochocientas joyas.

Bardi y Calder se movían por entonces en escalas pequeñas, creaban objetos similares en los que la incorporación notable del mundo animal, los artefactos móviles y el circo, todos ellos relacionados entre sí, eran muy importantes. Ambos, aumentarían sus escalas hasta llegar a la escala monumental, siempre ligándose a lo público.

En los años sesenta se produjo la culminación de la fascinación por la imagen y los objetos, el Pop Art y el Minimalismo, con muchas conexiones entre ambos. Podría añadirse una tercera vía, la de el arte teórico; en este sentido Lina Bo Bardi, conectó los tres caminos. La creación de adornos y joyas bobardianas, es una primera muestra de su posterior interés hacia los objetos. En esta primera ocasión, se trató de objetos individuales.

Marido celoso, portada de NYT, 1976,
Alexander Calder.

En el mundo de las joyas, Lina y Calder acudieron a materiales menos preciosos, como metales, cerámica, cristal, acero a lo sumo plata y oro. Ambos recuperaron diseños de antiguas civilizaciones y les añadieron movimiento.

El trazo de los objetos y joyas realizados por ambos materializados con alambre, los convirtió en minigalaxias colgantes de hierro, acero o hilo de oro y siempre evocaron *dibujos espaciales en el aire*.

JUGUETES Y JUEGOS

Exposición *Entreato para crianças*, 1985, SESC Fábrica da Pompéia, Lina Bo Bardi. © Archivo Instituto Lina Bo & P.M. Bardi.

La relación entre Lina Bo Bardi y la dimensión lúdica de la arquitectura debe responderse comenzando por esbozar algunas informaciones de carácter histórico que nos ayuden a formar su perfil.

> Al proyectar [Lina] era como un niño que juega a hacer ciudades, inventar mundos.[1]

Llegó a Brasil en 1946, después del fin de la Segunda Guerra Mundial, recién casada con el importante periodista y marchante italiano, Pietro Maria Bardi.

En los años anteriores, durante la guerra, había trabajado en Milán con el arquitecto Gio Ponti en proyectos de interiores, ferias industriales,

[1] Marcelo Carvalho Ferraz, *Lina, a arquitectura e o Brasil*, Conferencia dictada por autor en Viena y Santiago de Chile. Comunicación personal del autor, 12 de agosto de 2007.

de exposiciones y en revistas, como ilustradora y como articulista. No había hecho "arquitectura" rigurosamente hablando, ya que la Italia de los años 40 estuvo marcada por la destrucción y no por la construcción.

A través de su trabajo en el estudio de Gio Ponti, entró en contacto con el *ambiente intelectual* y *artístico de vanguardia*, que ella buscaba, motivo por el que se trasladó de Roma a Milán.[2]

> Lina Bo convivió, además, con Pagano; Chirico, quien le realizó incluso un retrato; Elio Vitorini, quien fundó *Il Politecnico*; Bruno Zevi, con quien fundó *A Cultura Della Vita*; o Roberto Rosselini, por citar algunos nombres.[3]

El arte moderno europeo, cercano a Lina y manifestado a través del racionalismo arquitectónico, el incipiente neo-realismo cinematográfico, la literatura de la resistencia –en Italia– y la vanguardia surrealista y dadaísta; se mantenía completamente vivo a pesar de la ruptura que supuso la guerra:[4]

> Lina es, hija legítima de las vanguardias históricas europeas, que tienen en sí mismas un ideario de ruptura con el orden. Ruptura con los valores del pasado, de las tradiciones, con su propia historia, una búsqueda incansable de lo nuevo. En varias ocasiones, antes de su muerte en 1992, Lina dijo que una verdadera vanguardia del siglo XX, aquella rusa, francesa... internacional, no había perdido todavía la *metáfora*.

[2] "En 1940 Lina se trasladó a una casa familiar en Milán buscando un ambiente intelectual más abierto que el romano, allí comenzó a trabajar en prácticas con Gió Ponti que ya era un arquitecto de prestigio... Fue su asistente en la VII Trienal de Milán... Un año después Ponti deja la dirección de la revista *DOMUS*, que él mismo había fundado en 1928, dejando a Lina en dicho cargo". Graziella Valentinetti Bo, Declaraciones registradas documento-video-tape, *Lina Bo Bardi*, São Paulo, Instituto Lina Bo e P.M. Bardi, 1993.

[3] «Lina y De Chirico en la década de 1940, tuvieron un estudio en la calle Gesù, en Milán. Lina fue retratada por el pintor en 1941...». Fernando Serapião, *Enigmas de um triângulo romano*.

[4] Marcelo Carvahlo Ferraz, «Lina Bo Bardi e a tropicália-Tupi or not tupi?» Comunicación inaugural exposición *Tropicalia: A Revolution in Brazilian Culture*, Contemporary Art Museum, Chicago, 2005. Comunicación personal del autor, 12 de agosto de 2007.

El carácter positivo y optimista de las vanguardias se había guiado a través del mundo infantil:[5]

> Hastiados de la falsedad de la vida mecanizada moderna, muchos artistas talentosos se volcaron en la vívida fantasía de los niños en un intento de recapturar la esencia de la vida tal y como es percibida por el ojo inocente. Convencido de que "Ad maiori ad minus", se propusieron en forma deliberada olvidar lo que acumularon desde la infancia y desprenderse de las excrecencias de una civilización que oscurece la realidad fundamental.

La *artesanía* de un lugar que no es Europa se aproximaba a la expresión de un arte nuevo para Occidente. Ella retomó estos dos últimos conceptos.

Mientras, en Brasil, el fenómeno de las vanguardias europeas se desdobló en el movimiento antropofágico,[6] de la mano de Oswald de Andrade, Mário de Andrade y Tarsila do Amaral, entre otros. La angustia existencial europea, en Brasil adquirió un carácter diferente:[7]

> La vanguardia europea expresa, en primer lugar, una crisis desesperada del estado de la civilización, definida por la erupción histórica de las masas proletarias, la liquidación de la ciudad tradicional, las guerras y la violencia de la industria. Esta crisis no penetró en las culturas de América Latina... donde la industrialización fue aclamada como una promesa de riqueza social, y no como una realidad amenazadora y angustiosa que anunciaba un siglo de destrucción del medio ambiente y el exterminio... Las vanguardias europeas expresaron su angustia existencial, fundamentalmente con respecto a un pasado que, por un lado, los ahogaba, y por otro, temían perder.

[5] Joseph Di Leo, *Historia del arte de todos los tiempos y pueblos*, Madrid, Saturnino Calleja (1ª edición 1924).

[6] Para una panorámica de esta teoría, véase los datos biográficos en la Cronología propuesta al final del texto.

[7] Tras el lema de Oswald de Andrade «Tupi, or not tupi that is the question», el *manifiesto Antropófago de 1928* predicó la asimilación de las manifestaciones culturales extranjeras y su transformación en la cultura brasileña –metáfora de creencias indígenas. Marcelo Carvahlo Ferraz, «Lina Bo Bardi e a tropicália-Tupi or not tupi?», Comunicación inaugural exposición *Tropicalia: A Revolution in Brazilian Culture*, Contemporary Art Museum, Chicago, 2005. Comunicación personal del autor, 12 de agosto de 2007.

Nadie expresó este deseo de resolver el pasado violento dramático, como Marinetti o Mondrian. Ahora bien los artistas (iberoamericanos) como Rivera, Huidobro, Oswald de Andrade y Mario de Andrade se acercaron a las antiguas tradiciones, lenguajes y símbolos populares, como fuente de renovación, de creación, en un diálogo constante con ellos, lo nuevo, el futuro... Paradójicamente, la nueva era lo que ya se daba, lo que siempre había existido, como el espíritu libertario, la innovación sin límites, el surrealismo de los sueños y el mundo: todo esto ya existía en América.[8]

Lina participó de la revalorización de la infancia en la sociedad en que vivió, lo que demostró de manera explícita con exposiciones, juguetes y otros objetos.

Su *acercamiento al mundo del juego* vino de la mano del lenguaje de sus dibujos y mecanismos gráficos, pero sobre todo, en el carácter lúdico de sus objetos, del humor, del misterio y la sorpresa, de la ausencia de prejuicios, de la mimesis con la realidad, la pedagogía y la manipulación.

Por otra parte se produjo cierto alejamiento de la contaminación de la cultura occidental acudiendo a fuentes puras originarias más intuitivas, esenciales y libres y que el contenido global del arte moderno había relacionado con el arte primitivo y con el mundo de los juguetes infantiles por la estrecha relación que existía entre ambos mundos: en el juguete convergen valores universales, comunes a todas las culturas.[9]

Ella también rechazó el aprendizaje en las academias clásicas para acudir a las formas o manifestaciones hechas desde la espontaneidad.[10] Los verdes paraísos infantiles de los que hablaba Baudelaire se convirtieron así en su refugio.[11] Creó con la actitud del que inventa de nuevas, líneas, volúmenes y colores, indagó nuevos caminos

[8] Eduardo Subirats, *A Penúltima visão do Paraíso*, São Paulo, Studio Nobel, 2001, pp. 156-157.

[9] Lina Bo Bardi, «Arquitetura. Cidade e Natureza. Conferencia-XII Congresso Brasileiro de Arquitetos 1991», *Lina por escrito. Textos escolhidos de Lina Bo Bardi 1943-1991*, São Paulo, Cosac Naify, 2009, pp. 180-184.

[10] Detlef Noack, *La bauhaus como institución pedagógica*. Conferencia impartida por el autor en la Fundación Juan March, Madrid, 1978.

expresivos centrados en el estímulo del *proceso* y no en la obtención de productos. Su creación es fruto de la ingenuidad, la libertad y el subjetivismo de la expresión, desde una actitud lúdica y el rechazo a un punto de vista único.

Los juegos como producción dirigida al mundo infantil durante las vanguardias[12] –y realizados sobre todo en el periodo de entreguerras– suponen una vertiente singular del arte de este periodo y surgen desde la inquietud por sincronizar ciertas preocupaciones artísticas, nuevas ideas sociales y renovadoras teorías pedagógicas, pero con un alto grado de libertad. Es esta idea de armonizar todos estos nuevos principios regidores de la anhelada nueva sociedad lo que particulariza la selección de juguetes que vamos a analizar.[13]

Primeramente recorreremos la búsqueda en las vanguardias de nuevas fuentes artísticas centrándonos en aquellos ejemplos que favorecieron la transformación de los objetivos de los juguetes, el acercamiento del niño al arte moderno. Dicha aproximación se produjo en todas las actividades cotidianas del niño y favoreció, como consecuencia, un nuevo estilo de vida. Entenderemos el intento por lograr un nuevo lenguaje no minoritario que posibilitaba un mejor acercamiento a los usuarios potenciales, los niños, y en resumen, objetos que desde la vocación comunicativa de los mismos tenía por objeto un compromiso de transformación social humanizadora: objetos en los que se vuelcan los nuevos valores como la igualdad, los medios de producción, las nuevas fuentes de energía, el transporte, la higiene, el medio ambiente... es decir, la propia realidad.

Veremos que los juguetes de las vanguardias son además un fiel reflejo de las nuevas fórmulas plásticas innovadoras como el Futurismo, revisoras de la cultura popular y/o aditiva de las nuevas tecnologías.[14]

[11] Fernando Antoñanzas Mejía, *Artistas y Juguetes*, Madrid, Universidad Complutense de Madrid, Facultad de Bellas Artes, 2004, p. 34.

[12] Nilo Palenzuela, «El otro lado de las Vanguardias», *Moradas del intérprete,* Madrid, Tierra Firme-Fondo de Cultura económica España, 2007, pp. 19-31.

[13] Werner Spies, *¿Qué nos queda del siglo XX?*, Fundación MAPFRE, 2009.

[14] Para una panorámica satisfactoria de esta teoría, véase MaríaTeresa Gutierrez Párraga, *La significación del juego en el arte moderno y sus implicaciones en la pedagogía artística*, Tesis presentada, Facultad de Bellas Artes, Madrid, 2004.

CONCEPTOS CLAVE EN LA SIMETRÍA ENTRE EL JUEGO Y LA ARQUITECTURA

Jugar, como acción precursora de la creación, es el punto central de la presente disertación y, en concreto, la colectiva. Nos interesa por tanto el juego y sus *proyecciones sociales*.

Nos concierne la arquitectura en la que habita el juego entendido como *posibilitador* de las buenas relaciones con las demás personas, lo que implica que a mayor conciencia lúdica, mayor posibilidad de comprenderse a sí mismo y comprender el mundo (conocimiento).

Compartida a priori la idea de Johan Huizinga, por la que se demuestra que *la cultura humana brota del juego*; afirmamos que el juego es más viejo que la cultura:[15] «... no se trata del lugar que al juego corresponda entre las demás manifestaciones de la cultura, sino en qué grado la cultura misma ofrece un carácter de juego». Recuperamos aquí los conceptos clave en su ensayo *Homo Ludens* en los que Huizinga otorga al juego las siguientes características:

> [Libertad] «Todo juego es, antes que nada, una actividad libre». Con esta frase definitiva Johan Huitzinga define el primer rasgo esencial del juego. El origen del juego no está en el instinto, ni en los fines útiles, como concluyen las explicaciones biológico-psicológicas. Al contrario, el juego permite la conservación de un espacio de Libertad pues representa el alejamiento de las metas instintivas –del mundo natural. El juego y por extensión, el mundo de la cultura, sólo es posible cuando el hombre funciona libremente en un margen de seguridad proporcionado por la satisfacción de sus necesidades. En este mismo sentido se expresa Gustav Bally, en una de las obras pioneras sobre el tema: «... el peligro deshumanizante del mundo único, de la falta de libertad y de la dependencia, tiene que ser alejado, y el margen de la libertad deberá defenderse continuamente en sus límites

[15] Johan Huitzinga, *Homo Ludens*, Alianza Editorial, Madrid, 2002 (1° Ed. 1945)

Fiesta en en el SESC Pompéia, Lina Bo Bardi.

amenazados. Esto puede y debe suceder gracias a los medios de trato en el juego, desarrollados en el margen libre del mundo doble» [esto es, el mundo natural y el mundo cultural] lo que nos acerca al juego como expresión de libertad.

[Libre-Reglada] Esta índole dialéctica del juego permite, además, comprender la paradoja del juego como actividad libre y reglada:[16]

> [El juego es un] movimiento libre dentro de límites prescritos... allí donde la libertad se ha ido, o sus límites, el juego termina. Semejante polaridad también parece adherirse a los orígenes lingüísticos de la palabra juego, que connota tanto oscilación despreocupada como la cualidad de estar comprometido. El lenguaje, además, transmite un número indefinido de matices destructivos y autodestructivos tales como jugar a algo o con alguien, o hasta agotarse: todas estas y otras clases de juego connotan los límites que ponen fin a todo juego.

[16] Erik Erikson, *Infancia y sociedad*. Horme-Paidós, Buenos Aires, 1983.

Portada *Homo Ludens.*

Huitzinga también afirma esta peculiaridad del comportamiento lúdico al ser una actividad esencialmente libre sujeta a reglas: "cada juego tiene sus reglas propias". Determinan lo que ha de valer dentro del mundo provisional que ha destacado. Las reglas de juego, de cada juego, son obligatorias y no permiten duda alguna. En el juego se rompen los hilos que unen las cosas a una particular función, a una particular utilidad, y se les restituyen las cualidades del estado libre.

[Espacio-Tiempo] El juego se aparta de la "vida corriente" en tanto se halla fuera del proceso de la satisfacción directa de necesidades y deseos. Es una actividad que transcurre dentro de sí misma y se practica en razón de la satisfacción que produce su misma práctica. El juego exige un espacio y un tiempo propios porque agota su curso y su sentido dentro de sí mismo. A una duración independiente de una meta le corresponde también un espacio independiente de fines. En relación con la espacialidad del juego, Huizinga hace notar que el campo de juego es un espacio marcado de antemano y es un espacio sagrado como lo es el lugar de la celebración y del rito que interrumpen el tiempo cotidiano para instaurar el tiempo de lo divino.

[Automovimiento] Mientras se juega hay movimiento, un ir y venir, un cambio, una seriación, enlace y desenlace. Esta posibilidad de repetición constante del juego es característica, además, de las actividades independientes de un objetivo: Esta conducta no acaba nunca con el logro de una meta instintiva que provoque un cambio definido de estado de ánimo, sino que comienza y termina con los mismos objetos y lugares en el campo a los que se había dedicado. En síntesis, el espacio del juego es el escenario de los movimientos no orientados.

[Intencionalidad cero] Racionalidad gratuita y sin finalidad de la experiencia lúdica. Para apreciar el juego hay que poner entre paréntesis la búsqueda de relaciones fijas y configuraciones estables; la intencionalidad de la tarea del juego debe hallarse vacía. La intencionalidad cero surge cuando la conciencia no le tiene horror al vacío y no se vincula a ningún objeto: «... Se juega con formas sin que esas formas alcancen jamás un contenido.... Esa apertura hacia la nada no es un llamamiento a la nada, es un vacío que colmamos con la manipulación lúdica del espacio recibido en común o de figuras que deformamos o desviamos».

[Aleatoriedad] La descripción de un sistema complejo se asemeja claramente a los rasgos asociados al juego: espacio abierto-aparte donde se conjuga la necesidad de la regla y la disposición al azar y a la indeterminación. Esta dualidad hace del juego una forma privilegiada de inestabilidad y de predisposición al cambio inminente.

[Doble productividad] El juego no conoce propiamente la distancia entre el que juega y el que mira el juego. El espectador es, claramente, algo más que un mero observador que contempla lo que ocurre ante él; en tanto que participa en el juego, es parte de él. Y desde esta perspectiva, se convierte en un hacer comunicativo.

Este análisis conduce a dos consecuencias fundamentales: retomar la autonomía y el desinterés de lo estético y aproximarse a la obra con una visión dinámica en tanto es entendida como proceso de construcción y reconstrucción continuas, en el cual el espectador actúa como co-jugador, forma parte del juego porque la obra, producto del juego, deja siempre un espacio de juego que hay que rellenar; proceso, además, nunca acabado. Una vez planteados estos conceptos, acotamos:

Se considera juego aquello que nos causa placer y entretiene nuestro ocio. Las actividades lúdicas también están comprendidas dentro de la formación personal del individuo, y el juego abarca aquellas cosas que se aprenden no por necesidad o por trabajo, sino por ellas mismas, entrando este concepto de lleno en el terreno de las formas artísticas, que son una mezcla de formación, cultura y pasión.[17]

Los juegos se entienden como fenómeno a través de sus efectos:

> [Primero] El recreo que ayuda a reponer las fuerzas gastadas en el trabajo y descansar, o por el contrario como excedente de energía.
>
> [Segundo] El resurgimiento de tendencias ancestrales para estimular funciones nuevas.
>
> [Tercero] La función biológica como ejercicio preparatorio de la edad adulta en el que el juego posibilita el aprendizaje.
>
> [Cuarto] La catarsis de las tendencias antisociales, dándoles salida de forma positiva a través de formas lúdicas como competiciones, fiestas y arte.
>
> [Quinto] El desarrollo cognitivo que consolida las estructuras intelectuales adquiridas.
>
> [Sexto] La perspectiva social, admitiendo que el individuo se desarrolla a partir de las actividades lúdicas en las que desarrolla su capacidad individual como sujeto, con la capacidad que desarrolla cuando es ayudado por el grupo cultural al que pertenece o por otro

[17] Para una panorámica completa de la teoría, véase María Teresa Gutiérrez Párraga, *La significación del juego en el arte moderno y sus implicaciones en la pedagogía artística*, Tesis presentada en la Facultad de Bellas Artes, Madrid, 2004.

individuo más experto, utilizando, además los instrumentos que la sociedad le proporciona a través del desarrollo tecnológico.

Las dos preguntas fundamentales sobre la relación entre el juego y la arquitectura son:

¿Es el juego una manifestación, entre otras, del hecho arquitectónico? o por el contrario, ¿pensamos que la arquitectura es parte creadora en la que se desarrolla la actividad lúdica del ser humano? Es difícil posicionarse ante solo una de las dos cuestiones planteadas, ya que la arquitectura se puede desarrollar *como juego y en el juego*, y, aunque pueden parecer mensajes contradictorios, en la arquitectura de nuestro tiempo vemos cómo estas relaciones están en constante aparición y desaparición, ya sea de forma conjunta o separada: *las fronteras entre el juego y la creación arquitectónica se encuentran borrosas*.

Cuando se habla de juego y de sus características, se emplean términos que nos ayudan a entender este fenómeno a través de sus consecuencias tales como participación activa, entusiasmo e inmersión del sujeto en el juego, vibración interna, capacidad de superación y seriedad lúdica.

Estas primeras consideraciones sobre la naturaleza del juego, definen las diferencias entre juguete, juego y jugar, con criterios semánticos, pedagógicos y sociológicos, tratando de señalar las conexiones existentes en general entre dichos conceptos y la obra de Lina Bo Bardi.

El origen de dicha relación centra la reflexión en el contexto histórico próximo en que Lina Bo Bardi se formó como arquitecta y en el que inició su carrera profesional: las vanguardias internacionales en general y la italiana en particular.

Se recurre, y en este contexto, a investigar ciertas experiencias plásticas de creación de juguetes de las vanguardias internacionales; los cuales surgieron como aplicación en la mejora de la sociedad, esto es el *juguete pedagógico*.

Deambularemos por los juguetes desarrollados por la Bauhaus entre 1919 y 1933, de claro carácter pedagógico y la particular visión de Paul Klee; también estudiaremos la creación de paisajes de la ciudad moderna a través de juegos de construcción, como el Factory Town creado por Ladislav Sutnar en 1922; investigaremos la manipulación en los juguetes transformables de Joaquín Torres-García entre 1917 y 1930, así como su concepto de universalismo constructivo; indagaremos la consolidación del reciclaje de materiales, usos y modelos, a través del circo en miniatura de Alexander Calder representado entre los años 1926 y 1931; para concluir con la exploración acerca de la actividad lúdico-gestual de las veladas futuristas y los Teatros Plásticos de Fortunato Depero de 1918 en los que conviven lo primitivo y lo mecánico de sus juguetes, los paisajes artificiales y los animales mecánicos desde una concepción teatral de la ciudad como lugar en el que se superponen las cosas que ocurren.

Encontramos que los juguetes del periodo de entreguerras surgen desde la inquietud por *sincronizar ciertas preocupaciones artísticas* (innovadoras, revisadoras o aditivas), nuevas ideas sociales y renovadoras teorías pedagógicas; con un alto grado de libertad. En ellos se vuelca la nueva realidad de igualdad, nuevos medios de producción, nuevas fuentes de energía, transporte, higiene, medioambiente, etc. y facilitan el proceso de *unlearning* que revisa desde el pensamiento infantil procesos creativos universales y abiertos.

Encontramos puntos clave comunes entre los juguetes de vanguardia analizados y la arquitectura escogida de Lina Bo Bardi: la semántica y el predominio conceptual y simbólico de su lenguaje, las acciones plásticas experimentadas, la escenificación y en especial, el valor del reciclaje y la manipulación.

En resumen los objetivos de la investigación sucesiva son los siguientes:

[Uno] Revisar desde la perspectiva de las vanguardias históricas internacionales el concepto de juego y la creación de juguetes.

[Dos] Explorar la influencia del concepto de juego en Lina Bo Bardi.

[Tres] Sirviéndonos de las perspectivas del juego desarrolladas, estudiar los juguetes y los objetos creados desde el juego de Lina Bo Bardi.

[Cuatro] Poner en relación dichos juguetes, que en clave pedagógica, pertenecen a su arquitectura colectiva, al ser activada a través de las acciones desencadenadas en dichos espacios siendo los juguetes los desencadenantes.

El espacio que nos ofrecerá Lina Bo Bardi, es una *morada* donde pueden acontecer sorpresas, abordarnos emociones y propiciar estados de ánimo receptivos; donde se caen poco a poco, sin darse cuenta, los prejuicios culturales, se desnudan las corazas, desaparecen los miedos y las inhibiciones y el usuario se deja arrastrar por el placer del juego.

El enfoque poliédrico elegido nos aporta una visión más amplia sobre el panorama del juego en la sociedad y en la cultura; y deriva en una idea espacial colectiva, manejada por Lina Bo Bardi.

El situar el juego en este lugar nos permite reconocerlo como nexo de conexión entre la creación, la comprensión y la práctica.

NUEVAS FUENTES
[La apreciación de la infancia en la sociedad. La didáctica del juguete. Europa 1756-1946]

La concepción particularmente positiva sobre la infancia o niñez *resurge* en el siglo XVIII. El advenimiento de la burguesía y la obra de algunos filósofos, músicos y literatos participaron en dicho cambio.

Jean Jacques Rousseau[18] introdujo cinco revalorizaciones clave en el caldo cultural que tratamos: la educativa, la de la naturaleza, la introducción de la crítica de la artificiosidad urbana, la identificación y estigmatización de los artificios de la civilización y la inducción al ejercicio físico. Planteó una nueva filosofía que surgía de su personal interpretación del carácter del niño y que hizo despertar un gran interés hacia la infancia:[19] «La naturaleza es primitivamente buena, pero la sociedad la pervierte»; éste es el punto de arranque (discutible) de

[18] Paul Johnson, «Jean Jacques Rousseau 'Un loco interesante'», *Intelectuales*, Madrid, Vergara, 2000, pp. 7-28.

[19] Michel Tournier, «El niño y el adolescente», *El espejo de las ideas*, Barcelona, El Acantilado, 1994, pp. 29-31.

su libro más importante, *Émile*, en el cual profundizó en el carácter peculiar del niño particularizado por la libertad, la inocencia y la virtud, dándole a la *imaginación* un poder absoluto.

Dicha preocupación (abandonada por siglos y recuperada con fines estratégicos que poco tenían que ver con la infancia), ya se había reflejado en otros campos de la cultura y de manera más sincera, como en la música, con ejemplos como las piezas *Sinfonía de los juguetes*[20] o *Viaje musical en trineo*, ambas compuestas por Johann Georg Leopold Mozart. En sendas composiciones, los sonidos de lo cotidiano como los tambores de hojalata, los cucos y los ruiseñores, el relinchar de los caballos, el ladrido de los perros y los cascabeles; se entremezclaban con una instrumentación clásica, reproduciendo una jornada de juego infantil o el movimiento de un carruaje invernal.

En la Literatura, Jeanne-Marie Leprince de Beaumont transcribió historias de tradición oral europea como *La Bella y la Bestia*,[21] siendo con ello precursora del género infantil.

1900 fue el "Año de la Infancia", esto es muy importante pues con ello el siglo XX se perfilaba como el siglo de la confianza en los "no amenazados por la historia". Los niños y los jóvenes eran una *gran esperanza*.

El Futurismo fue uno de los primeros movimientos de vanguardia dirigido a influir y transformar la sociedad al tiempo que renovaba el ámbito de las artes. La poética futurista se extendió por diferentes aspectos de la vida, desde la pintura al teatro, a la música o a la cocina. El mundo infantil no se escapó de la mirada futurista y algunos artistas, en especial Fortunato Depero, diseñaron juguetes y organizaron espectáculos para niños. Depero representa, además, las claves dictadas desde Italia para la transformación de la sociedad desde los cimientos, su obra, está relacionada con la cultura italiana de la primera mitad del siglo XX.[22] Lina Bo Bardi por lo tanto estuvo envuelta directamente de esta herencia cultural.

[20] Autoría dudosa (primeramente atribuida a Franz Joseph Haydn).

[21] 1740.

[22] En 1914, Antonio Sant'Elia afirmó: "Los caracteres fundamentales de la arquitectura futurista serán la caducidad y la transitoriedad. Las casas durarán menos que nosotros. Cada generación deberá fabricarse su ciudad."

El manifiesto *Riconstruzione Futurista dell'Universo*[23] (Reconstrucción Futurista del Universo) publicado por Balla y Depero en 1915 marca el punto de partida del acercamiento futurista al mundo de la infancia a través de la descripción de cómo debía ser el juguete futurista. Hartos como estaban de aquellos que eran mera imitación, "aptos solamente para entontecer y envilecer al niño" el juguete futurista tendría que permitir al niño reír abiertamente, desarrollar su imaginación y agilizar su sensibilidad al tiempo que le infundía valor y espíritu de lucha.

La Escuela de la Bauhaus, entre 1919 y 1933, aspiró al re-descubrimiento del hombre integral. La educación debía ser universal y el artista moderno debía tener este sentimiento:[24]

> La Bauhaus es eslabón en los procesos históricos del siglo XX. Existe cierto paralelismo en los artistas de la Bauhaus con las ideas desarrolladas por Rousseau sobre el niño como ser creador, en dos de sus textos: Discurso sobre las Artes y las Ciencias (1750) en que afirmaba que el estado natural de la Humanidad era de felicidad, caracterizado por la Libertad, la Inocencia y la Virtud y de cuyo seno fue expulsado el hombre por la cientificación de la sociedad. Rousseau proponía un retorno del hombre al recuerdo, dándole a la imaginación un poder absoluto. Émile o la Educación, 1772, libro pedagógico en el que profundizaba en el carácter peculiar del niño.

Creada por Walter Gropius en Alemania en 1919 para la creación de una escuela de diseño en la que se ligaran las clases teóricas y prácticas, en su primera fase se centró en dos objetivos: el pedagógico –crear al nuevo hombre en un nuevo entorno y destacar la espontaneidad creativa en todos[25]– y el diseño industrial sin romper con la artesanía. Mirar hacia la Bauhaus suponía mirar a una atmósfera coordinada con los tiempos.

[23] Fanette Roche-Pezard, *L'Aventure futuriste 1909-1916*, Roma, Ecole Française de Rome, 1983.

[24] Detlef Noack, *La bauhaus como institución pedagógica*. Conferencia impartida por el autor en la Fundación Juan March, Madrid, 1978.

[25] Nicole Colin, *La Filosofía de la Bauhaus: crítica a la cultura y utopía social*, Weimar, Beiträge, 1992, p. 25.

Desde sus comienzos, la Bauhaus fijó su mirada en el mundo infantil, varios de sus proyectos estuvieron destinados a los niños.

En 1919, Johannes Itten, profesor del curso preliminar de la escuela, organizó un trabajo colectivo con el fin de mitigar la miseria de la posguerra vendiendo juguetes durante el periodo navideño.

Johannes Itten extrapoló dichos pensamientos al dibujo y en 1922 realizó el cuadro *La glorificación del niño*. El estudiante al entrar en el curso preliminar debía liberarse de lo aprendido hasta entonces (unlearn) y acercarse a problemas de forma, estructura y color.

El *nuevo lenguaje*, en un primer momento, surgió del propio lenguaje infantil, al considerarse que era reflejo de la infancia como tiempo mítico de inocencia y pureza: el niño dibuja y construye su propio universo.

Se propagó desde entonces, una nueva pedagogía que revalorizaba la capacidad creadora del niño, potenciándola a través de juegos y actividades adecuadas.

El arte en aquellos tiempos, así como la obra de Paul Klee son claro ejemplo de este espíritu. Posteriormente, y de su mano, se analizó el papel de la infancia en la edad adulta y es en este punto en el que se reflexiona sobre lo siguiente: si debe transformarse la sociedad ¿por qué no hacerlo desde la infancia?

Por lo tanto, además del interés por el lenguaje particular de la niñez, se añadía una traslación de dicho pensamiento infantil al pensamiento adulto.

La obra de Paul Klee, desde una visión contemporánea, supone un análisis de la psicología evolutiva y la filosofía: lo ingenuo, lo infantil y lo básico se extrapola a un nuevo lenguaje, digamos que se pasa del lenguaje infantil al arte. Paul Klee, de manera individual, investigó sobre el acercamiento de la infancia en la edad adulta,[26] *el mundo a pequeña escala*.

[26] La obra de Paul Klee supone un testimonio ilustrativo del niño que habita en el hombre. Se trata de una reflexión clave en este artista suizo-alemán que fue un profeta de lo que sabemos y también de lo que olvidamos con frecuencia. El atractivo humano de Klee ha influenciado y sigue haciéndolo. En: AAVV, Paul Klee. *La infancia en la edad adulta*, Centro Atlántico de Arte Moderno, CAAM de las Palmas de Gran Canaria, 2007.

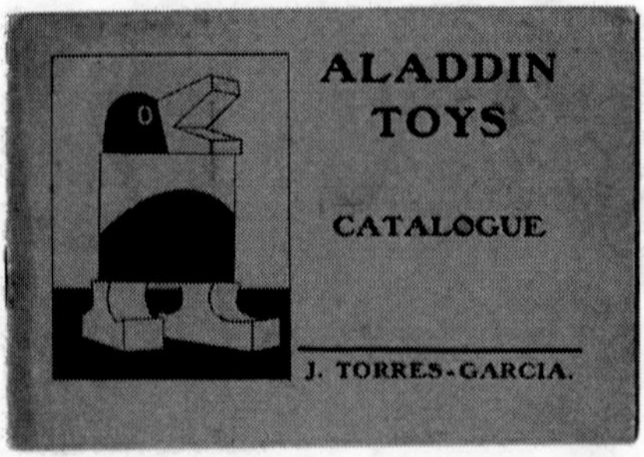

Catálogo de juguetes para su venta en Nueva York, 1922-1923, Aladdin Juguetes Transformables, Joaquín Torres-García.
La idea del pintor uruguayo-español, Joaquín Torres-García de investigar el mundo del juguete surge hacia 1917 tras su decepción frente al arte y por supuesto tras el desconcierto provocado tras la Gran Guerra. Afronta la desolación de posguerra con el mayor de los optimismos: se acerca al mundo infantil, siempre alegre y lleno de esperanza. Reconocía que en el niño, nada podía reemplazar la diversión producida por los materiales naturales como el agua, la tierra y la madera. Ya que alguien se encargaría de crear juguetes decidió fabricarlos él, volcando en ello todo su entusiasmo.
Esta idea le acompañó ya el resto de su itinerario vital, Nueva York, Italia, Francia, España y finalmente Uruguay.
Joaquín Torres García comparte con Lina Bo Bardi la decepción producida por Europa y también su anhelo por encontrar un lugar donde resarcir las utopías europeas. América les dio a ambos esa segunda oportunidad.

La nueva pedagogía social que valoraba la infancia y el juego se extrapoló para convertirse en una herramienta de mejora y revisión del pensamiento.

La creación de la Escuela-Taller de la Bauhaus, en Weimar, fue fundamental para recorrer las claves pedagógicas desarrolladas e influyó en su dispersión por el mundo. Una de las expansiones fue liderada por Ladislav Sutnar –primero en Checoslovaquia y después en EE.UU.– quien encabezó el diseño de juguetes desde la consideración de ser un objeto estético relacionado con lo primitivo, clave en el nuevo lenguaje de la información: un emisor.

La creación de juguetes de Joaquín Torres-García constituye uno de los capítulos más interesantes de su vida. Fueron apreciados desde el principio como obra de arte aunque, además, encerraban claves pedagógicas fruto de su trabajo como profesor de Plástica en el Colegio experimental Mont d'Or en Cataluña. Torres-García escribió:[27]

> El trato con los niños en las escuelas y lo que iba observando en sus propios hijos, hizo pensar alguna vez a Torres-García en los juguetes, pareciéndole que allí había algo que estudiar y crear, que estuviese más de acuerdo con lo que debía ser. Sabía él que nada podía reemplazar a las cosas naturales (agua, tierra, madera) con lo que se divierte y adquiere habilidad y conocimiento el niño, pero puesto que construyen juguetes, al menos que sean en relación con la psicología infantil...

Él incorporó su experiencia en el taller de carpintería de su padre. Entre los años 1920 y 1924 creó la sociedad *Aladdin Toys* en Nueva York para manufacturar juguetes a gran escala y de su experiencia como profesor, así como de sus diversas experiencias vitales en España, Italia, Francia y EE.UU., extrajo la creación de juguetes, dando las claves del sentido del juguete auténtico, pedagógico y moderno:[28]

> EL NIÑO APRENDE JUGANDO. Pues el juego, para él, ha de ser ejercicio de múltiples experiencias y actividades. De *creación y de descubrimiento*. De conocimiento de las cosas y de sí mismo. De iniciación de futuras empresas y estudios. De revelación de su personalidad. Y por esto, quien cuide de educarle, jamás deberá privarle de esa constante y libre actividad y, menos que eso, imponerle algo opuesto.
>
> El juguete debe querer que llegue a ser un hombre libre. *Hombre libre en pensar y en la acción*. El juguete debe servir como medio educativo. Quizá no es de los más importantes, pero, por excitar en tan alto grado el interés del niño, es realmente, un principio motor de primera fuerza, y debe aprovecharse...el niño se mueve sobre realidades... El pasado no le interesa, ni la poesía... su visión intuitiva lo lleva al verdadero conocimiento, y por eso, a la más pura y real imagen estética...

[27] Joaquín Torres García, *Historia de mi vida* (autobiografía escrita en tercera persona en 1934), Barcelona, Paidós, 1990, p. 143.

[28] Joaquín Torres García, *Catálogo de manufacturas de juguetes*, Barcelona, 1919 (recogido en el catálogo, ALADDIN. Juguetes transformables, Montevideo, 2005, p. 11.

EL LENGUAJE
[El mensaje y la semántica del juguete. Europa-América, 1922-1946]

Los garabatos y los dibujos prefigurativos del arte infantil constituyen la materia prima de todo arte.

Rhoda Kellog[29]

El acercamiento al mundo infantil en el arte moderno se produjo desde dos vías:

[Una] La renovación del lenguaje del arte desde el lenguaje de los dibujos infantiles.

[Dos] Como medio de introducir cambios en la sociedad desde sus raíces.

La Bauhaus propuso la creación de juegos y actividades adecuadas para la revalorización de la capacidad creadora del niño y en su acercamiento descubrimos que se recorren las dos vías de acercamiento: dibujos como *El equilibrista*, de Paul Klee de 1923 o *Juegos de Construcción* realizados por estudiantes y profesores de la Escuela.

El lenguaje derivaba de los volúmenes y de los colores. La pintura era considerada como una representación y los colores como un fenómeno óptico.

Se combinaron ambos lenguajes y se realizaron juguetes partiendo de formas geométricas –bloques de colores– con cuya composición se recordaba por ejemplo el concepto del Universo. Estas referencias cósmicas junto con los fenómenos celestiales serían desarrolladas por Alexander Calder a través de sus móviles en los años treinta.[30]

[29] Rhoda Kellog (citada por Eugenio Estrada Díez), *La expresión plástica infantil y el arte contemporáneo*, Editorial de la Universidad Complutense de Madrid, 1988.

[30] Móviles: nombre dado por Marcel Duchamp en 1932 a las construcciones realizadas por Alexander Calder en madera y metal, con partes móviles, unas veces motorizadas y otras oscilantes (significado en francés: algo que se mueve y motivo de una acción). En:

El equilibrista, 1922, Paul Klee.

Este tipo de construcciones implicaban que a mayor número de piezas, mayor número de combinaciones posibles.

También se llevaron a cabo investigaciones estéticas basadas en la Teoría de contrastes. Paul Klee se dejó estimular por algunos de estos experimentos de Johannes Itten, basándose precisamente en trabajos sobre dameros.

El concepto de *ritmo* se aprendía a través de la relación del tiempo y la ejecución de diversos ejercicios que trasladaban el movimiento de la

Fernando Antoñanzas Mejía, «La obra de Alexander Calder», *Artistas y Juguetes*, Madrid, Universidad Complutense de Madrid, Facultad de Bellas Artes, 2004, pp. 57-65.

Juego de ajedrez, 1924, Josef Hartwig.

música al papel, o el dibujo de objetos a línea sin desprender el lápiz del papel (Alexander Calder llevó este concepto a sus trabajos realizados con alambre).

Los alumnos debían apropiarse de otros *contrastes* como grande/pequeño, duro/blando, quieto/móvil, estudiar la Teoría de los colores, desde la simbología de la Edad Media a la aplicación didáctica que Itten dio a la esfera en la que cada color representado por meridianos y latitudes se proyectaba en la conocida estrella de colores.

El color proporcionaba relaciones matemáticas. Kandinsky dio una lectura de los colores para establecer en la relación entre plano y color: amarillo-agresividad, azul-relajamiento y rojo-encuentro de ambos polos.[31]

El lenguaje del color tuvo dos aplicaciones importantes:

[31] Lina Bo Bardi experimentó con los colores (pocos pero intensos). Utilizó el rojo para equilibrar objetos, identificarlos y significarlos.

Penetración de los colores amarillo y violeta, hacia 1922-1923, Franz Singer, acuarela para la clase de Klee.

Peonza de colores, 1924,
Ludwig Hirschfeld-Mack.

Pequeño juguete, 1948,
Alexander Calder.

[Uno] El contraste complementario que consistía en un proceso físico de agregación de colores, cuya suma daba el blanco teóricamente y que en pigmento daba un gris neutral en el que siempre participaban el azul el rojo y el amarillo. La finalidad era el equilibrio estético.[32]

[Dos] El contraste simultáneo, fenómeno psicológico de la percepción de colores por el que el ojo busca complementar los colores percibidos, para conseguir la armonía completa.

El gris, se percibe, en cantidades dominantes, coloreados en dirección al color complementario, de tal manera que los colores vibran en torno al gris. Este fenómeno se complementaba con el contraste cuantitativo: ¿Qué tan grande debe ser un plano de un color para armonizar con otro? Desprendiéndose dos factores de fuerza de un color: la cantidad del plano y la fuerza luminosa.[33]

[32] Ley física: Para todo color del espectro es complementaria la suma de los demás colores del espectro, y en su equivalencia en el ojo humano y en su efecto psicológico.

[33] Estas investigaciones en torno al color serán muy importantes en el Pop Art y en algunos objetos de Lina Bo Bardi como la Gran Vaca Mecânica.

Composición A19, óleo s/lienzo, 1927, László Moholy-Nagy.

Jealousy, collage con fotografía, impresión y dibujo, 1927, László Moholy-Nagy.

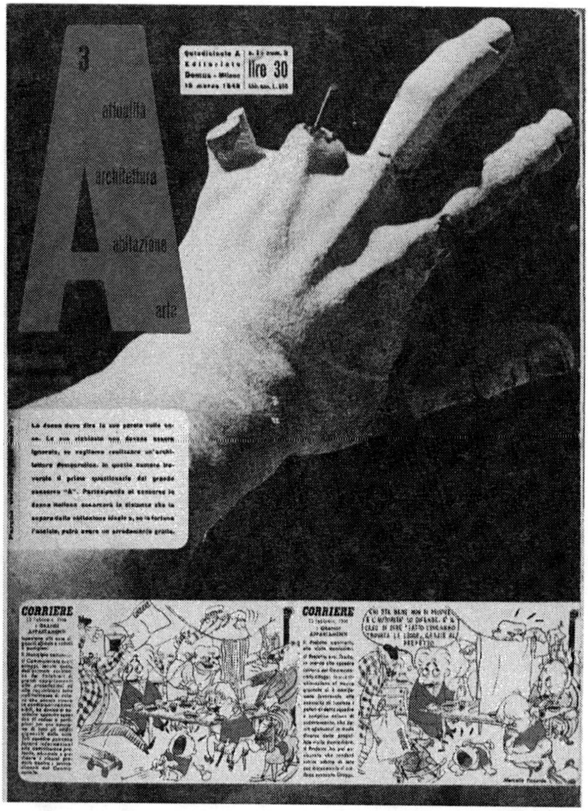

Portada revista *A, Attualità, Archittetura, Abitazione, Arte* n° 3, marzo de 1946, Lina Bo Bardi.

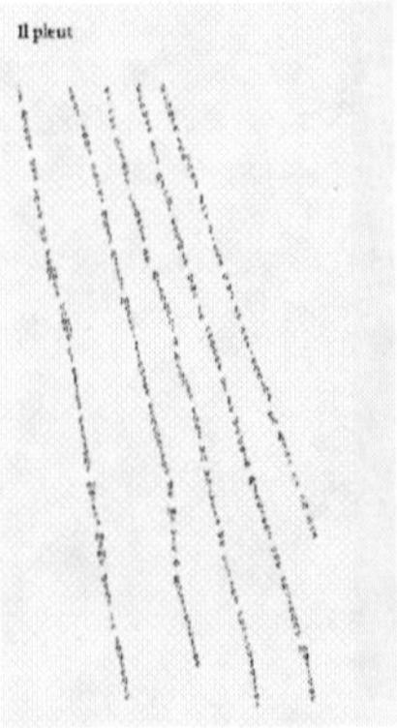

Llueve (Il Pleut), 1918, Guillaume Apollinaire.
Le mots et les images, 1929, René Magritte.
Cadáver exquisito, 1929, Anónimo.
Collage, El Lissitzky.

Como aplicación óptica de los colores se diseñaron las *peonzas ópticas* para que los niños pudieran descubrir el color. Se trataba de un artilugio basado en el concepto del giróscopo al que se añadían discos de colores que se mezclaban al girar. Fue diseñado por Ludwig Hirschfeld-Mack en 1924.

Johannes Itten también aplicó los estudios realizados sobre el color y el movimiento a su obra *Árbol de Fuego* con diferentes colores, brillos y reflejos.

Los muñecos articulados se tiñeron de colores y más tarde se transformaron en mágicos disfraces para alumnos y profesores que participaban en teatros, bailes y otras escenificaciones cuya puesta en escena era un espectáculo completo.

Los juegos *azarosos* con palabras de los surrealistas daban paso a juegos controlados desde la disposición y la razón hacia la nueva meta de la comunicación.

Los juegos con palabras nos descubrieron, además, posibilidades plásticas y elásticas del lenguaje, combinando la exigencia artística,

Diseño publicitario de edificio, 1924,
Herbert Bayer.

el azar, los automatismos, las imágenes, los sonidos, la provocación y en definitiva el lenguaje, entraron en el juego las tipografías o el gesto de la mano al escribir, buscando la espontaneidad y el primitivismo de la escritura manual.

Los juegos surrealistas enredaron con fragmentos de la realidad y crearon juegos derivados de los juegos, jugaron con los collages, los frottages, los fotomontajes, los objetos descontextualizados y los ready-made, los ensamblajes y las acumulaciones, con preguntas y respuestas, colectivamente (los cadáveres exquisitos, los cuadros participativos, los dibujos comunicados etc.).

Lina Bo Bardi, que experimentó con todos estos juegos del lenguaje, avanzó en algo esencial, creó *el sueño de lo real*.

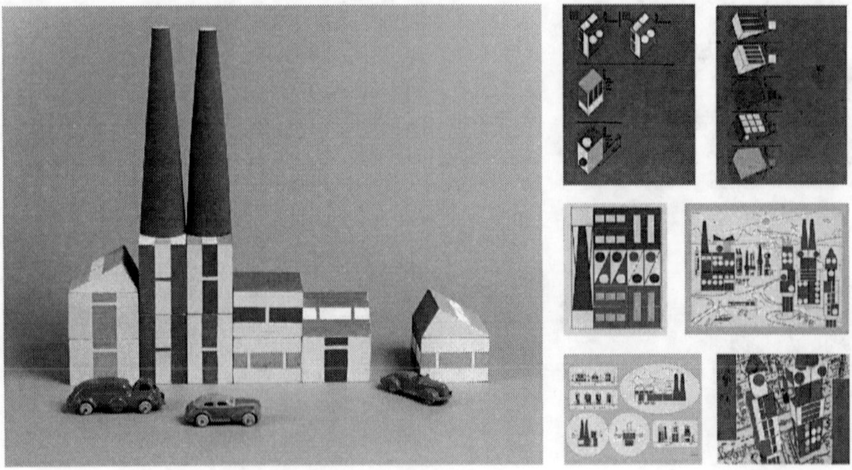

Factory Town, prototipo, plantillas, diseño de la caja del kit de construcción de la ciudad e instrucciones, 1943, Ladislav Sutnar.

EL PREDOMINIO DE LA IMAGEN CONCEPTUAL [Europa-EE.UU. 1922-1946]

Los juguetes de construcción son vehículos para el aprendizaje desarrollando la capacidad para vislumbrar espacios. El juguete de piezas, en forma de bloques no articulados vierte su juego en la habilidad y la imaginación del usuario al concebir nuevas formas de habitar. Desde este objetivo cotidiano encontramos muestras en todos los creadores de las vanguardias que hemos analizado hasta ahora, Ladislav Sutnar añadió un concepto extra que nos interesa: la *creación de un paisaje* de diseño en acción.

Los nuevos medios han de llegar a satisfacer la aceleración del tiempo de la industria. El diseño gráfico se ha visto obligado a desarrollar mayores niveles de rendimiento para acelerar la transmisión de la información.

How to fly, manual, lecciones 7 y 9, publicadas en *Power Magazine*, 1955, Ladislav Sutnar. Ladislav Sutnar nació en Pilzen, Checoslovaquia, en 1897. Estudió en la Academia de Artes Aplicadas de Praga comenzando su carrera profesional como pintor. Influenciado por la Bauhaus con quien consideraba había comenzado el diseño gráfico. En su país natal se dedicó a la docencia y a la fabricación de juguetes (marionetas, muñecas, animales, tranvías, tractores y mobiliario). Participó en el catálogo de la exposición que se celebró en Praga en 1930 "Internacional Toy and Teaching Aids exhibition".
Viajó a EE.UU. en 1939 por su proyecto de pabellón checo en New York en la Feria mundial de 1939 'Construyendo el Futuro' (500 hectáreas), convertido en observatorio de países en guerra (EE.UU. no entró en la Segunda Guerra Mundial hasta 1941).
Sutnar no regresó a Europa. Entre 1941 y 1960 fue Director artístico del Servicio de Catálogos de Sweet's compaginándolo con su propia empresa que creó en 1951. Destaca su trabajo tipográfico de McGraw-Hill, la publicidad y la imagen corporativa de Printex Corporation. Director artístico de la revista Arte de Teatro. Protagonizó la creación de lo que hoy conocemos como Información de diseño y Arquitectura de la información.

La labor de saber ver con el pretexto del juego y el diseño se canaliza a través de un nuevo lenguaje-diseño encargado de captar la atención del usuario.

Ladislav Sutnar, dedicó gran parte de su comienzo de carrera profesional a ser profesor y diseñador de juguetes. En su país natal, Checoslovaquia, se dedicó a la docencia entre los años 1923 y 1936. Allí, además de Sutnar, otros artistas diseñaron y construyeron juguetes entre los años 20 y 30, como V.H. Brunner, Minka Podhaská o Václav Špála dentro de una cooperativa de artistas *Artìl* que fabricó juguetes y objetos cotidianos. La producción de esta cooperativa fue publicada en la revista Drobné Umìni (1920-1925).

Más allá del juguete en sí, nos interesa su capacidad de su lenguaje por transmitir la imagen de lo moderno, la ciudad moderna. En ello hay unos objetivos pedagógicos y de cambio social, en la que el pensamiento se estructura de una manera nueva y el diseño y su lenguaje son una herramienta en dicho cambio, hablamos del poder de la comunicación.

De su diseño podemos destacar la simplicidad en su ejecución, los conceptos, los pocos componentes, la sensación de movimiento, los colores vivos y los patrones contundentes; todo ello le llevaría a captar la *atención del espectador*.

Los juguetes debían contagiarse de este nuevo lenguaje, así particularizó ilustraciones como la serie *Aviación* en 1955 y los libros infantiles como *The World of Shape*.

Desde el mundo del diseño de Ladislav Sutnar, analizamos un juguete pedagógico, concebido en 1928 y desarrollado en los años cuarenta, sin llegarse a comercializar debido a los avatares de la guerra. Se trata de *Building Blocks-Factory Town* que tenía como objetivo crear una ciudad con treinta bloques de construcción, aprender a ver la contemporaneidad y crear a través de un nuevo lenguaje.

Se trató de un prototipo que él proyectó inicialmente entre 1922 y 1926. Más tarde, entre 1940 y 1943, años después de su llegada a EE.UU. continuó trabajando dicho prototipo, un set de construcciones de bloques que llamó *Build the Town*. Al jugar con ellos los niños podían inspirarse en la América contemporánea [Lina Bo Bardi nos lanzará un mensaje análogo al considerar que Brasil podía convertirse en *faro iluminador del mundo*], se convertían en arquitectos utilizando módulos prefabricados, su único límite: la imaginación.

A pesar del trabajo y de la inversión económica en labores de marketing, el diseño del prototipo no pudo manufacturarse ya que la Industria Americana hubo de focalizar su producción adaptándose en la creación de armamento para la guerra.

Se conservan dos prototipos (hechos a mano), uno en el Museo de Artes Decorativas de Praga y otro en el Smithsonian Institution dentro del apartado *Proyectos pedagógicos* (Diseño moderno checo).

El set original consistía en treinta piezas pequeñas de madera: prismas, conos y cuñas, pintados en rojo, azul y amarillo

Para Sutnar el diseño, que era un juego, contaba además con una función estructurante de la mente desde la estructura de la información.

Entendió que desde el diseño surgía una función práctica y la necesidad de controlar y organizar la gran cantidad de información que ya bombardeaba la vida contemporánea.

Estableció que la estructura básica era racional, a base de *yuxtaposiciones*, escala y color.

A través de las formas geométricas construía signos que atrajeran la atención y guiaran de un nivel de información al siguiente –análogo al juego de *dibujos comunicados*, presencia de la comunicación que es indudable también en Lina Bo Bardi.

Sutnar era un constructivista en el más puro sentido de la palabra.

Abordó cuestiones de *orden y lógica* y un tratado ferviente de modificar las normas visuales estableciendo las bases sólidas para una gráfica moderna, diseño y tipografía. Todo esto como herencia directa de las vanguardias de los veinte y treinta en Europa, lo que suponía un cambio fundamental y revolucionario.

En definitiva, nos interesa el protagonismo del concepto como punto de partida, la presencia de una idea fuerte mantenida en un desarrollo proyectual, en el que el propio proceso es más importante que el producto obtenido. El proceso nos enseña una nueva manera de pensar.

LAS PROPORCIONES AFECTIVAS Y LA EXAGERACIÓN [Europa-1914-1917]

Los primeros juguetes del futurista Fortunato Depero estaban concebidos para el espectáculo infantil *Bailes plásticos* y su posterior venta. Las marionetas de esta singular representación sirvieron para inspirar las piezas que después fabricaría en su *Casa de arte futurista*.

De entre toda la producción artística del italiano fueron los juguetes los que mayor expectación causaron en muestras internacionales, obteniendo en 1925 la medalla de bronce de la *Exposition Internationale*

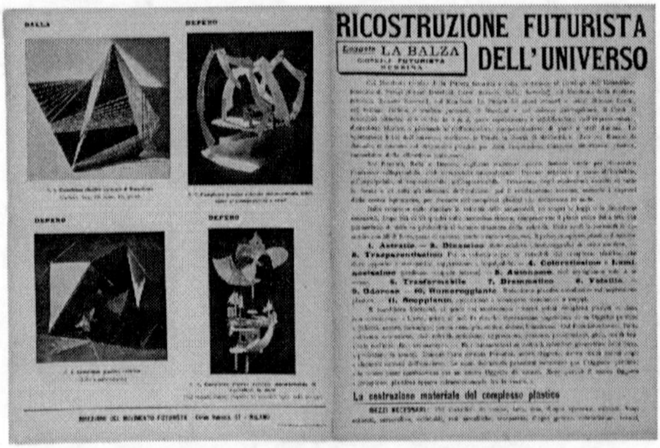
BALLA DEPERO
RICOSTRUZIONE FUTURISTA
DELL'UNIVERSO
DEPERO DEPERO

Anihccam del 3000, Fortunato Depero, 1924, publicado en Depero Futurista, 1927.
Manifiesto Ricostruzione futurista dell'Universo, Roma, G. Balla y F. Depero, 1915.
Al principio elogiaban la velocidad, los coches de carreras más bellos que la Victoria de Samotracia, la guerra, la bofetada y el puñetazo, luchaban contra el "Claro de Luna", los museos y las bibliotecas , nos proponían realizar "valiéntemente lo feo", Palazzeschi defendía la educación de las jóvenes generaciones en lo desagradable. La batalla de lo feo fue insostenible.
Después vino la provocación como el urinario de Duchamp, las situaciones comenzaron a ser perturbadoras.
En el Surrealismo, el artista tendía a reproducir situaciones oníricas que abrían rendijas en el subconsciente.
La Naturaleza era transformada para dar vía libre a situaciones de pesadilla y a teratologías inquietantes como en Ernst, Dalí y Magritte. Se practicaban juegos como los *cadáveres exquisitos*; creando secuencias y combinaciones nada usuales. En: Umberto Eco: *Historia de la Fealdad,* Ed. Lumen, 2007.

des Arts Decoratifs et Industriels Modernes de París. Para un mayor dinamismo en la exposición era costumbre del artista exhibir varios juguetes juntos en los que contrastaban sus ritmos compositivos.

Las marionetas y los juguetes de Depero tienen su origen en una serie de piezas que realizó entre 1914 y 1917 que se conocen como *conjuntos plásticos*, en los que experimentó con materiales diversos y formas geométricas.

Eran figuras estilizadas relacionadas con los dibujos infantiles, con lo primitivo y con el folclore, y que además poseen un fuerte carácter lúdico. Las marionetas y los juguetes estaban hechos de madera

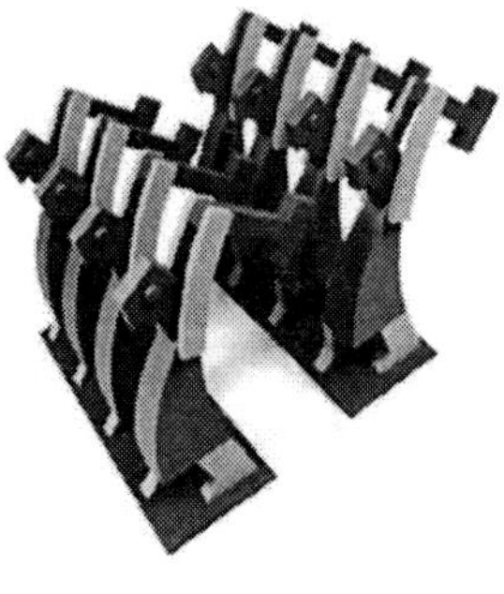

Martilleadores, 1925, Fortunato Depero.

Composición con materiales innobles, 1921, Oskar Scheep.

pintada, en los que mezclaba sólidas formas geométricas y perfiles puntiagudos junto a líneas curvas y campos de color puros. En ambos casos acerca la máquina al mundo infantil, ya que tienen un cierto aire de autómatas.

Al igual que sucede en su obra plástica, los juguetes tienen la misma mezcla entre lo futuro y lo arcaico, la misma mezcla de lo mecánico, lo primitivo y lo mágico con ciertos aires orientales que le permiten desarrollar más libremente su imaginación. Esto se debe a la influencia de la artesanía y de las tradiciones populares así como a la experimentación con distintos materiales y al tratamiento cubista-futurista de la forma. Empleó en sus juguetes los mismos colores brillantes, vivos y desentonados que en su obra pictórica, lo que dota a los objetos de una gran vivacidad, de un carácter mágico y de ensoñación muy atractivo para los niños. Los colores más utilizados son el rojo, el amarillo, el naranja, el azul, el verde, el violeta, el gris, el blanco y el negro.

Juguetes de bolsillo, 1948, Alexander Calder.

Depero, a través de sus *conjuntos plásticos* se convirtió en un *narrador* humorístico de cuentos fantásticos, de los que parecían salir algunos de sus personajes: el pequeño salvaje, el caballero emplumado, el gimnasta, junto al grupo de animales (rinocerontes, papagayos, elefantes); la apariencia de autómata de otros demostró el impacto de la máquina en el mundo del arte en general y en del infantil en particular; los ejemplos más evidentes son los *Devoradores de corazones* o los *Martilleadores*.

Estas aportaciones de Fortunato Depero a la vanguardia italiana, reflejan su visión del mundo por medio de figuras sintetizadas, de gran fuerza cromática y de una geometría donde conviven lo primitivo y lo mecánico. Un singular acercamiento a lo mágico y a lo imaginado a través de la mezcla de *ironía*, *juego* y *fantasía*.

Los *Teatros Plásticos* fueron uno de los primeros ejemplos del *arte* entendido como *escenificación*, en el que los actos artísticos afectaban por igual al acontecimiento y al espectador. Dicha forma de arte, fue una suerte de circularidad –con cierta obsesión por ser un acontecimiento singular– anticipó las manifestaciones artísticas colectivas contemporáneas como los *Happenings*. En las primeras Veladas futuristas italianas, lo importante era su carácter efímero y experimental en lo sonoro –mezcla de actuaciones, declamaciones y protestas. Lina Bo Bardi participó en la concolidadción de estas manifestaciones colectivas a través de su participación en el teatro experimental en Brasil, como *Ubu Rey* que veremos más adelante.

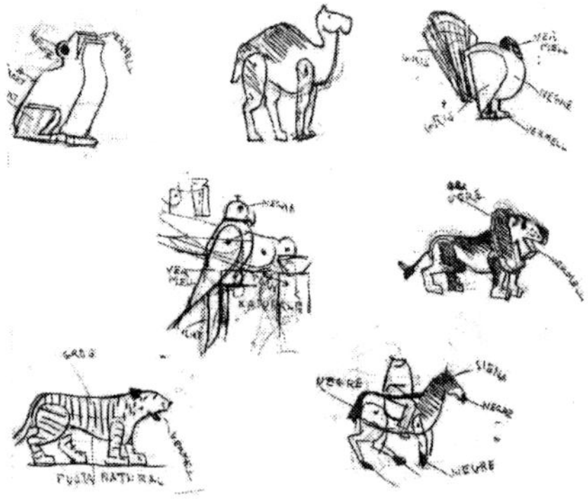

Pájaros articulados, Plantillas, catálogo, primeros bocetos y prototipo, Joaquín Torres García s/f.

LA ACCIÓN PLÁSTICA
[De la manipulación de los materiales y otros desechos al reciclaje]

Una de las claves del arte del siglo XX es el concepto de *reciclar*, pero como el reciclar de los niños, que todo lo reutilizan. En las vanguardias históricas, todo se manipuló: los materiales, los lenguajes, las tradiciones; imágenes, procesos y técnicas. El collage, por ejemplo, fue una técnica derivada de este concepto.

La realización de juguetes modernos respondió a dos objetivos, que también tuvo que ver con el destinatario de los mismos.

Paul Klee y Joaquín Torres-García[34] comenzaron su actividad creadora de juguetes al realizarlos para sus propios hijos, reflejando en ellos su propio universo creativo. Se centraron en teatros y marionetas. La escala era doméstica y la producción artesanal y única, sin objetivos pedagógicos, sólo el fin de entretener a sus hijos. Alexander Calder había iniciado la creación de juguetes siendo él mismo un niño con apenas cinco años y junto a su hermana Peggy, creando un mundo en miniatura para la muñeca de ésta, Thomasine.

La Bauhaus y sus impulsadores internacionales, como Ladislav Sutnar, crearon los juguetes con un objetivo pedagógico desde los inicios.

Fruto de estas experiencias y de reflexiones individuales (siempre desde la búsqueda de nuevas fuentes creativas y la desesperanza ante la sociedad) los protagonistas de esta reflexión decidieron hacer de juguetes su objeto creativo y extrajeron de estas prácticas, su propio devenir artístico.

Los materiales obtenidos de la *vida cotidiana* con que realizaron sus primeros juguetes se siguieron utilizando como materiales primeros, incorporando otros nuevos:[35]

> Debido a la escasez del metal provocada por la Segunda Guerra Mundial, Calder empezó a emplear unos pequeños trozos de madera tallados con diferentes formas que a veces pintaba. La relación de las diversas formas se establece por la conexión de los alambres. Estas piezas recibieron el nombre de Constelaciones en homenaje a una serie de acuarelas que había hecho Joan Miró.

Los juguetes desmontables de Joaquín Torres-García siempre fueron realizados con madera. Su padre había sido carpintero y con él Torres-García aprendió el manejo de máquinas para el corte y el contorneado.

[34] Manolita Piña, esposa de Joaquín Torres García, inició la actividad de crear juguetes diseñando unas muñecas de trapo, reflejo de la moda femenina de la época. Posteriormente participó activamente junto a él en el desarrollo de los juguetes. En: *Diario personal del matrimonio Torres García 1912-1938*, Montevideo, Archivo del Museo Torres García. Comunicación personal del departamento de Archivo del Museo, 18 de diciembre de 2008.

[35] Fernando Antoñanzas Mejía, « La obra de Alexander Calder», *Artistas y juguetes*, Madrid, Universidad Complutense de Madrid, Facultad de Bellas Artes, 2004, p. 64.

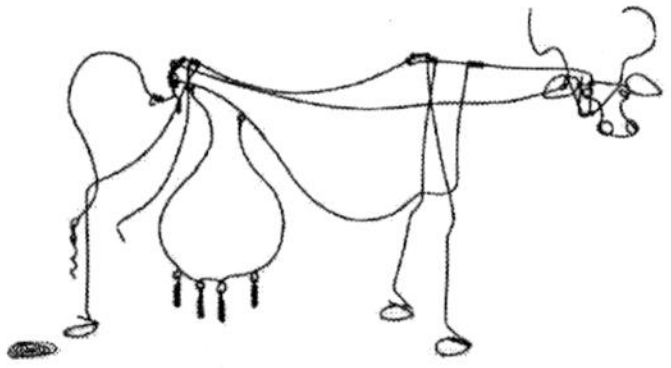

Vaca, 1929, Alexander Calder.

Cuervo verde, 1921, Joaquín Torres-García.

Hombre abstracto, 1929, Joaquín Torres-García.

El uso del material determinó la manera de abstraer y concebir ejecución de los objetos, lo que podemos entender claramente con los dos ejemplos siguientes:

> [Uno] El diseño en Torres-García se iniciaba con los primeros estudios del modelo, esbozado esquemáticamente, a través de su morfología y de los movimientos a realizar. A continuación se creaba el patrón del modelo fragmentado en piezas y todos los movimientos admisibles a través de la combinación de piezas. Este diseño se llevaba al cartón para crear las plantillas para la madera. La silueta del modelo se marcaba en la madera, se cortaba, posteriormente se lijada, se pintaba directamente y se dejaba secar. El uso de madera facilitaba su construcción y a la vez simplificaba la morfología de los modelos.
>
> El espesor del tablero de madera dependía del sistema previsto en la transformación del juguete y el movimiento implícito. Joaquín Torres-García utilizó bloques macizos de madera contorneada y pintada que se apilaban en el orden morfológico original, reproduciendo el volumen simplificado, que se fragmentaba para ofrecer al niño el completo en piezas que debía combinar.
>
> [Dos] Por otro lado, Alexander Calder ofreció el resultado. Su análisis de la morfología se sintetizaba como un esquema a línea trasladado a las tres dimensiones gracias al empleo del alambre.

Ambos enseñaban al niño a ver la morfología del animal. Torres-García a través de la presencia del material, Calder a través de su ausencia como haría un ilusionista.

La aplicación del color llevó a Torres-García a sucesivas abstracciones que al incorporar el factor simbólico, el valor de lo universal, derivaron en su Universalismo Constructivo.[36] Volcó en todos ellos sus ideas sobre el juego y el niño, aplicándolo al arte y provocando una relación recíproca.

Los colores eran aplicados en superficies puras y esquemáticas, extrayendo los pigmentos de la realidad. El color natural de la madera también fue utilizado como un color más, madera y madera coloreada eran dos variantes de un mismo material.

Sus *Cajas de Juguetes Transformables Universales* nacen de los conceptos caja, juguete, *transformable* y *universal*.

En estas cajas los juguetes se entregaban por piezas. El juego consistía en apilar las piezas y obtener el modelo en equilibrio, lo que implicaba una compensación de masas, otros juguetes se adquirían ya montados y articulados mediante pequeños ganchos metálicos permitiendo un único movimiento y el caso intermedio en el que el juguete se adquiría por piezas para reconstruirlo en lo que sería una reproducción del sistema de montaje habitual. El mismo criterio fue utilizado para decorados y teatros recurriendo a un sistema de planos y profundidades.

En la Escuela de la Bauhaus hubo una división de la producción en diez talleres creados según materiales: piedra, madera, barro, metal, vidrio, tejidos, tintas, etc. experimentando y aprendiendo los diferentes oficios y maneras de trabajar cada material, recuperando oficios artesanales. La composición de los juguetes podía ser evidente o figurativa con una identificación a través de piezas geométricas articuladas que permitían que los niños los activaran. Se partía de formas geométricas creando bloques de diferentes colores para juegos de construcción o se contorneaban piezas para articular muñecos, juegos de bolas o peonzas.

[36] Joaquín Torres García formuló su Universalismo Constructivo durante la estancia de y su familia en París entre 1926 y 1932.

El juguete más significativo de Ladislav Sutnar, *The Factory Town* se trató de un juego de construcción realizado en bloques de madera, similar a los realizados en la Bauhaus, en el que como veíamos lo importante fue la transmisión de la fábrica como paisaje de la ciudad moderna.

En 1924 Josef Hartwig *reinterpretó* las figuras de ajedrez a través de cuerpos geométricos que en su escala y forma reflejaban el movimiento asociado, dicha semántica implicaba un valor didáctico, siempre desde el doble objetivo del esparcimiento y la estimulación de la imaginación.

Desde el taller de madera se diseñaron dormitorios infantiles para la *casa modelo Horn* que permitía múltiples combinaciones de mobiliario, tratándose además del diseño de contenedores para uso según la imaginación del niño, armarios, sillas con ruedas y mesas de juego con tapa en las que podían guardarse las piezas ganadas en los juegos, combinando las diferentes piezas de mobiliario podía *recrearse* una locomotora. No se trataba de reducir el mobiliario de los adultos sino crear un mobiliario para estimular la imaginación del niño, además de la adecuación de su escala.

Alma Burcher-Siedhoff creó lo que se llamó un *paisaje lúdico multifuncional* aplicando estos conceptos de mueble múltiple en 1923.[37] Nos interesa este diseño de dormitorio no sólo por el proyecto en sí mismo sino porque Lina Bo retomaría este tema en 1942 en su *Progetto di stanza per bambino*, tratándose del primer proyecto dedicado a la infancia de la arquitecta.

También fueron interesantes los estudios realizados en la Bauhaus con materiales y texturas que consistían en experimentos como dibujarlos de memoria desde la experiencia táctil, creándose posteriormente composiciones interpretativas tras el estudio de dichas texturas desde la punta de los dedos. La relación entre lo visual y lo táctil establece relaciones que veremos son fundamentales en Lina Bo Bardi.

[37] La casa modelo Horn se realizó para la exposición que celebró la Bauhaus en 1923.

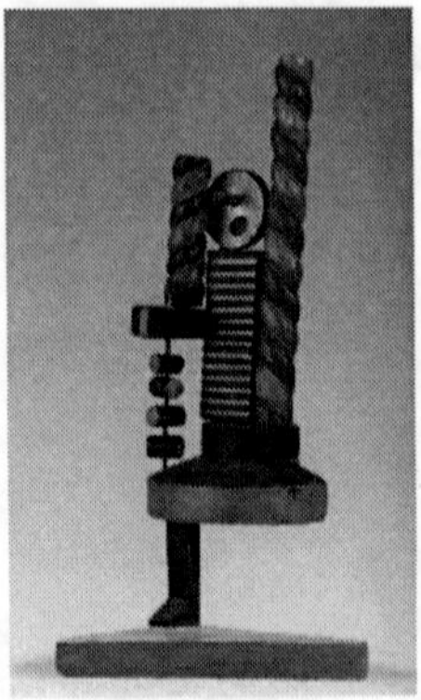
Costruzione di bambina, 1917, Fortunato Depero.

Muñecos articulados, 1923, Josef Hartwig y Oscar Schlemmer.

En los años veinte, por medio del taller de madera de esta Escuela,[38] se realizaron juguetes modernos con una gran carga pedagógica.

El juguete creado en la Bauhaus era un objeto para uso individual que buscaba desarrollar y potenciar la capacidad creadora del niño: objetos pedagógicos y creativos. La editorial Pestalozzi-Fröbel se encargó de su comercialización con enorme éxito.

Fortunato Depero realizó sus juguetes en madera pintada con la misma explosión colorista que la utilizada en sus cuadros, se trataba de trasladar el movimiento de las formas en el espacio de una manera esencial, provenientes de una representación en el plano. Incorporó la mecanización para obtener sus juguetes futuristas, en la cual inicialmente[39] dicho efecto lo realizaba recurriendo a materiales perecederos

[38] Detlef Noack, *La teoría de la forma (Kandinsky, Klee y los talleres de la Bauhaus)*, Conferencia impartida por el autor en la Fundación Juan March, Madrid, 1978.

[39] Periodo abstracto 1914 y 1915. Fernando Antoñanzas Mejía, «Los juguetes de Fortunato Depero», *Artistas y juguetes*, Universidad Complutense de Madrid, Facultad de Bellas Artes, 2004, p. 83.

de la vida cotidiana como alambres, piezas de cristal, celuloide, gasa, estaño y aparatos que produjeran movimiento o sonido,[40] lo que suponía una manipulación de los materiales o una suerte de reciclaje, concepto que hoy nos pudiera resultar novedoso pero que no sólo utilizó Depero para sus autómatas sino que era fiel reflejo de la manipulación que realizan los propios niños al crear sus juguetes. Éstos nos acercan en este punto a los materiales con los que Alexander Calder realizó sus primeros juguetes. Calder hizo del reciclaje su instrumento de abstracción desde niño y lo prorrogó durante toda su vida artística evocando algunas cuestiones artísticas protagonistas de nuestro último siglo.

Los *ingenios* que crearon Fortunato Depero y Alexander Calder participan de la pintura, la escultura, el diseño y la música, podríamos aplicar a ambos la definición que Gabriella Delli nos dio de los teatros del futurista Depero:[41]

> Los conjuntos plásticos ruedan, se mueven, se descomponen, y se transforman para escapar de la delgadez de la pintura y tomar posesión del espacio con el que dinámicamente interactúan.

Alexander Calder desde la temprana edad de ocho años, en un taller que sus padres artistas montaron en el sótano de su casa, trabajó la habilidad de sus manos y comenzó a elaborar pequeñas figuras de alambre a las que incorporaba materiales de desecho como el corcho.

Poco a poco fue articulando dichas figuras, convirtiéndolas en juguetes de arrastre. En 1927 recibió su primer encargo profesional: juguetes articulados:[42]

> ... usando alambre como mi material principal y también trabajando con otros materiales como cuerda, cuero, tela y madera. La madera combinada con alambre (con el cual podía hacer tanto cabezas, colas

[40] «Futurismo italiano. 1904-1944», *Ruidos y susurros de las Vanguardias. Reconstrucciones de obras pioneras del Arte Sonoro (1909-1945)*, Laboratorio de Creaciones Intermedia, al cuidado de Miguel Molina Alarcón, Valencia, Universidad Politécnica de Valencia, 2004, p. 22.

[41] Gabriella Belli, *Depero Futurista: Rome, Paris, New York, 1915-1932 and more*, Milán, Skira, 1999, p. 40.

[42] Alexander Calder, *Voici une petite histoire de mon cirque*, 1952, Calder Foundation, New York.

y patas de animales, como las partes articuladas) era casi siempre mi medio de elección.

Los animales forman parte de esta primera etapa de Calder, estos primeros juguetes le señalaron el camino ya que eran la expresión del espíritu lúdico: reflejaban el movimiento y encerraban toda la cualidad poética de su obra.

Creó juguetes incluso para los propios animales como una máscara de vaca para su propio gato. Los animales le sirvieron como ensayo para soluciones sencillas de articulaciones y equilibrios y además en los animales encontró los antecedentes de sus personajes del circo.

La vaca y el canguro fueron los animales más veces ensayados, siendo una abstracción de canguro (*Canguro saltador*, 1930) un de los antecedentes más evidentes de sus móviles.

De sus dibujos de animales no hablaremos, sólo llamar la atención sobre *Cebras a lo lejos*, también de 1930, por su acusado parecido, invertido en su estructura con el primer dibujo elaborado para el Concurso Cantù por Lina Bo Bardi que hemos analizado detalladamente en el capítulo precedente.

Uno de los primeros regalos que hizo a sus padres fue un perro y un pato, a los que había dado forma a partir de una plancha de cobre que había recortado y doblado.

Calder reciclaba cualquier material que tuviera a mano. Manipulaba no sólo los materiales sino los propios colores que éstos podían incorporar, como por ejemplo el de las latas que utilizó preferentemente.

De la *manipulación de los materiales* podríamos obtener un *catálogo de materiales de recicle*. Esto es muy importante en nuestra disertación, Lina Bo Bardi generó materiales y conceptos de esta manera, buscando además que la naturaleza o los materiales naturales, frágiles, rodearan el material más rígido-artificial. No deja de ser una metáfora de la vida: lo natural y lo artificial/Brasil y Europa.

Lo realmente interesante está en el catálogo de materiales y dualidades concebidas de esta manera por Lina Bo Bardi que la acercan al lenguaje de Torres-García como veremos a continuación.

Paisaje constructivista de Montevideo, 1957, Julio Alpuy.

Constructivo con pez, 1931, Joaquín Torres-García.

Building blocks set Tavern most (Factory town), 1927, Ladislav Sutnar. © Archivo fotográfico Jerome Funk.

EL VALOR SIMBÓLICO DE LOS SIGNOS CON QUE SE ARTICULAN LOS ESQUEMAS FORMALES

En la autobiografía de Joaquín Torres-García, *Historia de mi vida*, éste explicó el momento en que llegó a la solución pictórica que, para él, equilibraba el intelecto y la emoción del artista y que definió como *universalismo constructivo* y por lo que su obra posterior estaría codificada desde una nueva realidad ordenada de símbolos dentro de una retícula:[43]

> La dificultad está en que, si compone una pintura con formas abstractas solamente, geométricas o irregulares, ¿qué hará él de algo que también querría expresar y que ver con las cosas concretas? Pues, si procura aliar las dos cosas... la naturaleza pierde, y también pierde la construcción plástica. Pero, un día, piensa: a lo abstracto debe siempre corresponder, como idea de cosa, algo también abstracto. ... Tendrá que ser, para ser figurado gráficamente, o bien el nombre escrito de la cosa, o una imagen esquemática lo menos real posible: tal como un *signo*.

Los juguetes del artista se enmarcan en la búsqueda del origen,[44] dos objetivos a la vez: universalismo e indigenismo, reflejo de su vocación pedagógica y de su anhelo por crear un arte accesible a toda la humanidad. La influencia del arte primitivo se percibe en los diseños de sus juguetes transformables de madera pintada, con influencia en formas, acabados y en el ensamblaje de las piezas.[45] El juguete fue una exploración estética hacia un nuevo lenguaje que Torres-García investigó a lo largo de toda su carrera.

La esencia y el lenguaje universal que Joaquín Torres-García elaboró, como ya hemos visto, influyó en una serie extensa de juguetes,

[43] Marianne Elrick-Manley, «Joaquín Torres-García. Una existencia dedicada al dibujo», *Joaquín Torres García. Una vida en papel*, Madrid, Ayuntamiento de Madrid, 2008, p. 15.

[44] Estrella de Diego, «Círculo y caníbal. El trayecto constructivista en América Latina», AA.VV. *Explorando el Sur. El Universalismo constructivo y otras tendencias en América Latina*, Madrid, Fundación Carlos Amberes, 2008.
Esta reflexión protagonizó una de las exposiciones más importantes del MoMA en 1935, *Cubism and Abstract Art*.

[45] Cristina Canel, *Juguetes del Taller de Torres García.* Comunicación personal de la autora (30/01/2009).

muchos indiscernibles de las piezas de madera del artista. Su lenguaje pretendía ser también, como lo fuera la propuesta de Lina Bo Bardi, una salida a la crisis del arte moderno.

El *universalismo constructivo* aspiraba a ser un arte-lenguaje universal que integrara las geometrías abstractas y los arquetipos y aspiraciones de la humanidad, expresados por figuras esquemáticas formando un *sistema único*. El punto de partida fue el arte prehispánico.

La esencia de Brasil implicaba dos aspectos para Lina Bo Bardi: la incorporación de la antropología a la arquitectura y el tratamiento científico-técnico con el que se estudian los objetos populares. Es muy importante entender dicha artesanía no como folclore sino como *fuerza cultural*.

De manera análoga a Torres-García, Lina Bo Bardi sintetizó la esencia de Brasil para llegar a un lenguaje universal.

Un ejemplo de esta síntesis lo encontramos en el bloque deportivo del SESC Fábrica da Pompéia.

Lina Bo Bardi respondió al programa a través de dos torres de orden cartesiano, reflejo de cada uno de los usos albergados en su interior, en una los campos de fútbol apilados, en la otra las salas pequeñas polivalentes, los vestuarios, y las comunicaciones.

La representación gráfica esquemática de la realidad brasileña se expresa en dos elementos:

> [Primero] Las barandillas provenían de la reelaboración que Lina hizo de un precioso juguete originario de Pernambuco *flor de mandacarú* hecho con trozos de tela y que era a su vez una abstracción de una flor brasileña.
>
> [Segundo] Los huecos perforados derivaban de otra reelaboración, esta vez de los huecos de la casa rural brasileña de barro y estructura de pequeños trozos de madera entrelazados.
>
> [Resultado] Las piezas abstractas de hormigón perforadas se unificaron gracias a la retícula que forman las pasarelas en cuya articulación aparecen las mencionadas barandillas, formándose un sistema único.

LA ESCENIFICACIÓN
[La actividad lúdica gestual del espectáculo y las atmósferas creadas]

Un *espíritu de alegría y de juego* se refleja en la actitud de los futuristas frente a cierto desprecio que les infundía el pasado.

Fue en 1915 cuando Fortunato Depero comenzó a desarrollar una intensa actividad dentro del movimiento futurista, desarrollando una obra relacionada con la cultura italiana de la primera mitad del siglo XX, nos interesa la actitud creadora de Depero.

El Manifiesto que escribió junto a Giacomo Balla en 1915 *Riconstruzione Futurista dell'Universo* supuso la primera expresión pública por parte del arte contemporáneo del interés por el mundo de los niños, planteando cómo debía ser el juguete futurista. El niño debía acostumbrarse a:

[Primero] Reír abiertamente (por el efecto de trucos exagerados y divertidos;

[Segundo] La máxima elasticidad (sin recurrir a lanzamientos de proyectiles, golpes, pinchazos imprevistos, etc.)

[Tercero] Desarrollar la imaginación sin límites (por medio de juguetes fantásticos para ver con lentes; cajitas que se abren por las noches en las que aparecen maravillas pirotécnicas, ingenios transformables, etc.)

[Cuarto] Poner en marcha y agilizar al máximo la sensibilidad (en el mundo sin límites de los ruidos, olores más intensos, más agudos, más excitantes)

[Quinto] Valor físico, a la lucha y a la GUERRA (mediante juguetes enormes que funcionan al aire libre, peligrosos y atrevidos)[46]

[Resultado] Manifiesto que trataba tres temas interesantes: el *juguete futurista*, el *paisaje artificial* y el *animal metálico*.

[46] Gabriella Belli, *Depero Futurista: Rome, Paris, New York, 1915-1932 and more*, Milán, Skira, 1999, p. 260.

Mecanica di ballerina, Depero e il teatro musicale, 1917, Fortunato Depero.

Lina Bo Bardi probablemente extrajo tres pensamientos del juguete futurista. Del teatro surgieron sus atmósferas, del paisaje artificial surgió su artificialidad natural y de la mecanización del animal pudo surgir su caja de los milagros real.

Fortunato Depero centró sus investigaciones en los *conjuntos plásticos* buscando equivalencias abstractas que representaran los sentimientos, buscando que sus obras tuvieran un elemento lúdico, para ello mezcló movimiento y sonido, utilizando materiales perecederos de la vida cotidiana y aparatos que produjeran sonidos:

Depero encontró en el mundo del teatro un extenso campo de experimentación. La concepción de Depero sobre el teatro tenía que ver con la ciudad; ambos son lugares donde ocurren cosas que *se superponen*:[47]

> La ciudad es el espacio de los encuentros casuales, imprevisibles y casi oníricos, el lugar de la teatralización de la existencia.

También buscaba la esencialidad. Como acabamos de analizar, Balla y Depero consideraban los juguetes útiles no sólo para los niños, sino para los adultos.[48]

Depero además de juguetes, diseñó con notable esfuerzo un espectáculo de marionetas para niños.

Es en 1916 que Fortunato Depero regreso a la figuración y lo hizo empleando una estética mágica, con paisajes imaginativos. Ese mismo año recibió el encargo de diseñar la escenografía y los vestidos para el ballet *Le chant du rossignol* (El canto del ruiseñor) con música de Stravinsky [Diaghilev convocó a los grandes artistas del momento para producir ballets (Stravinsky, Cortot y Picasso)].

El proyecto de escenografía consistía en diseñar los decorados, treinta y cinco trajes móviles y treinta accesorios mecánicos.

¿En qué se basó Depero? Acudió a la tradición, a los cuentos de hadas y los elementos mágicos de los cuentos de Andersen, pero desde su imaginación crea un universo marcadamente lúdico, mágico: colores puros, sólidas formas geométricas, múltiples visiones simultáneas de paisajes, de perspectivas, colores que expresaban diferentes estados de la mente y del ser.

Los bailarines se convertían en instrumentos de color en movimiento creando una especie de calidoscopio sobre el escenario. Fruto de esta experiencia, desarrolló posteriormente *Los bailes plásticos*: marionetas autómatas y sonidos.

La acción escénica transcurría en una dimensión plástica. Los efectos visuales predominaban sobre la música. Creó arquitectura lumínica y sonora.

[47] Achile Bonito Oliva, «Caleidoscopio Fortunato e Rubino», *Depero e Rubino ooverro il futurismo spiegato ai bambini ed il bambino spiegato ai futuristi*, p. 11.

[48] Fortunato Depero & Giacomo Ball, «Reconstrucción futurista del universo», *Futurismo 1909-1916*, p. 260.

Teatro Plástico, *Depero e il teatro musicale*, 1918, Fortunato Depero.

Ciudad, Decorado y personajes para teatro, 1923,
Joaquín Torres-García.

Fortunato Depero halló en la artesanía y en las tradiciones populares parte de sus referencias, aunque pretendía dotarlas de una mayor creatividad.

En Depero las marionetas nos dan una imagen como si se tratara de un narrador de cuentos de hadas humorístico, que luego se prolonga en sus juguetes, juguetes y marionetas son intercambiables, tienen algo de escultórico, aunque su principal objetivo es captar la atención infantil.

Se produjo una interrelación entre los distintos campos artísticos, así se intuyen en sus cuadros sus juguetes o los personajes que aparecen en dichos cuadros nos anticipan sus marionetas.

Su obra está atravesada por arquetipos que extrae de la cultura popular de tal manera que partiendo de un repertorio primitivo de la fantasía infantil llegara a una mitología inventada.

Feria, Decorado y personajes para teatro, 1923, Joaquín Torres-García.

Los personajes y los animales se maquinizaban, podemos pensar que Lina Bo Bardi elaboró un teatro plástico a través de todos los personajes que fue elaborando a lo largo de su vida y que se contagiaron de las acciones que acabamos de analizar en los Teatros Plásticos de Fortunato Depero. Dichos personajes: la Gran Vaca Mecânica, Polochon, Dodecaedro, Marionetas, bichos, juguetes, etc. habitaron un universo creado por Lina Bo Bardi universal, ella acudió en diversas ocasiones a efectos lumínicos (fuera del mundo tetral) como los fuegos artificiales para la inauguración de la *Nova Prefeitura de São Paulo* o creando atmósferas mágicas gracias a la iluminación de algunas escenografías como UBU Rey (escenografía que analizaremos a continuación).

Los juguetes de Lina Bo Bardi, en definitiva, sintetizaban la manera de ver el mundo de Depero: una *síntesis entre lo primitivo y lo mecánico*.

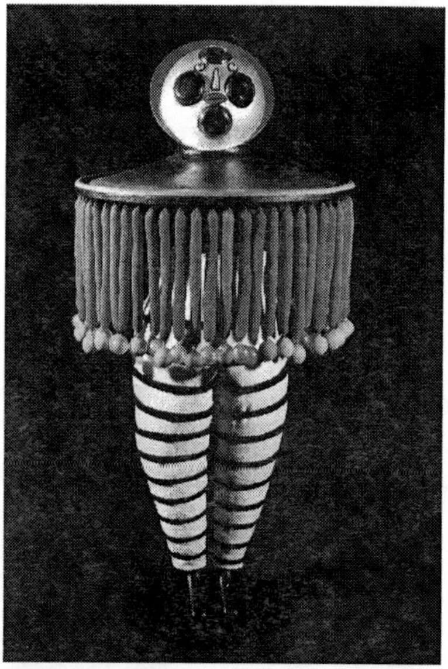

Teatro triádico, vestuario para la revista teatral De nuevo Metropol, 1926, Oskar Schlemmer.

Circo, Diseño para una escena, Xanti Schawinsky, 1924.

[JUEGOS CON LOS ACONTECIMIENTOS Y EL ESPECTÁCULO]

Las vanguardias crearon juegos que derivaban de la fiesta y de los ritos, como la música del compositor Eric Satie, las veladas futuristas o el circo de Alexander Calder. Se crearon centros de espectáculos artísticos para redescubrir el placer del arte y las fiestas se convirtieron en juegos de reunión

Circo, Cartel invitación, Alexander Calder.
Acrobat, 1929, Alexander Calder.

La fiesta y la exhibición, entendida como pretexto temporal para poner en juego nuevas ideas, las improvisaron y experimentaron con ellas. Ejemplos significativos fueron los Ballets *triádicos* de la mano de la Bauhaus y su Fiesta metálica de 1929.

A este punto de vista Lina Bo Bardi añadió su propia concepción del arte: se trataba de algo colectivo, una *comunicación colectiva*, una expresión cultural.

Los ritmos de la ciudad se incorporaron a la lectura teatral y dinámica dada por Lina Bo Bardi a la urbe, para crear nuevos paisajes de la ciudad del siglo XXI, siendo la *naturaleza* y lo *colectivo* sus principales protagonistas. La arquitectura de Lina Bo Bardi se convirtió en un acontecimiento urbano.

LINA BO BARDI A ESCENA

Bosque de mástiles, exposición *Caipiras, caipiaus: pau-a-pique*, SESC Fábrica da Pompéia, 1984, Lina Bo Bardi.

Si volviera a nacer, sólo coleccionaría amores, fantasías, emociones y alegrías.

Lina Bo Bardi[1]

Un juguete es un objeto para el juego destinado generalmente, para entretener. Hablamos de *objetos*.[2]

Los juguetes existen desde que lo hizo el ser humano y son fruto de las circunstancias culturales y sociales de los pueblos. Los juguetes suelen diferir en temática, teniendo por lo general un reflejo en la vida adulta. Algunos se asocian con épocas históricas o culturas particulares, mientras que otros aparentan poseer popularidad universal.

Esta afirmación tan evidente y rotunda, precisa de una aclaración importante: la distinción entre juguetes y juegos.

Los juegos son las acciones desarrolladas por los humanos (excepcionalmente por algunos animales) para 'x' motivo y los juguetes son elementos indispensables para el desarrollo de la acción. Hablamos de *acciones*.

Se construyen juguetes que sirven para la acción de jugar. Los juguetes son inanimados y su vitalidad la da el jugador.

El juego es antes que nada una actividad libre, que se halla fuera de la vida corriente, y que encierra una paradoja: por un lado se trata de un alejamiento del claroscuro de la existencia cotidiana, por decirlo de alguna manera es superfluo y por otro lado se encuentra cerca de una auspiciosa zona de la creatividad inherente al ser humano.

Los alcances del juego, tal y como hemos revelado en el anterior capítulo, son dos: el juego normado y la acción espontánea y los arquetipos incluyen la competencia, el azar, la imitación y el vértigo.

Nuestro punto de partida radica en la valoración del juego, en la manera de entender esta actividad.

1 Lina Bo Bardi, «Entrevista manuscrita de Lina Bo», *Página Cultural del Diario de Noticias*, Salvador, 16 de marzo de 2005 (Cultural a tarde).

2 Juguete: Objeto atractivo con que se entretienen los niños. / Juego: Acción y efecto de jugar. Diccionario de la Lengua Española. RAE, 22ª edición, 2001.

Platón que abordó el tema del juego y el entretenimiento de los niños enlazándolo con la educación del individuo, nos adelantó:[3]

> No emplees, pues, la fuerza, mi buen amigo, para instruir a los niños; que se eduquen jugando, y así podrás también conocer mejor para qué está dotado cada uno de ellos.

También añadimos las palabras de Jean Duvignaud:[4]

> Para apreciar el juego..., para, comprender sus formas y figuras,... es conveniente poner entre paréntesis por uno mismo la seguridad vinculada a la búsqueda de relaciones fijas o de configuraciones estables: es necesario haber preferido por sí y en sí lo efímero y lo perecedero.... Efímero, perecedero e inútil, el juego no se encasilla en el discurso de una epistemología funcional. Es algo que está más allá de las relaciones permanentes de las cosas o de los conceptos. Entre el juego y las otras actividades media una diferencia semejante a la que se da entre el lenguaje lógico y las metáforas o entre la disparidad biológica y el eros, la ternura, el amor o el placer que, como *juegos con el cuerpo*, prolongan la vida psíquica y mental.

El juguete, si se quiere, *posibilita los sueños*, siempre que éstos puedan convertirse en protagonistas de sus más profundos deseos.

El juguete debe viabilizar el encuentro con los "otros" y por ello facilitar la vida social y afectiva.

Juegan los amantes, los niños, los poetas, los comediantes, los bufones. Otros hombres juegan con los valores sagrados o con las representaciones teológicas. Nos centramos en los juegos de carácter colectivo y ¿qué buscamos cuando no buscamos nada? Los "territorios baldíos" donde se desarrolla el juego están en la metáfora, en la apuesta, la simulación, la fascinación; no son territorios situados unos detrás de otros y que el juego tuviera que recorrerlos como etapas de un itinerario, sino ámbitos, territorios en los cuales el juego adquiere características específicas. No es lo mismo jugar con

[3] Platón, Las Leyes, Libro VIII.

[4] Jean Duvignaud, *El juego del juego*, México, Breviarios-Fondo de Cultura Económica de México, 1982.

la explicación imaginativa de los mitos o con un sistema de símbolos (metáfora) que con las exigencias del azar y lo sorprendente (apuesta), o con las muecas y falsas apariciones (simulación), o con los misterios y efectos incomprensibles del ser y del padecer (fascinación).

En cada uno de estos territorios el juego se desenvuelve con autonomía, sin adscripción definitiva y total sino con ese extraño arraigo que tiene el azar. El juego no se reduce a una actividad particular como tampoco puede ser representado por una idea. Sus manifestaciones obedecen al *carácter colectivo* de un estilo común y podría hablarse de ciertos "flujos de juego" que incluyen diversas expresiones inscritas en las costumbres, los ademanes, las especulaciones de la inteligencia o del arte, las representaciones plásticas, las manipulaciones de la piedra o los sonidos.[5]

El flujo barroco es inseparable de una ruptura de dos formas de vida, entre la que muere y se la conoce y otra que surge y de la cual no se sabe nada. La libertad de las formas lúdicas del barroco es el resultado de una ruptura. En este juego el hombre se cuestiona a sí mismo mediante la simulación, otra forma de juego e imaginación.

¿Y cuál es el juego hoy en la civilización tecnológica? Probablemente es la parte congruente, precisa. A través del endurecido revestimiento de la vida acostumbrada, se ve surgir la corriente de actividades consideradas inútiles o lúdicas. Por las rendijas de una sociedad bloqueada, un flujo de experiencias y de aspiraciones se abre en un difícil camino que, en los mediosmás diversos, se apoya en prácticas o actitudes cada vez distintas, actividades inciertas del juego que desafían la viciada denominación de tiempo libre y cuyo instrumental tecnológico permite arrancar a la sociedad un poco del tiempo lúdico sin el cual no sería soportable la existencia.

La presente disertación brota del juego cuyo objetivo es *ir a favor del hombre* frente al desligamiento de los problemas reales del ser

[5] Los tres ejemplos de flujos de juego: la libertad, la metamorfosis y el barroco, responden a los criterios de Duvignaud. Weber: concepto de 'desacralización del mundo que acompaña al dominio de la tecnología europea sobre la naturaleza. Eugenio D'Ors: Barroco como estado de ánimo: una práctica de lo imaginario.

humano, el juego que se nutre del conocimiento para aprender a habitar el mundo, parafraseando a Lina Bo Bardi:[6]

> ... Esta parte de la humanidad, llevada por las necesidades, para decidir por sí mismos el propio problema existencial y no la suspicacia existencial de la existencia; no poseen esa seudo cultura, tienen la fuerza necesaria para el desarrollo de una nueva y verdadera cultura.
>
> Esta fuerza latente existe en alto grado en Brasil, donde existe una civilización primitiva (no en el sentido de ingenua sino basada en elementos esenciales, verdaderos y concretos) coincide con las formas más avanzadas del pensamiento moderno.

Esta manera de re-entender la realidad, sobre la que Lina discute:[7] «... el arquitecto debe proyectar desde la base [desde lo básico], no desde la cúpula» nos acerca al desencadenante de su idea de espacio desde el juego».

Un buen juguete, objeto, debería ser aquel que ofrece una mayor versatilidad, posibilitando la creatividad de manera amplia, permitiendo mayores condiciones para la vivencia de sus espacios afectivos, sociales y psíquicos.[8] La finalidad lúdica es versátil y parte del conocimiento –es importante qué transmitir– la recreación –juegos como herramientas– y la socialización:[9]

> El fondo del juego es social debido precisamente a que también lo son su naturaleza y su origen.

[6] Lina Bo Bardi, «Cultura e Não-Cultura» al cuidado de Carlos Basualdo, *Tropicália. Uma revolução na cultura brasileira*, São Paulo, Cosac Naify, 2007, pp. 210-211.

[7] Lina Bo Bardi, «Arquitetura e tecnología», Silvana Rubino y Marina Grinover, *Lina por escrito. Textos escolhidos de Lina Bo Bardi 1943-1991*, São Paulo, Cosac Naify, 2009, pp. 142-147.

[8] Francis Campagne, *El juguete, el niño, el educador*, Bilbao, Ediciones Mensajero, 1996, pp. 32-35.

[9] Daniel B. Elkonin, *Psicología del juego*, Barcelona, Antonio Machado, 1980.

Festa de Noantri en Trastevere, acuarela, 1929, Lina Bo Bardi.

DÓNDE LOCALIZAMOS LA RELACIÓN ENTRE LINA BO BARDI Y EL JUEGO

Además del recurso del dibujo infantil como fuente de inspiración, desde la aplicación a la mejora de la sociedad en que surgió el juguete pedagógico de vanguardia y desde la revisión de este hecho de jugar, un modo de jugar pedagógico, extraemos los argumentos que nos servirán para realizar una lectura de la obra de Lina Bo Bardi desde la dimensión del juego [JUGAR] y que protagoniza esta parte de la disertación.

Analizar los juguetes y juegos de Lina Bo Bardi exige estudiar previamente dos objetivos claros y contundentes del juguete de vanguardia: el pedagógico (con su ración de ética y filosofía) y el lúdico, los llamaremos la dimensión intelectual del juego y la dimensión lúdica del juego.

Ambos objetivos están relacionados profundamente, a pesar de su aparente condición contradictoria, esa es precisamente la idea novedosa de Lina Bo Bardi: desarrollar sus proyectos *relacionando lo inte-*

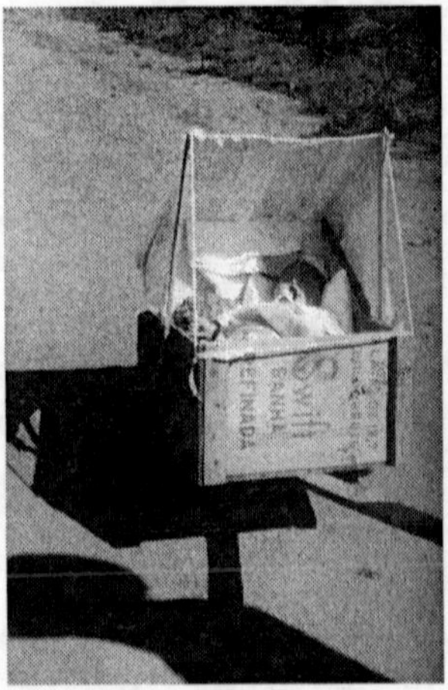

Cuna de emergencia, publicada en *Grazia* en 1941, Lina Bo Bardi.

Dormitorio para bebé, proyecto publicado en *Stile* nº 23, noviembre, 1942, Lina Bo Bardi.

"Inchiesta sulle abitazioni", artículo publicado en la revista *A, attualità, archittetura, abitazione, arte* nº 3, marzo de 1946, Lina Bo Bardi.

lectual y lo lúdico. El objetivo final es lograr usuarios felices, lo cual puede resultar muy genérico pero entender que la arquitectura es un juego también lo es que sin embargo, no es un objetivo siempre. Tener como objetivo la felicidad implica en Lina Bo Bardi, un encuentro con la Libertad: ¿no es éste acaso el paraíso buscado por Dante en la *Divina Comedia*?

Lina Bo expresó en sus acuarelas adolescentes el papel de la convivencia entre niños y adultos en escenas de fiestas y reuniones populares italianas, con un colorido muy intenso. En ellas reflejó el ambiente musical y la sencillez de las reuniones como las reflejadas en dos acuarelas de 1929: *Festa Noantri in Trastevere* o *Scampagnata*.

Lina Bo Bardi, durante su formación como arquitecto, académica en Roma y profesional en Milán, participó del nuevo espíritu creativo y revalorizado del niño proveniente de la Bauhaus tuvo una intensa presencia. Esta institución pedagógica fue espejo en el que se miraron muchas de las Escuelas de Arquitectura de todo el mundo en los años treinta. Tras su desaparición en 1933, sufrió un proceso de expansión por medio de sus profesores exiliados, destacando Mies Van der Rohe en EEUU o Yamawaki en Japón. Lina, como ya hemos comprobado conservó este espíritu durante toda su carrera, e hizo de ello un *proyecto vital*.

En 1939 Lina debutó como arquitecto con su Proyecto Fin de Carrera: Maternidad para madres solteras.

Uno de sus primeros trabajos profesionales[10] fue el diseño de una habitación infantil, que esbozó en una serie de acuarelas que describen cuatro muebles: un armario de puertas múltiples cubiertas de ilustraciones infantiles, una mecedora, una cuna con barrotes de colores y dosel y una mesa cambiadora desplegable. Fue construido y publicado en la revista *Stile*.[11]

Desde el *Studio Arte Palma* en São Paulo planteó tentativas de simplificación de algunos utensilios como un cambiador para bebés de lona y madera.

Siendo directora del periódico femenino *Grazia*, en 1941, realizó un precioso proyecto de *cuna de emergencia* para gente sin recursos y que ella calificó como su primer proyecto social.

Dos imágenes de Lina Bo, reportera de 'depositi e enquetes di architettura per il periodico' *Milano Sera*, en Italia marcan su preocupación social desde la infancia. Su trato directo con los niños se remonta a su participación como reportera de calle en 1945 en el periódico *Milano Sera*, dirigido por Elio Vittorini, con trabajos que analizaron e estado del atrimonio arquitectónico destruído por la guerra en Italia.[12]

La arquitectura de Lina Bo Bardi se encuentra indiscutiblemente asociada a la arquitectura colectiva –incluso algunas de las viviendas privadas más hermosas del siglo XX que ella proyectó, por tratarse

[10] Graziella Valentinetti Bo, Declaraciones registradas en documento en video-tape, *Lina Bo Bardi*, São Paulo, Instituto Lina Bo e P.M. Bardi, 1993.

[11] Gio Ponti, «La camera di un bimbo», *Lo Stile*, Milán, nº 23, noviembre, 1942, pp. 24-27.

[12] Silvana Rubino y Marina Grinover, *Lina por escrito. Textos escolhidos de Lina Bo Bardi 1943-1991*, São Paulo, Cosac Naify, 2009, p. 18.

Acuarela, h. 1927, Lina Bo Bardi.

de una privacidad también pública; así la casa de vidrio fue concebida como una casa para recibir. Su historia de arquitectura pública se recorre a la vez que su trayectoria brasileña.

Es la *idea de espacio público*, esto es colectivo, libre en pensamiento y en acción, lo que la distingue de otras arquitecturas y lo que nos permite presentarla, como una idea relacionada con la acción de jugar.

El primer proyecto de espacio colectivo que proyectó Lina Bo Bardi en Brasil, lo realiza en São Paulo para la Muestra de Agricultura Paulista en 1951. Es en este mismo año, que Lina proyectó un Espacio Público teórico que incluye como en el ejemplo anterior un cine en su programa. Se componía de un sistema de bandas que se acumulaban por adición y que denominaremos *complejo de lona*. Se trataba de una especie de mecano desmontable y manipulable para modificar su capacidad, su forma y su uso.

Años más tarde, en 1977, Lina proyectó desde estas mismas directrices una fábrica que podemos denominar *complejo vegetal* mimetizándolo con el paisaje natural.

El Museo de Arte Popular de Salvador de Bahía de 1959, situado en el solar creado por Lina, Solar de Unhão, fue proyectado para contener y exponer juguetes, juguetes que se encontraban a caballo con ídolos; una *caja* donde *proteger* los tesoros de la zona.

El interés pedagógico, la renovación didáctica y artística del nordeste brasileño en el que Lina Bo Bardi profundizó, llega hasta el día de hoy.[13]

La escalera del Solar de Unhão es una mímesis entre la artesanía rural bahiana y los juguetes transformables, transpuestos al lenguaje de la madera.

Del proyecto Museo al borde del Océano de São Vicente de 1951 derivaron –como si se metaforsearan– otros muchos proyectos como la

[13] Andre Vainer –colaborador de Lina Bo Bardi entre 1976 y 1992– inauguró el 17/03/2009 en Salvador de Bahía la exposición *Fragmentos: artefatos populares, o olhar de Lina Bo Bardi*, inventario reunido por Lina Bo Bardi entre 1959 y 1964 (consignada en 1964), preámbulo del Congreso "50 Anos de Lina Bo Bardi na encruzilhada da Bahia e do Nordeste", Salvador 2-5 de diciembre, 2009.

casa de vidrio, el MASP o la Nova Prefeitura paulista; confrmando una renovadora museografía y una novedosa manera de estar y no estar en el mundo, observando. Ambas reflexiones nacen de un interés claramente didáctico.

Al apreciarlos y recorrerlos, se produce una experiencia similar a la de adentrarse en un juguete de construcción, como si nos hiciésemos pequeños; la escala es lo único que no nos permite cogerlos para manipularlos. Se producía una simplificación geométrica y una liberación, que desviaba el interés a la pedagogía y la experimentación. Son proyectos con fronteras definidas pero permeables, propicias para los encuentros.

Las exposiciones que Lina Bo Bardi realizó durante toda su carrera profesional desarrollaron la capacidad visual espacial, la intuición y la imaginación; fueron vehículos para el aprendizaje, una especie de mezcla entre arte, antropología, sintaxis y síntesis.

Tanto en estos proyectos temporales, como en el MASP, la realidad se nos revela pero transformada. Lina Bo Bardi, con sus proyectos, nos hace ver la realidad como lo haría un ilusionista, el mencionado museo parece levitar, nos confunde en su escala y en lo que esconde dentro.

La propuesta de Museo del Mármol en Carrara (1963) cumplía con este objetivo didáctico, esta vez para *aprender a ver el paisaje*. De manera análoga sucedió con el teatro Oficina (1984), siendo el objetivo de conocimiento el teatro y la nueva relación propuesta entre los espectadores y entre los espectadores y la escena. Con la creación de *dioramas* o imágenes tridimensionales que incluyen al espectador, Lina se convierte en un gran mago.

Estos dioramas los encontramos también en algunas de las exposiciones que mencionábamos recién, así como en la propuesta del Museo del Instituto Butantá para serpientes (1965). El cuadro propuesto nos abre las puertas de nuestra imaginación, y a través de sencillos mecanismos aprendemos sobre el diseño biomorfológico y la relación entre la naturaleza y el ambiente construido.

La Iglesia del Espíritu Santo do Cerrado (1976-1982), la fábrica Santana do Parnaiba (1977) –en sus diferentes propuestas– y el SESC-

Fábrica Pompéia (1977-1986) tienen una característica muy particular, y es que sucede como en los *Origami*: no se rompe la *conexión* entre las partes y todas se utilizan con igual importancia.

El programa en estos proyectos se entrega a los usuarios, estimulándolos para su manipulación. Se produce una síntesis y una sintaxis, como ya veíamos que sucedía en las exposiciones, esta vez entre cultura y deporte.

Las formas se hicieron sencillas, surgieron elementos de fácil lectura –como las instalaciones con llamativos colores– y la tectónica parecía concebirse para ser tocada, cogida con las manos y agitada como si se tratara de un juguete especulativo. Esta vez podríamos además renombrarlos como *complejos de la tierra*.

En el teatro Polytheama (1986), el edificio ya existente se manipuló creándose una especie de teatrillo de juguete, a gran escala. La entrada se produce a través de dos tubos náuticos como si fueran toboganes, el restaurante se entierra en una gruta y la escena se descubre desde el exterior a través de un grandísimo vidrio. En otro teatro, el Teatro das Ruinas (1989) Lina cubría las ruinas de la *casa Grande*, con carpas de colores, abiertas al paso del aire, permeables, como si fueran unos capirotes similares a las carpas de los circos. Esta obra no realizada es un juego total.

El proyecto no realizado para el Nuevo Ayuntamiento de São Paulo fue proyectado, como ya hemos indagado, como una gran renovación programática. El proyecto surgió de la propia inauguración del edificio: un edificio-juguete tremendamente moderno.

JUGUETES POPULARES Y EXPOSICIONES PARA NIÑOS

La dimensión lúdica o naturaleza del juego, es extraña. En primer lugar, el juego tiende a considerarse superfluo, es decir, que se encuentra al margen de las actividades serias o improductivas, sin embargo, tal condición no disminuye su capacidad de estimular forma urbana: aquí se produce la primera paradoja.

Cartel, *Mil brinquedos para a criança brasileira*, 1983, Lina Bo Bardi.

En segundo lugar se expresa de dos maneras diferentes, recurrimos a la terminología inglesa: game (juego organizado) y play (juego sin reglas).

Un inventario de los juguetes coleccionados materialmente por Lina Bo Bardi o del imaginario de la arquitecta, nos llevaría a la siguiente clasificación: juguetes individuales tradicionales como muñecas de tela y figuritas de barro (fogones por ejemplo); juguetes colectivos como molinillos o carruseles; móviles como bicicletas, locomotoras y otros vehículos construidos con latas recicladas; carritos; marionetas y mobiliario como la cuna de emergencia a la que nos hemos referido recién; por último una serie de objetos de referencias zoomorfas como ex-votos, mascarones de proa, bestias en libertad, insectos fruto de reciclaje casero y grandes bichos como Polochon y la Gran Vaca Mecánica.

Cartel exposición *Mil brinquedos para a criança brasileira*, 1983, Lina Bo Bardi.

Atril expositivo, Museo de arte de São Paulo, Lina Bo Bardi.

Para Lina Bo Bardi el mundo del niño era un mundo de libertad y sin prejuicios.[14]

En 1983, la exposición *Pinocchio - historia de un boneco italiano*, fue llevada a Brasil. Se trataba de una exposición traída de Italia. Lina realizó una serie de notas, que para nosotros son fundamentales: «La historia de Pinocho es, como casi todas las historias de niños, una historia de adultos».

Ella dio una nueva versión de la exposición convirtiéndola en una gran fiesta para niños y adultos. El mundo debía repensarse desde la esencia, desde la libertad del pensamiento infantil, espíritu libre:[15]

[14] *Uma aula de arquitectura*, Conferencia impartida por Lina Bo Bardi en la Facultad de Arquitectura y Urbanismo, FAU, São Paulo, 1989.

[15] Pietro Maria Bardi. Presentación del catálogo *Mil brinquedos para a criança brasileira*, São Paulo.

> O acervo de brinquedos populares do Sesc-São Paulo é constituído por millares de brinquedos das mais variadas espécies. A pesquisa, a coleta e a compilação das fichas de cada objeto recolhido para exposição tiveram a cargo de Dulce Maia e de uma equipe do Sesc evidenciando uma capacidade de comunicação e de escolha (...). Eles, pacientemente, coletaram as materiais, Numa sala do Museu de Arte de São Paulo, dia a dia juntando coisas, que nos parecia ouvir a Sinfonia dos Brinquedos de Leopold Mozart (...) que é a cortina musical dessa exposição.

La arquitecta coordinaba un trabajo en el que participaban adultos, niños, y trabajadores, como si se tratara de una afectuosa *directora de orquesta* novedosa:[16]

> Ela colocava de uma maneira tão gostosa a idéia, por ejemplo nessa questão da exposição das crianças.
>
> (...) Como é que você brincava, que brinquedo você tinha quando era criança? Será que nós brincávamos todos iguais? Aí ela disse que só tinha bonequinha de pano. Depois que começaram a parecer bonequinhas de louça. Fizemos um debate. Todos tinham o que falar sobre os brinquedos da sua infancia. Meu avô fazia brinquedos de madeira. Porque na minha geração não existia muitas lojas de brinquedo. Era muito comum os pais fazerem. As mães faziam bonetas, os pais caminhãozinho. Não tinha muito brinquedo mas as crianzas brincavan intensamente. (...) E como é que fica a cabeça da crianza que agora não pensa só na bonequinha que a mãe fez para ela. Ela fazia toda essa reflexão com a gente e a gente entrava de cabeça na prometo. A gente via plenamente que el aja vinha com uma coisa pronta. Ela sabia colocar, mas todos participavam com ideáis. Também entrava de cabeça quando a equipe apresentava uma proposta.

Se desprende de este testimonio una valoración de la colectividad muy importante, la belleza de la exposición adquiría así un peso mayor junto con el valor de lo útil.

[16] Liana Perez de Oliveira, *A capacidade de dizer não: Lina Bo Bardi e a Fábrica da Pompéia*, Disertación para la obtención de Maestría en Universidad Presbiteriana Mackenzie, São Paulo, 2007. Entrevista realizada por autora a Celene Canoas, São Paulo, 30 de enero de 2007.

UNA PAUSA. MUSICALIZACIÓN DEL ESPACIO

El siglo XX fue testigo de una transformación de las experiencias visuales, que nos acostumbró a mirar con ojos diferentes.[17] La imagen adquirió un protagonismo que continúa invadiéndolo todo: cine, televisión, publicidad, reproducción artística, fotografía, etc. Pero ¿Y el sonido? ¿Acaso no se trata también de una presencia perpetua que acompaña al universo de la imagen y por ello al hombre?

> Lo interesante, en la perpetua presencia del sonido, está en que el hombre actual se ha acostumbrado, en muchos casos, a disociar lo sonoro de lo visual.[18]

Reflexionando sobre la disociación producida entre la presencia de los medios de expresión y lo escuchado (antes la presencia de una orquesta era anterior a toda música) concluimos que en muchos casos, el sonido disociado de la imagen ha aguzado nuestra imaginación. Sin embargo, veíamos cómo en las vanguardias, el sonido formaba parte de veladas y objetos como un argumento más de la búsqueda pedagógica que encerraban. De alguna manera se trataba de acercar la máquina al mundo de espectador.

Recordemos el primer ready-made de Duchamp con un claro sentimiento lúdico, *A bruit senté* (1916) formado por dos chapas de latón con cuatro tornillos y una bobina en el medio que contiene algo que produce sonido cuando la toquemos, cojamos y agitemos: un sonido oculto.

La *integración sonido-espacio* como argumento también tenía claros antecedentes en los *Teatros Plásticos* de Fortunato Depero en una mezcla de movimiento y sonido de tal manera que las dos dimensiones adquirían dinamismo para interactuar con el espacio en una especie de composición tridimensional. Alexander Calder también lograba mimetizar su circo en miniatura con las representaciones

[17] Paul Johnson, «Picasso y Walt Disney: ¿hay lugar para la naturaleza en el mundo moderno?», *Creadores*, Barcelona, Ediciones B, 2006, pp. 273-302.

[18] Alejo Carpentier, «El sonido y la realidad», Caracas, 17/11/1955, *Ese músico que llevo dentro*, La Habana, Letras Cubanas, 1980 (1ª edición Biblioteca de Autor, Madrid, 2007, pp. 371-373).

circenses reales, gracias a la música, que como veremos en el último capítulo, pautaba la sucesión incesante de acciones.

Por último, recordemos la experiencia que el músico Edgar Varèse extrajo del circo de Alexander Calder –traducido al mundo musical; y es la sucesiva incorporación de todos los sonidos que el oído podía percibir, una especie de recurso similar a la utilización de materiales de Calder, estableciendo las bases de la música experimental cuyo desenlace fue probablemente el piano preparado de John Cage.[19]

> En 1929, Edgar Varèse soñaba con un circo. Un circo como el de Barnum&Bailey; una gran tierra abigarrada, adornada con postes y cuerdas, con un tren especial y un convoy de furgones; un circo en el cual los actores, los mimos, los cantantes, los coristas, los fenómenos, se comprometieran a representar, coast to coast, del Atlántico al Pacífico, en Estados Unidos, un gran misterio en un enorme y único acto, intitulado The one all alone. Para todo esto harían falta pistas, lugares de acción. Varèse concebía su enorme ópera tal como un empresario puede concebir un espectáculo en varias pistas simultáneas.

Música y juego se relacionan literalmente. Un ejemplo significativo fue la Sinfonía de los Juguetes atribuible a Johann Georg Leopold Mozart que veíamos al comienzo de este texto.

Lina Bo Bardi creaba desde una vida sonora espacial, es decir, convertía sus exposiciones en *multimedia*, algo bastante innovador e inusual (sobre todo en Brasil) y precisamente acudía a esta pieza, novedosa en su estreno en 1756, por incorporar sonidos no procedentes de instrumentos musicales.

La creación de las experiencias sonoras en los espacios expositivos de Lina, corría a cargo de Beth Bento:

> ... Yo hice justamente eso, relacioné los ambientes de la exposición con los sonidos, algo en la época muy inusual, tanto que los arquitectos del equipo que trabajaban en la exposición nunca mencionaron el

[19] El piano preparado de John Cage consistía en un piano convencional manipulado. El músico insertaba en el encordado una serie de tornillos, tuercas y trozos de madera y goma, lo que ampliaba las posibilidades sonoras del instrumento.

> hecho de las exposiciones de la Lina sean multimedia(sonora) con sonidos variados de la naturaleza, tramos de discursos políticos etc. y afirman a pesar del crédito en los catálogos, que las exposiciones fueron siempre sobre arquitectura, que yo no desacuerdo, pero contenían un diseño sonoro innovador! Yo trataba directamente con ella, su asesoría (producción) encomendaba y ella daba el concepto y después aprobaba... Me incentivó mucho en este trabajo de crear vida sonora para los espacios... Hice y hago otras exposiciones, pero todo comenzó en los años ochenta en el SESC Pompéia.

Lina Bo y Pietro M. Bardi sugirieron sonorizar el carrusel de la exposición *Mil brinquedos para a criança brasileira* con la Sinfonía de los Juguetes. Parafraseando a Beth Bento:[20]

> Realmente ella pidió esta música de fondo para que yo la grabara ya que Pietro la sugirió, él también habló conmigo. Una de las características de Lina era justamente la mezcla entre lo erudito, lo contemporáneo, lo ecológico y la cultura popular como un cimiento, hablaba de antropología, esto es, origen, evolución, costumbres.

La sonorización de los espacios se realizaba desde dos acciones: la creación de *objetos sonoros* como el propio carrusel de las exposiciones que Lina dedicó a los niños, o la Gran Vaca Mecánica que estudiaremos más adelante y la creación de relaciones entre *ámbitos* (espacio, teatro y ciudad) y sonidos, como sonidos de la naturaleza o discursos políticos como sucedería en la exposición *Caipiras Capiau: Pau a Pique*.

Lina marcaba los conceptos a seguir y una vez diseñada la experiencia sonora, también era la encargada de aprobar el proyecto.

Retomemos la sonorización de la exposición *Mil brinquedos para a criança brasileira* y la relación con la *Sinfonía de los Juguetes*.

El mayor logro de esta sinfonía del siglo XVIII era la novedosa conjunción de instrumentos tradicionales, instrumentos que todavía no se admitían en orquestas como trompeta y triángulo y juguetes populares: un tambor de hojalata, unos silbatos que reproducen el canto de un cuco y de un ruiseñor y una matraca.

[20] Beth Bento. Comunicación personal de la autora, 3 de septiembre de 2009.

La *Sinfonía de los juguetes* de Leopold Mozart es una cortina musical fascinante, no sólo por tratarse de una de las primeras piezas musicales dedicada a los niños sino porque por una lado se crea una estructura de la pieza que refleja la riqueza del mundo infantil a través del que sonido y del movimiento evocado, pero también por aunar instrumentos musicales eruditos e instrumentos musicales fruto de la creatividad de los propios niños, juguetes tradicionales como una trompeta y un tambor de hojalata, unos silbatos que producen el canto de un cuco y de un ruiseñor, una matraca y un triángulo, que en aquella época (1756) estaba todavía admitido en las bandas pero no en la orquesta. El rigor de los instrumentos tradicionales se encontraba frente a un mundo libre y frecuente de los niños, el de sus propios juguetes y el de los juguetes imaginados.

Los sonidos se encadenaban siendo los instrumentos tradicionales los que estructuraban el fraseo de la pieza y los instrumentos disonantes o no tradicionales los que marcan las pausas.

La *Sinfonía de los Juguetes* se trata, además, del primer *musicomovigrama*[21] y es desde este concepto que la exposición de Lina Bo Bardi adquiere un sentido más completo.

Se sonorizó un objeto, un carrusel, algo cotidiano y de dicha música –que sonoriza el objeto móvil, el juguete colectivo– se extrae la musicalización del resto de la exposición, es decir se va completando la sinfonía espacial sonora: se produce una dualidad.

Si trasladamos esta operación al terreno de lo arquitectónico, a través de la exposición propuesta por Lina, encontramos que una vez más el mecanismo de la disonancia está presente, a través de lo cotidiano.

Una cortina musical sobre la que se estructurarían el resto de los sonidos. Asociado al carrusel de movimiento continuo, circular, repetitivo la sinfonía, contrastada la aparición de sonidos de la naturaleza y de los juegos infantiles.

[21] *Musicomovigrama*: Representación gráfica de una partitura musical, ligada a la estructura musical y transparente para su comprensión que de esta manera capta en un solo golpe intuitivo el significado de la música.

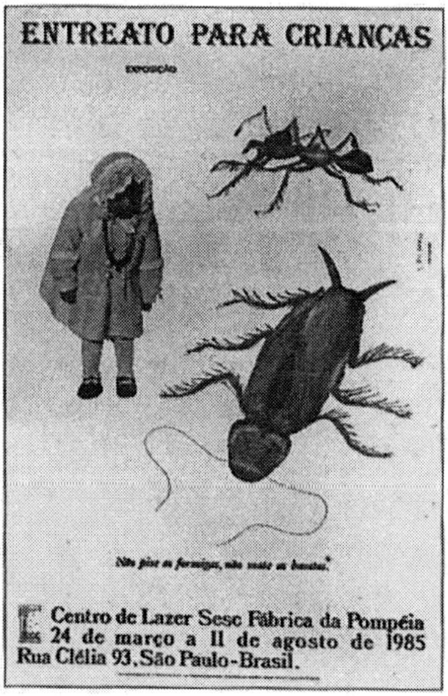

Cartel exposición *Entreato para crianças*, 1985, Lina Bo Bardi.

La libertad de la arquitectura, exposición celebrada en la Galería Internacional de Arte Moderno, Venecia, 2004.

Al igual que le sucede a la Sinfonía, la exposición se encargaba de colectar los materiales, juntando objetos que provenían de diferentes culturas y tecnologías: una suerte de *imaginario universal*, como lo son los juguetes, integradores de todas las edades, la historia, la identidad y lo colectivo. Una recolección sobre la que se superponían actividades libres, provocando el juego de relacionar.

La musicalización contribuye a ese saber ver, a desviar la mirada para ver de otra manera, esto puede parecer algo ingenuo pero es esencial. Una música puede evocar una escena, una ciudad...: «Lina não era bossa nova, sua disonancia era outra».[22]

[22] Silvana Rubino, «A escrita de uma arquiteta», Silvana Rubino y Marina Grinover, *Lina por escrito. Textos escolhidos de Lina Bo Bardi 1943-1991*, São Paulo, Cosac Naify, 2009, p. 35.

A través del presente recorrido, adentrándonos en el mundo del juego y del juguete, con el estudio de algunos juguetes y juegos de Lina Bo Bardi; su lenguaje, su mensaje y su semántica; sus herramientas y su acción plástica y la escenificación desencadenada; hemos establecido las bases para analizar en profundidad cuatro juguetes colectivos de Lina Bo Bardi y que son: Dodecaedro, Polochon, el Pequeño Tren de Carritos y la Gran Vaca Mecánica; cuatro juguetes colectivos y los espacios públicos-teatrales, de convivencia y museísticos en los que habitan: un diálogo que confirma la idea de que juguetes y juegos son precursores de la compleja obra bobardiana.

ALTERACIONES
Y METAMORFOSIS

La libertad de la arquitectura, exposición celebrada en la Galería Internacional de Arte Moderno, Venecia, 2004.

Rampa-escena y gradas. Teatro Oficina, Lina Bo Bardi y Edson Elito, 1980-1990. © Nelson Kon.

En el año 1985 la compañía de teatro Ornitorrinco[1] planeó la representación de la obra teatral *UBU. Folias Physicas, Pataphysicas e Musicaes* del autor Alfred Jarry, bajo la dirección de Cacá Rosset. Lina Bo Bardi recibió el encargo de diseñar la escenografía y el vestuario, para su representación en el teatro Oficina de la ciudad de São Paulo.

Ella ya se había dedicado al mundo de la escena y al del cine tras su estancia en Salvador de Bahía entre 1958 y 1964, donde entró en contacto con la revolución cultural brasileña de los sesenta que derivaría en el movimiento *Tropicália* (denominado así en 1967). Dicha corriente surgió en Salvador y se desarrolló en Río de Janeiro.

[1] La compañía de teatro experimental Ornitorrinco fue fundada el 28 de mayo de 1977 en la ciudad de São Paulo y continúa en activo con propuestas teatrales alternativas. Nació de la mano del Teatro Oficina, cuya sede actual –Rua Jaceguai, 520– reformó y recuperó Lina Bo Bardi junto a Edson Elito en 1980.

El carácter particular de la arquitecta –gran activadora social– y su manera de entender Brasil, la convirtieron en "madre de cierto tropicalismo", colaborando y siendo muy valorada en dicho contexto. Mario Cravo, Caetano Veloso y Gilberto Gil trabajaron con Lina de manera intensa para intentar insertar la ciudad de Bahía en el foco cultural brasileño. La aportación más valiosa de Lina Bo Bardi a la ciudad de Salvador de Bahía fue un programa cultural ligado al diseño que tuvo su sede allí, en el Solar de Unhão. En este contexto Bo Bardi se dedicó también al campo escenográfico, su primera escenografía fue para la *Opera de três totões* en 1960 representada en el teatro Castro Alves en Salvador.

Cuando en 1964 ella regresó a São Paulo, se dedicó más de una década al teatro y al cine, intensificando dos reflexiones: la denuncia y la crítica social por un lado y la fantasía y los sueños por otro.

DOS OBJETOS. DOS JUGUETES. DOS ACCIONES

Para el proyecto que nos ocupa, la escenografía y el vestuario para la obra de teatro Ubu Rey, Lina Bo Bardi diseñó dos alternativas cuyo concepto nació de sendos objetos: Dodecaedro y Polochon, proyectados para dar la bienvenida a los espectadores.

Primer objeto: DODECAEDRO

[Concepto] En el boceto que ella realiza apunta lo siguiente:

> DODECAEDRO ("Flor de Mandacarú")
> no Nordeste do Brasil
> Escultura (formação de madeira revestida...)
> Situada na entrada do Teatro

Con fecha 18/05/85 Bo Bardi propuso que un objeto escultórico diera la bienvenida a los espectadores de la representación. Este objeto encerraba una narración e implicaba la participación de los espectadores, lo que lo convertía en un juguete colectivo.

Dodecaedro, boceto-acuarela, 1985, Lina Bo Bardi.

Flor de Mandacarú, Pernambuco, Brasil.

Flor de Mandacarú.
La mejor representación de la lugareña naturaleza de una geografía es su flor, ya que ésta contiene todas las cualidades de lo que la rodea –como si se tratara de un injerto de la geografía en la planta.
Esta flor nordestina de Brasil condensa toda la intensidad de su paisaje: la dureza de la planta cactácea y la sensibilidad de una flor que se abre una sola noche.
El Mandacarú es una planta muy resistente a las adversidades climatológicas, creciendo en lugares muy áridos y a escasos centímetros de profundidad de la tierra. El dicho popular dice: "cuando el Mandacarú florece en la sequía es señal de que la lluvia llega al serrato y de que habrá abundancia inmediatamente enseguida".

El dodecaedro era fruto de una transformación geométrica y mecánica de la flor de Mandacarú, del sertão brasileño, que florece una única noche.

El juguete tradicional se construía forrando de manera azarosa, con arbitrarios pedazos de tela una estructura de catón o de espuma, rematándola con botones en los vértices internos, también forrados. El nombre lo recibía, entre otras razones, por la similitud formal con la Flor de Mandacarú.

Lo incorpora como objeto teatral, ella conocía, tal y como indica en el boceto, que se trataba en origen de un juguete popular del nordeste brasileño. Lina lo trasladaba, escalaba y construía de una manera adecuada a su tamaño, produciéndose un extrañamiento, sin embargo, en esencia se mantenía su significado como analizamos a continuación.

Significado

Dodecaedro o *Flor de Mandacarú*, formaba parte del inventario de objetos y juguetes populares del nordeste brasileño realizado por Lina Bo Bardi;[2] los niños del sertão lo realizaban creando un patchwork tridimensional que escondía historias tras su morfología de tejidos, sin jerarquías, sin intención, más allá de la de crear un objeto colorido y divertido, cuyo juego estaba en crearlo. Lina construyó también el suyo propio con una intención compositiva.

Dodecaedro narraba y nos narra, según la tradición, la conexión entre el florecimiento de la flor y el tiempo, flor mimetizada con la realidad que la rodea, representada en el juguete a través de los retales de tejidos populares –material de desecho o en un sistema constructivo de desecho, trazando en el espacio un gran fresco de la cultura popular, ya sea del nordeste del Brasil o de la cultura en que se realice, conteniendo toda la esencia del lugar en que se realiza, como le sucede a la flor.[3]

La Naturaleza, abstraída a través de la geometría, producía el efecto de representar la diversidad en sus infinitas combinaciones o la universalidad particularizada: el sinfín del ser humano relejado en la grandeza de la cultura. Un arquetipo que se viste como lo hace una arquitectura del cuerpo, con un forro de telas sobre una plancha de cartón cortada y doblada.

Esta lectura, básica y esencial, es similar a la creación de los primeros juguetes que Alexander Calder realizaba a la edad de cinco años en alambre y que su hermana Peggy forraba.[4]

Por todo esto recibe también el nombre de *gira-mundo* haciéndose referencia a cada una de las historias encerradas en un objeto único.

[2] AA.VV, *L'Impasse del design. L'esperienza nel Nordest del Brasile*, Milán, Ed. Charta-São Paulo, Ed. Instituto Lina Bo e P.M. Bardi, 1995, p. 34.

[3] Roberto Burle Marx, «Conceitos de composição em paisagismo » y «Jardim e ecologia», *Arte e paisagem*. Conferências escolhidas. Rio de Janeiro, Nobel, 1987.

[4] Fernando Antoñanzas Mejía, *Artistas y Juguetes*, Tesis presentada en la Facultad de Bellas Artes, Madrid, 2004, p. 45.

Abaporú, 1928. Tarsila do Amaral.

Desde la reflexión del "Hecho a mano" como algo importante en lo popular, en el hecho de que un objeto ingenuo cuente con el reconocimiento del valor ritual al encerrar la representación del mundo, la Flor de Mandacarú pertenecía a la fuerza cultural brasileña:[5]

> However, in Grecian art two flowers did find spiritual expression –the acanthus and the honeysuckle. In the art of Egypt–, similarly we see the papyrus the lotus. In Japan the chrysanthemum and many other flowers...
>
> But the true democrat (nos referimos al hombre) will take the human plant as it grows and –in the spirit of using the means at hand to put

[5] Lina Bo Bardi, «Atualização Metodológica», *Contribuição Propedêutica ao Ensino da Teoria da Arquitetura*, 1957, São Paulo, Instituto Lina Bo e P.M. Bardi, 2002, p. 62.

life into his convention– alization –preserve the individuality of the plant to protect the flower, which is its very life, getting from both a living expression of essential man– character fitted perfectly to a place in society with no loss of vital significance. Fine art is this flower of the man.

Lina Bo Bardi cita a Frank Lloyd Wright a propósito del estudio que éste realiza sobre la estructura de una flor. A continuación ella aclara: «No queremos con esto sugerir el concepto de "imitación de la naturaleza", y sí, como encima decimos, un sistema de certificación».

Revisando la obra de la pintora brasileña Tarsila do Amaral,[6] se averigua que esta flor perteneció a su universo caipira en cuadros como Abaporú de 1928, en el que la flor de Mandacarú ocupa la posición del sol; una flor que explota y compone el paisaje al estar sintetizado todo él en la planta de Mandacarú, ligada a la tierra y la flor, ligada al cielo.

De esta lectura se desprende otro de los nombres que recibe el Dodecaedro: *estrella mágica*.

Reflexionando acerca de la geometría del Dodecaedro, se revela una composición espacial sobre un patrón técnico y acotado que nace del dodecaedro geométrico, con sus doce caras, treinta aristas y veinte vértices, y que proviene del pentágono estrellado, figura de resonancias míticas y religiosas en la que se halla presente la sección áurea:

> Platón en el *Timeo* afirma que el dodecaedro es la materia de la que está hecho el elemento perfecto, el éter y simboliza, además, la perfección del Universo.[7]

Uso

Lina Bo Bardi incorporaba este Dodecaedro en el teatro para dar la bienvenida al espectador, con una escala disonante: dos metros

[6] En una reivindicación femenina, el Brasil y la bicharada que nos ocupa, serán vistos a través de la mirada de tres mujeres, tres de las artistas más importantes de la modernidad brasileña: Tarsila do Amaral, Lygia Pape y Lygia Clark.

[7] Éter: 1. m. poét. Esfera aparente que rodea a la Tierra. Diccionario de la Lengua Española. RAE., 2001.

Planos en superficie modulada N° 5, 1957, Lygia Clark.

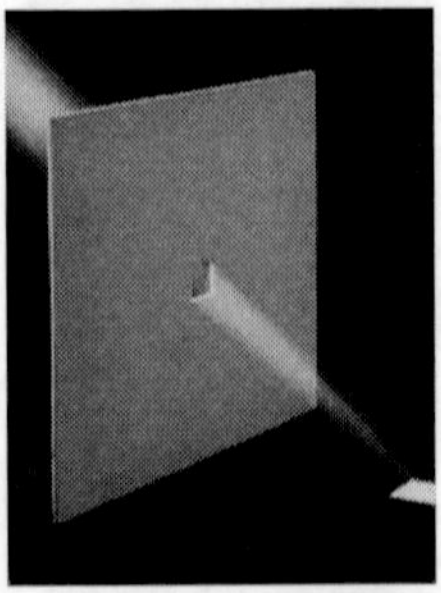

Livro da criaçao Luz. 1959, Lygia Pape.

Livro noite e dia. 1963-1976, Lygia Pape.

trointa frente a los quince centímetros que tiene habitualmente, que permiten una manipulación manual.

El reino vegetal se había convertido en dodecaedro y generaba una atmósfera luminosa multicolorida. Una atmósfera como el éter del que hablaba Platón como perfección. Ella escala su propio Dodecaedro y lo activa con la iluminación de la escenografía, imagen reflejada del propio colorido del dodecaedro: la naturaleza se transformaba en luz y color de escena; recordándonos los *Teatros Plásticos* de Fortunato Depero, no sólo por tratarse de otra escenografía sino por la creación de un paisaje artificial, que nos descubre un universo marcadamente lúdico, mágico, de colores puros, sólidas formas, múltiples visiones, de perspectivas y colores que expresan diferentes estados de la mente y del ser.

La acción escénica en ambos transcurría en una dimensión plástica de efectos visuales, sintetizando lo primitivo y lo universal: una arquitectura lumínica, onírica que más tarde, en 1990, ella incorporaría en su proyecto para Nova Prefeitura de São Paulo en una interpretación de la ciudad como teatro del Mundo.

La luz como herramienta espacial tomó fuerza en Lina a través del teatro, en especial en esta escenografía *UBU Roi*.

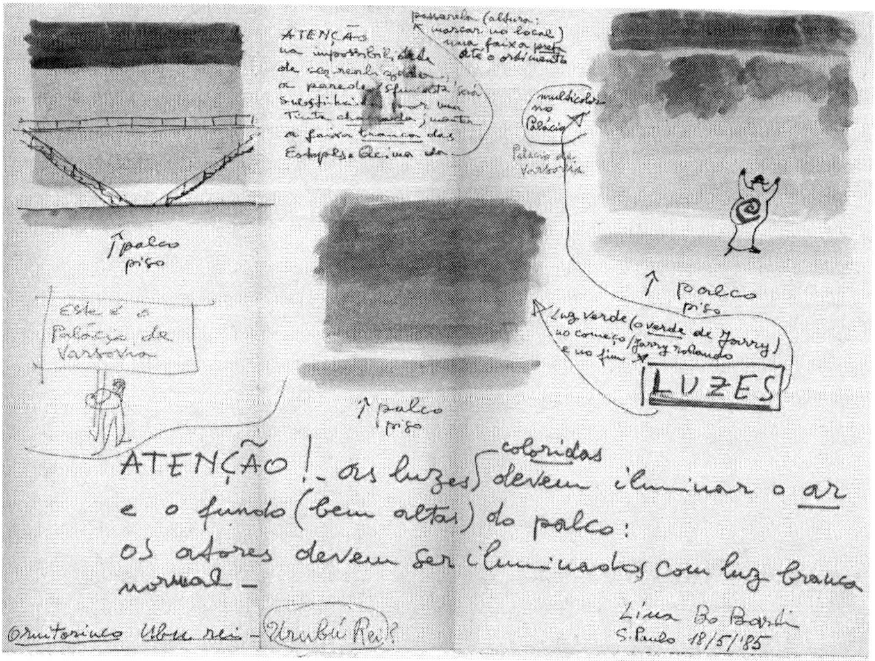

Boceto para la escenografía "Ubu Roi", 1985.
Lina Bo Bardi.

En 1985 también, y de manera paralela, la trasgresora artista brasileña Lygia Pape, en su particular búsqueda de experimentación para superar los soportes artísticos tradicionales, realizó el *Libro da criaçao Luz*, en una simbiosis de luz y movimiento, formando parte de una investigación sobre las raíces brasileñas, cargada de humor e ironía como deducimos en sus siguientes declaraciones:[8]

> Pensaba en un trabajo en el que cavaría un gran agujero, me metería en él y cuando la gente me preguntara: ¿qué hace usted ahí abajo?, yo respondería: Estoy buscando las raíces brasileñas.

[8] Guy Brett, «A lógica da teia», *Lygia Pape. Gávea de Tocaia,* São Paulo, Cosac Naify, 2000, pp. 304-315.

Boceto vestuario "Mamá Ubu", 1985,
Lina Bo Bardi. Proceso constructivo serie *Bichos*. Lygia Clark.
© Imágenes Asociación "Lygia Clark".

El significado de otras obras interesantes de Lygia Pape,[9] sus Ttéias, tienen su origen en el impacto que la ciudad de São Paulo producía en Lygia; y que coincide con la lectura dada por Lina Bo Bardi. Dicho impacto de lo urbano sobre ambas artistas se entiende claramente con las siguientes declaraciones de Lygia Pape relatando sus andanzas en coche:

> ... Fui recibiendo un tipo de relación con el espacio urbano nuevo, como si fuera una araña tejiendo en el espacio... Subiendo por un viaducto, descendiendo por otro, percibí que mis idas y venidas eran como una tela.

[9] Denise Mattar, *Lygia Pape: Intrinsicamente Anarquista*, São Paulo, Relume Dumara, 2003.

Ambas valoraron la modificación urbana espacial a través de la luz. La arquitecta estableció esta relación entre la avenida Paulista, el parque Siqueiros y el MASP y posteriormente lo haría con su proyecto de Nova Prefeitura de São Paulo.

Lina Bo Bardi, tal y como indica en sus croquis, convierte el dodecaedro en una escultura de madera, pintada, cuya construcción imaginamos a través del proceso constructivo de los Bichos de otra gran artista brasileña coetánea, Lygia Clark, serie de objetos manejables por el ciudadano.

Dodecaedro, objeto- juguete inactivado no articulado, condensaba todos los colores de la escenografía. En él se unían conceptos de reciclaje y repetición azarosa, que gracias a la aparición del color influía en la percepción del espacio, incluso de espaldas.

De esta transformación espacial, Lina extrajo el diseño lumínico, manipulando el plano de la escena de los actores y sobre los actores:

[Primero] recibía una iluminación blanca uniforme.

[Segundo] El plano era una atmósfera de múltiples colores que al final de la obra viraban a verde.

Se generaban por tanto dos atmósferas agrupándose todos los colores en un espacio único. Una escena que nos recuerda la luz coloreada de las catedrales y el calidoscopio resultante a lo largo del día.

Los personajes gracias al juego de luces conseguían mostrársenos como marionetas, que era parte de la crítica del autor hacia los dictadores del siglo XIX. En cierta manera todo colabora en este futurismo grotesco.

Este es un argumento que justifica la existencia, aparentemente absurda, de un dodecaedro fuera de escala que recibe a un público de una obra de teatro, es análogo al propio argumento del teatro del absurdo: crear un ambiente de extrañamiento desde el acontecimiento para renovar la manera de entender el mundo desde la analogía existente entre escena y vida.

Hasta aquí, nos hemos referido a una operación tridimensional que Lina Bo Bardi analiza geométricamente, investigando como si de un juego de origami se tratara.

¿En qué derivó el Dodecaedro?

[Primero] Lina Bo Bardi incorporó este juguete a su inventario del nordeste brasileño como hemos señalado y lo registró en sus Apuntes del Nordeste, archivo fotográfico elaborado entre los años 1958 y 1980. Anteriormente, lo había recogido y expuesto en su gran contenedor de juguetes que fue el *Museo de Arte Popular* en el Solar de Unhão en Bahía. Posteriormente Lina lo expuso en exposiciones como la de *Bahía* celebrada en 1959 en el parque de Ibirapuera de São Paulo en su apuesta por intelectualizar la artesanía:[10] «L'arte popolare non è mai kitsch». Lina Bo Bardi, incorporó este objeto en más de diez ejemplos en sus muestras expositivas, como *Diseño en Brasil: Historia y realidad*, celebrada en el SESC Pompéia en 1982, exposición en la que la Flor de Mandacarú quedaba registrada como pieza XLIX.

Nos interesa, en este punto descubrir la propuesta de Lygia Clark, Bichos, compuesta por objetos de chapa que permiten la participación activa del espectador que pueden modificar los objetos; siendo expuestos para dicho objetivo. Entendidos como objetos vivos manipulables que establecen nuevas relaciones entre arte y espectador. Fueron construidos con chapa de aluminio. Su construcción merece ser estudiada. Lygia Clark inició esta serie en 1960 y culminó con su Bicho-bolso de 1966.

[Segundo] Desde el sistema de envoltura con retales propio del Dodecaedro, Lina Bo Bardi, en 1987 y en Salvador de Bahía, transformó la Casa de Benin con un sistema de telas y cestería que recubrían la estructura existente, lo inconsistente sobre lo resistente, creándose un sistema etéreo de tejidos.

[Tercero] Desde el cambio de escala y de material con que ya había incluido el Dodecaedro en la escenografía de la obra UBU Rey, una vez más propuso que diera la bienvenida en el Teatro Alves en Salvador de Bahía.

[Cuarto] En 1982, en la exposición *Mil brinquedos para a criança brasileira* celebrada en el SESC Pompéia, Lina Bo Bardi dibuja en el aire

10 AAVV, *L'Impasse del design. L'esperienza nel Nordest del Brasile*, Milán, Ed. Charta-São Paulo, Ed. Instituto Lina Bo e P.M. Bardi, 1995, pp. 32-35.

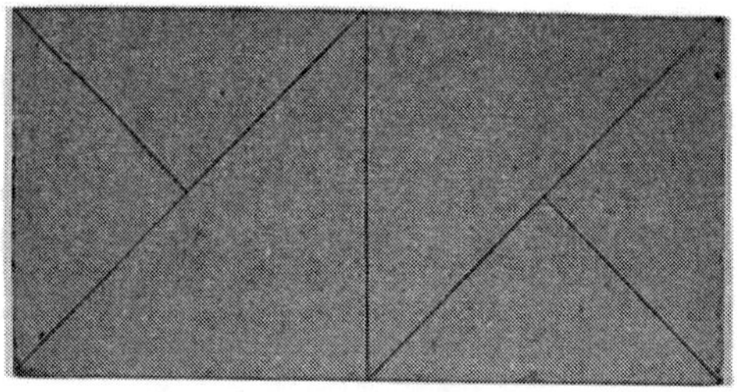

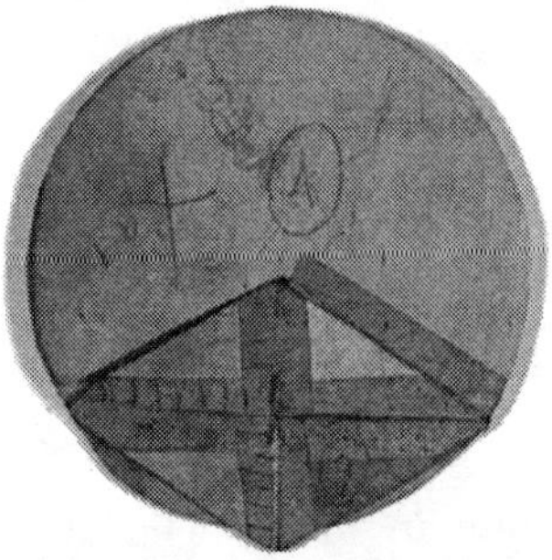

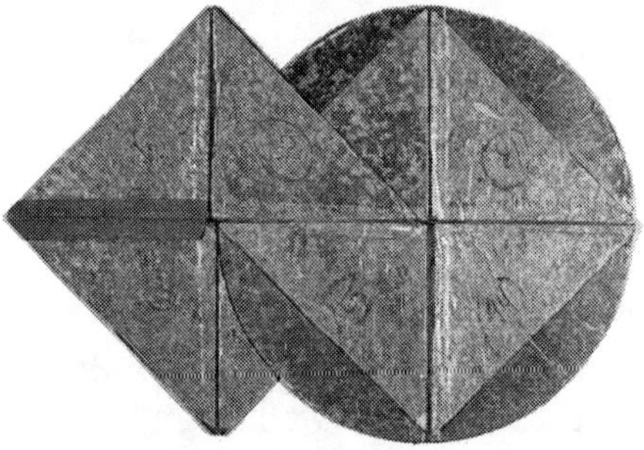

Bichos 28.
Bichos 289.
Bichos 291.
Bichos 290.
Lygia Clark.

un plano de móviles y objetos derivados de la Flor de Mandacarú, así como cometas y otros origami. Dichas piezas sugieren movimiento y sobre todo sugieren un Universo galáctico de papel, mientras, en dicha exposición los juguetes se almacenan y exponen en el perímetro como si fueran obras de arte, disponibles para el visitante.

El resto de la nave quedaba despejando y articulado con tres piezas macro escaladas para que los niños juegaran sobre y entre ellas –generándose ámbitos de juego.

[Quinto] Lina Bo Bardi incluyó la *Flor de Mandacarú* en este proyecto, a manera de baranda, en el encuentro del bloque deportivo con las pasarelas (un cartel serigrafiado en el hormigón nos advierte de lo siguiente: "Respete el Mandacarú, pase de lado"). Este elemento constructivo evidencia de manera abstracta la flor a la que hace referencia y la materializa de una manera muy sencilla: un redondo pintado de verde rematado por un tapón de armadura, rojo.

[Sexto] La última operación a la que nos referiremos revela desde el mecanismo de patchwork con que se crea Dodecaedro, análogo al que Lina Bo Bardi utiliza a la hora de proyectar su arquitectura, acudiendo a arquitecturas heredadas, prestadas, nuevas: lo que la realidad ofrece. Este proceso se convierte en su no sistema de trabajo, un juego de construcción que producirá permutaciones; como juego de función, transposiciones y como juego de ficción, escenificaciones.

El sistema de envoltorio de Dodecaedro refleja un mecanismo aditivo, tradicional brasilero que consiste en ir incorporando formas de diferentes colores y tipos de tela para crear un paño global cuyo motivo es esa adición de retales.

Segundo objeto: POLOCHON

[Concepto] En el boceto que Lina Bo Bardi realiza apunta lo siguiente:

> Ornitorrinco. UBU. / São Paulo 25/05/85
> LE POLOCHON – porco de duas cabeças
> Recebe o Publico na entrada do Teatro

Boceto "*Le Poclohon*", 1985. Lina Bo Bardi.

En la entrada del teatro, Lina Bo Bardi proyecta acomodar un objeto-juguete que recibe el nombre de Polochon: "Polochon es un animal imaginario –un puerco con dos traseros– realizado para dar la bienvenida a los espectadores de la obra *Ubu Rey*...".[11]

Este ser imaginario (en una clara alusión al Capitán Puercura, personaje de la obra de teatro Ubu Rey) era el resultado de reunir dos fragmentos poéticos manejados por la arquitecta, dos reflexiones

[11] André Vainer, Comunicación personal del autor (5 de noviembre de 2007), São Paulo.

Mascarones de proa, Vale do Rio, Sao Francisco.

acerca de lo brasileño y lo universal, y de la relación que se establecía entre ambas caviles.

Para Lina Bo Bardi, en ese mundo que era Brasil, el impulso para la renovación hacia un mundo nuevo provenía de la esencialidad de la artesanía del pueblo mestizo brasileño. El imaginario colectivo que allí había descubierto, carente de prejuicios aristocráticos se alimentaba de objetos hechos a mano que daban forma y de manera primordial a los heterogéneos y antropológicamente diferentes mitos del pueblo que habitaba aquella región.[12]

La identificación metonímica del ser humano y el animal es ancestral y Lina pudo profundizar en ella tras su experiencia del nordeste brasileño, lo que comprobamos al revisar sus Apuntes 1959-1980 en los que Lina inventarió exvotos animales como una hermosa cabeza de caballo tallada en madera, móviles, juguetes de arrastre de chapa, madera y tela, y mascarones de proa.[13]

[12] Para una panorámica completa de la teoría, véase *Tristes trópicos*, Barcelona, Paidós Surcos 24, 2006, pp. 209-240 (1ª Edición Tristes tropiques, 1955).

[13] AA.VV, *L'Impasse del design. L'esperienza nel Nordest del Brasile*, Milán, Ed. Charta-São Paulo, Ed. Instituto Lina Bo e P.M. Bardi, 1995.

O Cuca, 1924. Tarsila do Amaral.

Urutu, 1928. Tarsila do Amaral.

Todo este animalario encarnaba también la libertad del animal salvaje velándose la propia libertad del hombre primitivo.

Es desde esa libertad auténtica –a partir de la cual Lina reflexionaba y con la que aspiraba a un nuevo mundo– que surge la segunda reflexión en la que de la mano de Kafka y su «Não pise nas formigas, não mate as baratas», Lina recapacita sobre la liberación del peso de muchos prejuicios europeos.

Ambas reflexiones se producen desde y dentro de un caldo cultural brasileño y universal.

Polochon es una crítica feroz a la cultura Occidental pero también la esperanza desde América de un mundo mejor al incorporar los valores ancestrales pro-ser humano de las culturas primigenias y esenciales del Nordeste del Brasil.

De temática animalesca eran algunos juguetes transformables de Joaquín Torres-García artesanales y de lenguaje realista, que se ofrecían por piezas para aprender su movimiento. Fortunato Depero había realizado una simbiosis del animal y máquina en su afán por representar el movimiento.

Le Polochon, exposición itinerante "Lina Bo Bardi", 1985-2004, Lina Bo Bardi.

Algunas de las marionetas de Paul Klee y Ladislav Sutnar también habían acudido a esta simbiosis siendo Alexander Calder el que transmitió la morfología el movimiento autónomo de los animales, ensayando algunas fantasías como peces y pájaros sobre ruedas.

Significado

Polochon pertenecía al reino animal como muchos de los juguetes que estudiábamos al inicio de la disertación, sin embargo, en aquello el carácter era totalmente diferente, coincidiendo en ese valor universal síntesis de lo ancestral.

Tratemos de explorar sus antecedentes, es decir, la tradición brasileña de los bichos.

La exuberante naturaleza brasileña alojaba bichos de exóticas morfologías que, en una transformación fantástica, habían sido incorporadas a la vanguardia gracias a la obra representativa de Tarsila do Amaral,[14] en lo que se calificó como "surrealismo brasileño". Algunos de sus lienzos como *O Cuca, O Touro, O sapo*, o *Urutu*, evocaban una metamorfosis del reino animal y vegetal a través de una mirada onírica. Tarsila acudía a un lenguaje nativista y pueril. Las formas se hacían fluidas y desproporcionadas para obtener bichos distorsionados y fantásticos, mimetizados con la vegetación que les rodeaba.

[14] AA.VV, *Tarsila do Amaral*, Madrid, Fundación Juan March, 2009.

Tarsila do Amaral tras su propia experiencia en el nordeste brasileño entre 1925 y 1928 (análoga a la que tendría Lina Bo Bardi años más tarde) sintetizaba dos mundos el Pau-brasil y la Antropofagia y la Modernidad: sus bichos fantásticos eran una prueba de ello. La Naturaleza brasileña se expresaba de manera elemental y metafórica en una explosión de color. Lina Bo Bardi trasladaba este mundo poblado por bichos fantásticos al espacio en sus tres dimensiones.

Polochon era una suma de visiones sobre el mundo en un afán por representar lo infinito desde la unidad y su particular concepción del tiempo desde la continuidad:

> El tiempo lineal, es una invención de Occidente, / el tiempo no es lineal, / es una maravillosa maraña en la que, / en cada momento, / se podrán elegir puntos e inventar soluciones, / sin principio ni fin.

Coincide por lo tanto con la mirada antropófaga de Tarsila por la que Polochon, desde la tradición brasileña, se habría sintetizado en este ser fantástico, universal, continuo, fluido; una especie de síntesis de todos los bichos. Objeto que respondía a las aspiraciones del universalismo constructivo de Joaquín Torres-García.

Un arquetipo de animal, nacido de muchos y de ningún modelo:[15]

> ... Polochon, el cerdo con dos cabezas, es solamente uno de los puntos esenciales en torno a los cuales gira una visión del mundo en que las individualidades animalescas y las formas puras de los cuerpos se degeneran. Esto se da por medio de ensamblajes –desmontajes y remontajes, sustituciones o repeticiones de partes–, como generalmente se verifica en el lenguaje de ideogramas y hasta en las figuraciones, en que los glifos, los totens y los amuletos representan simbólicamente los conceptos por deconstrucciones y recomposiciones, absolutamente lógicas en el procedimiento, pero totalmente incomprensibles y monstruosas para el profano.

Polochon, objeto-juguete inactivo, entraba en movimiento para formar parte de la representación teatral de *Ubu Rey* en la escenografía

[15] Luciano Semerani, Antonella Gallo e Giovanni Marras, "No pise las hormigas, no mate las cucarachas", *AU* 129, diciembre de 2004.

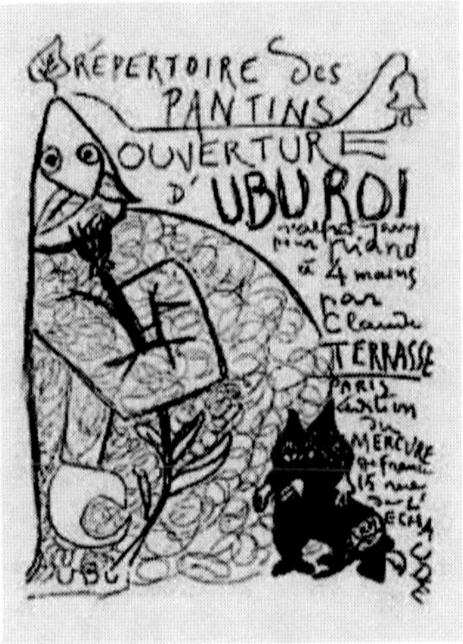

Ubu Roi, 1896. Alfred Jarry.

Exposición *Lina Bo Bardi* celebrada en la Facultad de Arquitectura y Urbanismo (FAU) de São Paulo, 1989. Polochon junto a la silla "Beira da strada" de 1967.

que nos ocupa. Aparecía por sorpresa en la escena al ser lanzado a través de una rampa como si se tratara de un trapecista en el circo y posteriormente giraba gracias al sistema de ruedas que incorporaba en sus patas. Estaba por lo tanto concebido desde la ironía y el humor. Lina Bo Bardi jugaba con el acontecimiento teatral en una derivación de la fiesta y de los ritos. Derivaba de la vanguardia literaria del propio autor de *UBU Roi* –Alfred Jarry– cuyo objetivo era destruir la degradación de la cultura Occidental a través del cinismo, un juego crítico y ácido.

La obra de teatro *Ubu Rey* fue la referencia más importante para Marinetti y sus Veladas Futuristas (recogió esta tradición del teatro de situaciones extrañas y la llevó a Italia), desencadenándose el arte como escenificación y que afectaba al mismo acto artístico en un fenómeno de circularidad por el que dependiendo de quién recibía el acento, espectador, actor, director... se trataba de una variedad de la escenificación. Nos encontramos ante los antecedentes del Action

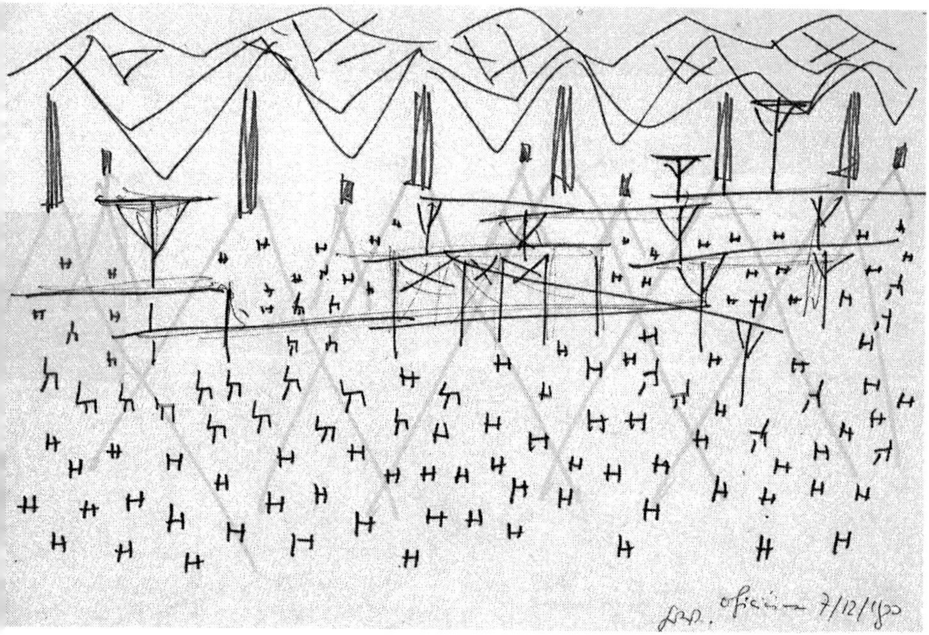

Boceto para el proyecto del Teatro Oficina, 1985, Lina Bo Bardi.

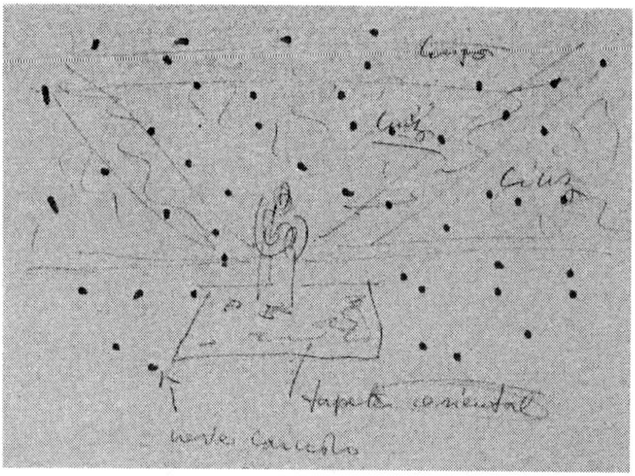

Estudio de escenografía *Ubu Rey*, 1985. Lina Bo Bardi.

Painting y Happenings. Lina Bo Bardi participó de esta escenificación del acontecimiento. Polochon estaba cerca de la reflexión del mundo integrador sin jerarquías, en la democracia de las hormigas y las cucarachas, reflexión incorporada ya en los años sesenta al debate cultural brasilero con obras como las *Caixas das formigas e Baratas* que realizó Lygia Pape[16] y también estaba cerca del juego y la ingenuidad del niño que crea un animal fantástico ensamblando dos caras o dos traseros sin preguntarse si aquello es posible. Similar fue la reflexión que hiciera Magritte alertando sobre asociaciones fantásticas normalizadas como una sirena y proponiendo otras no normalizadas.[17]

La abstracción de la Naturaleza como proceso lógico (cuyo objetivo es habitar), fue analizada por Lina Bo Bardi en su Tesis *Contribuição Propedêutica ao Ensino da Teoria da Arquitetura*:[18]

> A Arquitetura se inspira na naturaza que a goberna, oferecendo-lhe, ao mesmo tempo os materiais e os instrumentos necesarios para formá-la e dar-lhe harmonia; é pacífico por isso mesmo que o estudo da natureza deve ser a fonte primeira do estudo da arquitetura, enquanto produto e criação do homem.

El imaginario animal, nace del ritual, del mito de los pueblos primitivos, universales. Desde el diálogo constante en la historia humana entre naturaleza y geometría, encontramos dos abstracciones conceptuales: la geométrica como sucede en el Dodecaedro o la plástica como la de Polochon así como su animalario.[19]

[16] Lygia Pape, a quien definían como «Una semilla permanentemente abierta» manejó dos temas que nos interesan: lo transitorio y lo orgánico.

[17] Julián Gállego, *El misterio de lo cotidiano*, Conferencia impartida por el autor en la Fundación Juan March, Madrid, 1989.

[18] Lina Bo Bardi, «Natureza e arquitetura», *Contribuição Propedêutica ao Ensino da Teoria da Arquitetura*, São Paulo, Tesis presentada en la Facultad de Arquitectura y Urbanismo de la Universidad de São Paulo en 1957, Instituto Lina Bo e P.M. Bardi, 2002, pp. 14-16.

[19] Al reflexionar sobre el campo del juego veíamos que los hombres juegan con los valores sagrados o con las representaciones teológicas.

Uso

Esta propuesta de escenografía, de la que formaba parte Polochon asociaba un sistema de iluminación homogéneo y disperso, sin jerarquías ni límites. Los figurines eran elementales, el actor convertido en payaso llevaba una túnica blanca sin adornos con la gran espiral bermellón ya propuesta por Alfred Jarry.

El evidente enfrentamiento entre la geometría irregular como es la de Polochon, que a pesar de lo imaginativo no dejaba de ser un objeto figurativo en el que no hay un intento de abstracción formal sino conceptual (Para Lina Bo Bardi Polochon no pretendía ser una obra de arte) y Dodecaedro que nace de una evolución geométrica nos acerca a la reflexión de la abstracción de la naturaleza desde su materialización. Este sistema variaba en función de la escala.

El Dodecaedro se habría realizado con una estructura de madera o cartón –dependiendo de su escala– y se habría forrado con telas o se habría pintado, Polochon: «... Se hizo de papel maché y estructura de alambre. Si no me equivoco, Miguel Paladino ejecutó la escenografía de la pieza».[20]

El sistema de construcción de objetos-juguete con alambre y papel maché era un sistema tradicional desde el siglo XVIII.[21]

En este caso, la evolución importante del sistema se produce a raíz de experiencias posteriores a Polochon.

En ambos primeramente se construía una estructura que materializaba la forma y estabilizaba el objeto. A continuación se revestían: el material maleable y resistente abrazaba a la estructura estable. Como hicieran Calder con sus animales de alambre o Sutnar con sus símbolos de madera, la morfología se concentraba desde la expresividad de la esencia formal.

Polochon, además de los significados que acabamos de analizar, formó parte de un conjunto de esculturas gigantes de animales

[20] André Vainer: Comunicación personal del autor, 16 de julio de 2009.

[21] Fernando Antoñanzas Mejía, *Artistas y juguetes*, Tesis presentada en la Facultad de Bellas Artes, Madrid, 2004, p. 21.

Cacá Rosset en el papel de Papá Ubu
en Teatro Oficina.

creadas para ser descubiertas por niños y adultos, formando parte alegórica de los animales salvajes que habitaban un bosque de mástiles –un incondicional de Lina Bo Bardi, llamados *Bichos del Bosque*.[22] Diseñados por Lina Bo Bardi, divertidos y burlescos, sintetizaron y explicaron su manera de entender Brasil y el Mundo –lo que los convirtió en un juego simbólico– encarnando además, las dualidades de la propia Lina Bo Bardi.

Los Bichos del Bosque poblaron las exposiciones de Lina Bo Bardi. Para ella el bosque representaba el habitar colectivo primigenio y libre, la presencia de uno u otro: bichos o bosque, eran una transfiguración de la naturaleza y del habitar en lo colectivo. Algunos bichos y casi como en un espejismo se convirtieron en playgrounds, como el Gigante Jacaré, proyectado por la colaboradora de Lina Bo Bardi, Marcia Benevento, que transformó un cocodrilo en bicho-edificio, que se podía y se puede todavía hoy recorrer, investigar y habitar.

[22] Augusto Carlos de Vasconcelos, «Monumento do concreto», *O Concreto no Brasil*, Volumen III, São Paulo, Studio Nobel, 2002, pp. 89-193.

Bichos en la Casa de vidrio de Lina Bo Bardi.
© Nelson Kon.

Entreacto para niños, 1985, SESC Pompéia.
Lina Bo Bardi.

Entreacto para niños, 1985, SESC Pompéia.
Lina Bo Bardi.

Esta idea, cercana a la ciencia Ficción, fue retomada por Lina Bo Bardi en un proyecto de arquitectura no construido: el Teatro Polytheama en el que profundizaremos a continuación.

En definitiva, del diálogo entre los Bichos del Bosque y los espacios teatrales en los que habitaron se descubre el siguiente juego:

Silla Jirafa, 1987.
Lina Bo Bardi. © Nelson Kon.

Restaurante de Benin, 1987. Casa de Benin, Salvador de Bahía, Lina Bo Bardi.

* Juego de creación simbólica y de metamorfosis del juguete que deriva en la creación y en la manera de activar y recorrer.

Más allá de la construcción de Polochon

[Primero] Una de las acciones que Lina Bo Bardi realizó a partir de Polochon y de los otros juguetes animalarios fue la silla-jirafa que diseñó para el pequeño restaurante situado en interior de la Casa del Benin en Salvador de Bahía en torno a una mesa única de cuarenta puestos, tabla redonda, en una evocación a las manadas de animales.

Lina recreó en el patio del edificio colonial un jardín del Benin, claro referente a sus jardines verticales anhelados, y en una barroca sucesión de texturas procedentes de la tierra, la piedra y los verdes, los animales de esta atmósfera soñada eran las sillas del restaurante cubierto.

[Segundo] La Gran Vaca Mecánica objeto zoomorfo que analizaremos en el último capítulo sintetizó el camino seguido por la arquitectura de Lina Bo Bardi, y fue reflexión –como concepto y como proceso– y firme descendiente del Museo de Arte Moderno que la habría alojado temporalmente.

[Tercero] Los bichos del Bosque, en origen, poblaron las exposiciones de temática infantil celebradas en el SESC Pompéia bajo la supervisión de Lina Bo Bardi entre los años 1982 y 1985 (periodo en que Lina Bo Bardi fue directora cultural del centro): *Mil brinquedos para a criança brasileira*, *Entreatos para criança* y *Pinocchio*.

Esta iniciativa se convirtió en práctica generalizada en todas las delegaciones del SESC,[23] como divertimento y enseñanza para niños y adultos, entendido como un regalo para la sociedad en el sentido de relajación, placer, diversión y aprendizaje, es decir, como un juego.

Los Bichos del Bosque eran seleccionados por el impacto causado en los niños, modificándose su escala, aumentándolos en su tamaño; esto estimulaba a los usuarios para que tras reconocerlos los recorrieran e investigaran a su través.

Estos bichos se recorrieron internamente a raíz de la exposición *Pinocchio - história de um boneco italiano*, que fue una muestra conmemorativa de los cien años del personaje, realizada inicialmente en 1981 en Florencia, posteriormente en Roma y en la Bienal de Venecia y cuyo material expuesto consistía en una recopilación de diseños y dibujos de los personajes del cuento, realizados en diferentes materiales y épocas. Por iniciativa del Consulado General de Italia y el Instituto de Cultura de São Paulo, con el apoyo del SESC, el MASP y la Secretaría Municipal de Cultura la exposición llegó a Brasil en 1983.

Lina se encargó de supervisarla y montarla en el SESC Pompéia. Decidió que debía ser una exposición interactiva, no expositiva únicamente: una fiesta de niños y adultos en la que la ballena y otros personajes adquirieron un aspecto singular, todos ellos se convirtieron en protagonistas.

Se unía la libertad del modelado sobre la estructura estática con el consiguiente estudio de luz necesario para poder escalar y recorrerlo, creándose un gran Bicho para vivirlo, para habitarlo.

[23] SESC: Servicio Social de Comercio que cuenta con dieciocho sedes de Cultura y Ocio en São Paulo.

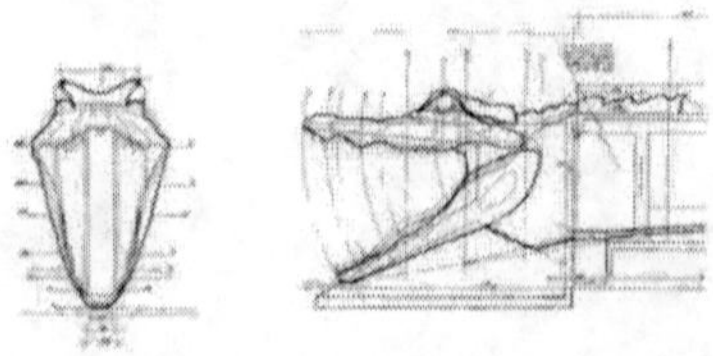

Gigante Jacaré, Interlagos (São Paulo). Marcia Benevento.
¿Cómo se construyeron los personajes gigantes? La escala gigantesca de los personajes producía una gran sorpresa para todos, en primer lugar, posteriormente causaba misterio e investigación; lo que se describe como una escultura gigante era percibida por niños y adultos como un ser que se volvía vivo en su fantasía, para ello se recurría a texturas rústicas y realismo en el conjunto.
El proceso constructivo consistía en un estudio de escultura con los matices necesarios para su resistencia, su recorrido interno y su seguridad.
Primero, se estudiaba el personaje en cuestión, sus movimientos en su entorno natural, diseñándose con dichos estudios previos un diseño de la escultura.
Segundo, se analizaba la postura, musculatura y actitud del personaje para ser reproducido como objeto inerte.
La estructura era diseñada por el ingeniero Giuseppe Micholino y la construcción de la misma por Yopanan Rebelio, ambos ingenieros.
Tercero se procedía a crear un núcleo de hormigón en masa para que el conjunto se estabilizara y de éste surgía una amalgama de hierros doblados a manera de esqueleto.
Por último se aplicaban sucesivas capas de hormigón hasta alcanzar un espesor de 4 cm. Las últimas capas (interiores y exteriores) reproducían las texturas y el color del animal, adaptándolo al manejo del niño, es decir haciéndolas agradables para que escalaran y los abrazaran.
Los modelos previos eran realizados en alambre de aluminio y se recubrían de papel maché.

Como consecuencia, los Bichos del Bosque sustituyeron el concepto de *playground* en los que no existía la dificultad de conocer un objeto-juguete al encontrarse mecanizado (luces y sonidos) para impactar a los usuarios y en los que no había aprendizaje en su uso. Los Bichos del Bosque no participaban de estos recursos escenográficos.

[Cuarto] Los Bichos del Bosque derivaron en edificios-bicho como el Gigante Jacaré.

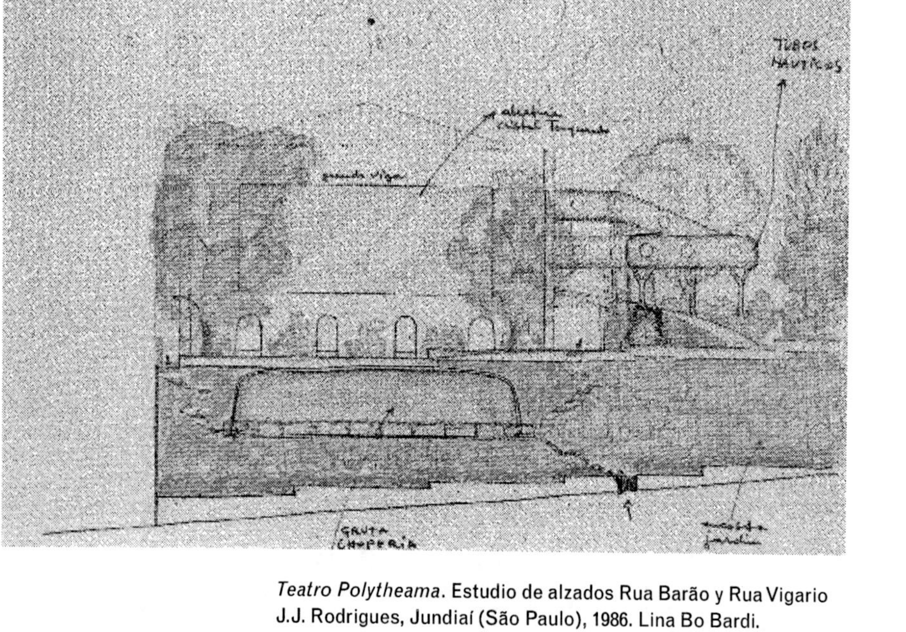

Teatro Polytheama. Estudio de alzados Rua Barão y Rua Vigario J.J. Rodrigues, Jundiaí (São Paulo), 1986. Lina Bo Bardi.

Marcia Benevento, que había colaborado con Lina Bo Bardi en las exposiciones del SESC Pompéia, proyectó un conjunto de animales-construcciones-esculturas-autónomas, como la Vaca holandesa, el Hipopótamo semi-sumergido, el Conejo gigante o la Cobra Surucucu. Todos ellos que inicialmente se crearon para las exposiciones temporales de Lina Bo Bardi, posteriormente viajaron al SESC Interlagos donde se quedaron definitivamente, el conjunto fue completado por el Gigante Jacaré, que ya no era simplemente un objeto-juguete-escultura sino que se convirtió en un objeto-edificio con un programa interno.

El Gigante Jacaré facilitaba el desarrollo y la interrelación de los niños, era un cocodrilo de treinta y seis metros de longitud y de tres metros y medio de altura. Se situó cerca de un lago evocando con ello el acercamiento del animal a la orilla para beber.[24]

Los visitantes podían recorrerlo de tres maneras:

> [Uno] Entrar por la boca y subir por una rampa al piso superior para acceder a la espalda del animal desde donde podían escurrirse hacia las patas traseras.
>
> [Dos] Entrar por la cabeza para resbalarse por la lengua, un tobogán curvo.
>
> [Tres] Acceder a un mini-anfiteatro con bancos, situado en las tripas del animal con acceso desde túneles desde los extremos.

Supuso una aportación constructiva al sistema utilizado por Lina en sus Bichos y garantizó que la Bicharada formara parte de los programas del SESC. Sin embargo este edificio-bicho no era manipulable y era demasiado evidente en su forma pero lo que quizá resulta más atractivo es que desde su manera de recorrerlo Lina proyectó el teatro Polytheama.

[Quinto] *El edificio teatral Polytheama*, un proyecto que fue entendido por Lina Bo Bardi como un propósito de restauración necesario para la ciudad de Judiaí (São Paulo), con el objetivo de ser un Novo Polytheama.

[24] La sede SESC Interlagos se encuentra al sur de la ciudad de São Paulo en el Parque Colonial: Parque lúdico dedicado a los niños, a quienes ofrece juguetes colectivos integrados en la naturaleza lacustre del entorno.

Maison du Peuple, Bruselas, 1896, Victor Horta.

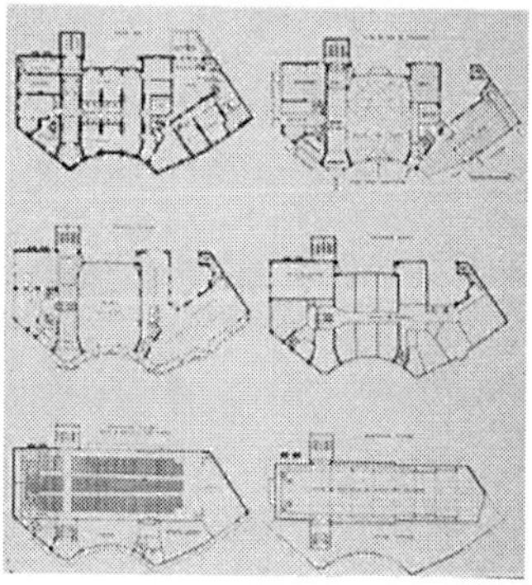

El proceso del proyecto siguió el siguiente desarrollo:

Judiaí, LBB, 7/9/86

[Primero] El edificio existente representaba uno de los pocos ejemplos de Teatro-Polivalente conservados en São Paulo, databa de comienzos del siglo XX. Fue inaugurado el 13 de diciembre de 1911. Este edificio teatral contaba con un picadero camuflado a nivel de platea y con una escena a la italiana, lo que le permitía convertirse ocasionalmente en circo[25] y su variado programa incluía el uso de teatro, circo, centro de reunión política y ciudadana, sala de baile y cabaret.[26]

Lina Bo Bardi acudió a la siguiente referencia: La Maison du Peuple, inaugurado en 1899 y proyectada por el arquitecto Victor Horta en Bruselas.

> Não queremos comparar a arquitetura da Maison du Peuple de Bruxelas (destruida em 1969 –verdadeiro assassinato arquitetônico

[25] Evelyn Furquim Werneck Lima, «Teatro Polytheama», Estudo das relações simbólicas entre os contextos urbanos e sociais com base em documentos gráficos de Lina Bo Bardi (1), *Arquitextos* 107, abril de 2009.

[26] Lina Bo Bardi, «Polytheama, uma restauração mais do necessária», en Silvana Rubino y Marina Grinover, *Lina por escrito. Textos escolhidos de Lina Bo Bardi 1943-1991,* São Paulo, Cosac Naify, 2009, p. 160-162.

deplorado com violência pelo mundo inteiro) com a do Polytheama de Jundiaí; contudo, ele, o Polytheama, é um modesto mas grande e sério exemplo de convivência humana, de garndes esperanças, de uma grande idea, e deve ser conservado: La Maison du Peuple foi destruída porque não correspondia aos "tempos de hoje", mas, com pequenas inovações que deixassem intato o "tempos", podia e devia ter sido salva.

Lina Bo Bardi valoró el carácter polivalente del edificio existente (en delicado estado de abandono) y valoró positivo su mixtura entre ocio y burocracia, es decir, como espacio en el que todos pudieran convivir, trabajar y divertirse.[27]

Se trataba de renovar el concepto de Casa del Pueblo, de ahí la insistencia en denominarlo Novo, cuya reflexión más interesante la encontraremos potenciada en la *Nova Prefeitura de São Paulo*: un *tetto* para el pueblo.

[Segundo] Lina transformaba el edificio existente desde dos aspiraciones, la de la libertad por un lado y la de la creación de un foco urbano para la ciudad de Jundiaí por otro.

[Tercero] Las intervenciones propuestas para la renovación del edificio teatral fueron cuatro:

- Restaurar en clave científica el edificio existente, manteniendo y potenciando su condición de edificio polivalente y rehabilitando la fachada para ser entendida como documento ecléctico.
- Redefinir el predio dado, ampliándolo con parte de la parcela ocupada por la empresa *Eletropaulo*, creando en dicha ampliación un jardín en el que, además, reordena las instalaciones desplazadas de *Eletropaulo* y sitúa los accesos al Novo Polytheama.
- Resolver los accesos de público y servicio de manera independiente. Los accesos de los espectadores a través de un vestíbulo/rampa exterior [Centro Pompidou, París: Similar funcionamiento al vestíbulo/escalera original del centro parisino] resuelto desde

[27] Burocracia: f. Conjunto de los servidores públicos. Diccionario de la Lengua Española. RAE. 22.ª Edición, 2001.

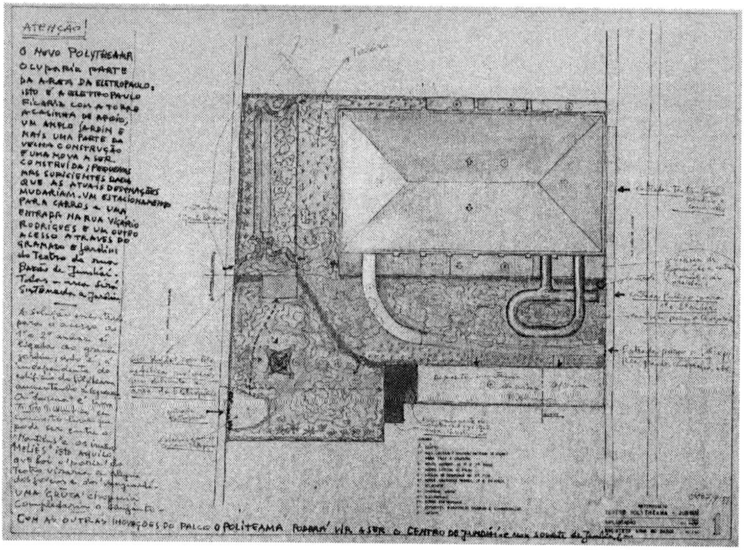

Teatro Polytheama. Estudio de planta del conjunto, Jundiaí (São Paulo), 1986. Lina Bo Bardi.

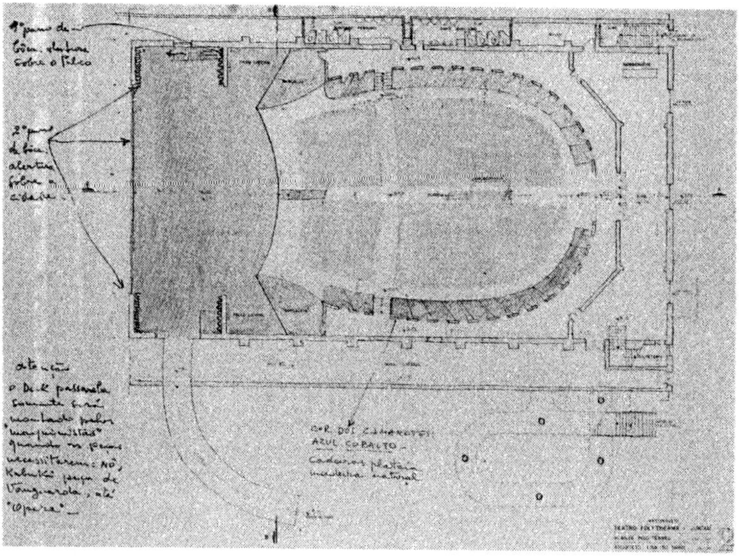

Teatro Polytheama. Estudio de planta de acceso, Jundiaí (São Paulo), 1986. Lina Bo Bardi.

la tecnología de los submarinos[28] y en una alusión a la cámara cinematográfica de Georges Méliès y la ciencia ficción. El futurismo que había rendido homenaje a la máquina, daba paso a la ciencia ficción de la mano de Lina Bo Bardi. Lina acudía a un efecto exagerado para conseguir un sistema de accesos flexible, sin limitar su imaginación, a través de un ingenio que por la noche era aún más misterioso con pequeños puntos de luz emanados desde las escotillas.

El artilugio era esencial y en la imaginación éste podía evocar, incluso, un animal marino que creaba un paisaje artificial.

La sala existente se liberaba del programa de servicios y potenciaba su vacuidad compacta. Los servicios se llevaban a ambos laterales. El servicio de carga y descarga funcionaba en paralelo a las rampas náuticas y se completaba el programa técnico en las antiguas construcciones de la compañía Eletropaulo, situándose además las oficinas y la administración.

El Novo Polytheama funcionaba como si se tratara de dos bloques independientes conectados mediante un sistema de rampas atrevidas. Esta disonancia responde al objetivo de ordenar exteriormente los accesos a la nueva sala de usos múltiples y en esta perplejidad el edificio existente salía reforzado en su programa y se ponía en valor arquitectónicamente.

Las rampas eran además una clara intención por parte de Lina de metamorfosear de manera misteriosa un material cotidiano en el mundo de los submarinos. Lina parecía homenajear, a través de este lenguaje nautico-futurista, a su maestro Gio Ponti que desde los años treinta se dedicó al diseño de interiores de barco (en la IV Triennale de Monza por ejemplo presentó cabinas de pasajero de trasatlántico).

Este tema había formado parte del impacto que la máquina tuvo en los primeros años del siglo XX. Lina Bo Bardi, no creó desde el estilo paquebote sino que se apropió, una vez más, del objeto industrial, náutico esta vez y lo utilizó de manera disonante en una suerte de ensayo sobre el futuro del país.

[28] *Gio Ponti*, al cuidado de Graziella Roccella, Köln, Taschen, 2009, pp. 41-43.

El viaje a la luna, 1902. Georges Méliès.

[Cuarto] La escena del teatro o sala polivalente experimentó de manera desafiante la solución de escena abierta y en conexión con el exterior, ya adelantada por Le Corbusier:[29]

> La "boîte à miracles" est un cube: par-dessus, il y a tout ce qui est nécessaire, la lumière et tous les appareils nécessaires pour faire

[29] «La "Caja de los milagros" es un cubo: por encima, hay todo lo que es preciso, la luz y todos aparatos necesarios para hacer milagros, levantamiento, manutención, zumba (murmura), etc. El interior está desnudo y se sugerirá, por creación del espíritu, todo lo que se quiera a manera de los comediantes de la *Commedia dell'arte.* Todavía podemos hacer lo que ha sido sugerido a propósito del fondo de escena: la caja que puede abrirse fuera... Se podrá abrir el fondo de escena y tener un anfiteatro (aula) al aire libre para los días de buen tiempo.»
Le Corbusier presentó su propuesta de palco escénico de pos-guerra en el "Congreso Internacional de Arquitectura y Dramaturgia" de 1948, en París y fue publicado en 1950. Lina ya vivía en Brasil.

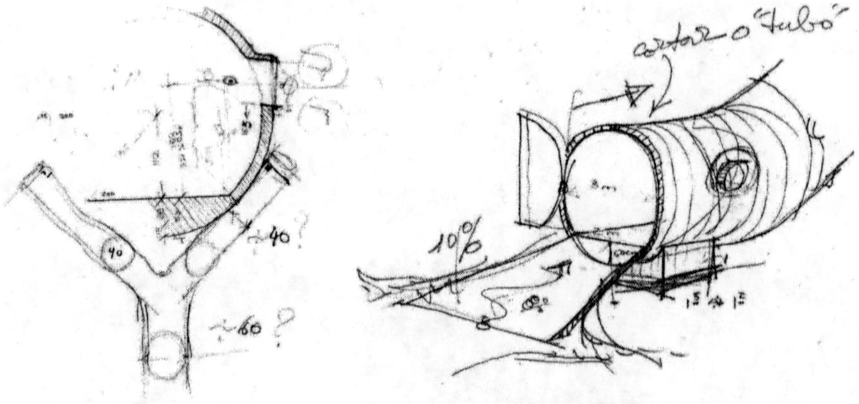

Teatro Polytheama, estudio rampas de acceso, 1986, Jundiaí (São Paulo), 1986. Lina Bo Bardi.

> des miracles, levage, manutention, bruit, etc. L'intérieur est nu et vous suggérerez, par création de l'esprit, tout ce que vous voudrez à la manière des comédiens de la Commedia dell'arte. On peut faire encore ce qui a été suggéré à propos du fond de scène: la boîte qui peut s'ouvrir au dehors... Vous pourrez ouvrir le fond de scène et avoir un amphithéâtre de plein air pour les jours de beau temps.

[Quinto] El resto del programa quedó disperso –incluso la torre eléctrica Eletropaulo– por el jardín, hilvanado diferentes funciones a través de un recorrido peatonal que finalizaba con una caverna-restaurante. Estos recorridos terrenos, aéreos y enterrados evocaban de manera genial las soluciones que los Bichos del Bosque habrían adoptado para habitar un jardín.

[Resultado] Esta suma de operaciones disonantes pero claras y contundentes creaban un foco urbano y tras-urbano para la ciudad de Jundiaí, tal y como aspiraba Lina:

> A solução encontrada para o acceso ao primeiro e segundo andares é ligada ao grande jardim, isto é independente do edifício do Polytheama, aumentando a segurança. A forma é um tubo "náutico",

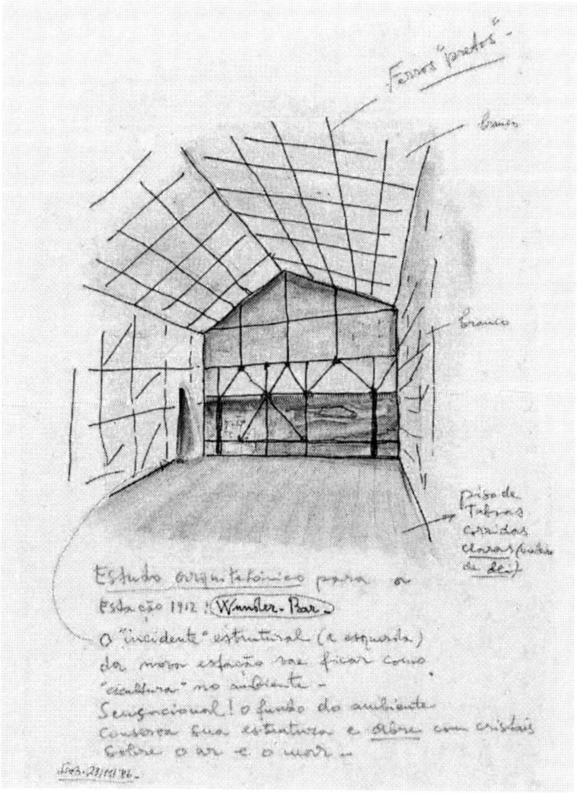

Teatro Concha verdc, Rio de Janeiro, 1986. Lina Bo Bardi.

em concreto leve que pode ser entre o Nautilus e os irmãos mélis– aquele que foi o "pária" do teatro viraria a alegria dos jovens e da vanguarda. Uma gruta-choperia completaria o conjunto.

Conclusión

Los bichos del bosque, bicharada brasileña divertida y burlesca, diseñada por Lina Bo Bardi, se convirtieron en mensajeros de su manera

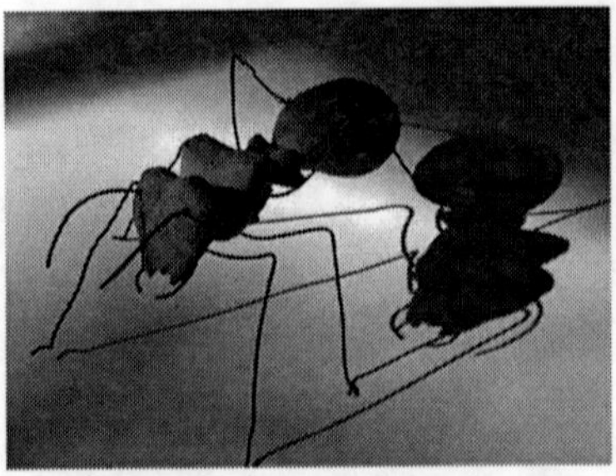

Hormiga, Lina Bo Bardi. © Nelson Kon.

de entender Brasil y el Mundo formando parte del imaginario creado por la arquitecta. Dodecaedro y Polochon fueron dos juguetes-bicho, simbólicos, entre los cuales se produjo un juego de metamorfosis de lo "natural" a lo abstracto. Lina Bo Bardi los diseñó en 1985 para la obra de teatro *Ubu Rey* de Alfred Jarry, participando ambos de la conexión teatral entre espectador y escena.

Dodecaedro, es un juguete tridimensional multicolorido, una abstracción de la flor de Mandacarú del sertão brasileño y originalmente un popular juego de reciclaje infantil al que Lina Bo Bardi asignó un significado nuevo, la diversidad en un objeto único.

Polochon, fue un ser imaginario resultado de la unión de dos fragmentos poéticos y dos fragmentos morfológicos. Se creó como objeto fluido y universal. Era una simbiosis de todos los Bichos.

Las vanguardias internacionales y las artistas coetáneas a Lina Bo Bardi como Tarsila de Amaral, Lygia Pape o Lygia Pape profundizaron en esta identificación metonímica y ancestral del ser humano y del animal.

Ambos juguetes, Polochon y Dodecaedro, jugaron con la concepción no lineal del tiempo (lo infinito, lo fluido, lo inasible). Ambos confirmaron la presencia de la ironía, el manejo del reciclaje y el azar. Ambos se metamorfosearon en arquitectura teatral como el teatro Polytheama de São Paulo. En el diálogo entre sendos juguetes simbólicos y la particular arquitectura teatral de Lina Bo Bardi, se revelan procesos de creación desde la geometría y desde los materiales (se produce un juego del paso de lo *natural* a lo *abstracto*), así como las distorsiones necesarias por el cambio de escala, las conexiones con el mundo natural animal y vegetal, la representación de lo infinito, la síntesis de los modelos, su activación, la ciencia ficción y la transfiguración en arquitectura teatral explícita.

De manera metafórica recordamos que todos los Bichos del Bosque se encontraron por primera vez en la exposición celebrada en la ciudad de Venecia en el año 2004, *La libertà dell'architettura*, en una reinterpretación de los curadores de varias exposiciones celebradas en São Paulo y dirigidas por Lina Bo Bardi.

Bosque y bichos en libertad (alegoría del carrusel, del circo... un lugar de encuentro de animales, y seres humanos), representados en el Bosque de Maestras de colores que Lina Bo Bardi utilizó en repetidas ocasiones el lugar primigenio para habitar y la naturaleza representaba las fuentes para el auténtico desarrollo del ser humano en el mundo.

El *Bosque* era una metonimia de los Bichos del Bosque. Bosque y Bichos del Bosque representando el *Habitar Colectivo*.

UN PARÉNTESIS: REUNIÓN DEL LADO FEMENINO DE LA MODERNIDAD BRASILEÑA

¿Qué tienen en común Tarsila do Amaral, Lygia Clark, Lygia Pape y Lina Bo Bardi? Sin duda alguna, además de su heroicidad como mujeres creadoras, su lectura de Brasil y de lo universal. Coincidieron en la manera de entender el hecho urbano y su carácter crítico: El humor, la dimensión lúdica, el carácter pedagógico, la mimesis con la realidad etc.

Las cuatro creadoras dieron empuje al arte brasileño desde su trabajo y su participación en los novedosos conceptos de museo-taller, en dos ciudades diferentes Río y São Paulo, escenarios rivales, con muchos rasgos en común. Buscaron participar en cada momento en el debate y las cuestiones acerca de la nueva realidad social, política y cultural, no perdiendo de vista sus potencialidades y límites dentro del arte contemporáneo, con un interés máximo por hacer visible lo invisible.

La libertad de la arquitectura, exposición celebrada en la Galería Internacional de Arte Moderno, Venecia, 2004.

Investigaron por separado acerca de lo indígena, convergiendo en su relación con la sociedad contemporánea y con la propia condición humana.

La trayectoria de las cuatro coincide con las grandes transformaciones en la estructura urbana de las ciudades donde habitaron y de ello se hicieron eco constantemente, redefiniendo su arte y su relación con el contexto contemporáneo: transformaciones sociales, económicas, políticas y culturales en el campo de la sociabilidad y la subjetividad. Experimentales en las relaciones entre artista y público, entrando en relación con el contexto urbano; pretendieron reconstruir la ciudad desde otras bases, particularizando el proyecto Moderno. Manejaron propuestas participativas y colectivas con la intención de crear precisamente un arte colectivo, acompañando la propia modernización de la sociedad brasileña por la cual la obra adquiría un papel educador: nuevas formas de percepción y posicionamiento activo y participativo.

FABRICACIÓN Y ACCIÓN COLECTIVA

Tren del Arte Contemporáneo de la Universidad de São Paulo, 1969.
Lina Bo Bardi ente vagones. s/f. Fotografía b/n, 17,7 × 18 cm.
Instituto Lina Bo y P.M. Bardi, São Paulo.

El *Pequeño Tren de Carritos* de Lina Bo Bardi es, quizá, un episodio que forma parte de su labor como activadora del SESC Pompéia en São Paulo y que posteriormente trasladó a Salvador de Bahía con la misma actitud ante el mundo, desde una conciencia comprometida y activadora de la sociedad.

Apenas encontramos una reflexión sobre la estructura o la definición técnica del *tren*, se limitó a incorporar un objeto móvil formado por cuatro carritos empujados desde los extremos por dos pequeñas locomotoras no contaminantes. ¿Cómo habrían sido éstas? Podemos intuir en la planta del Pequeño Tren algo parecido a la Vaca Mecánica que veremos en el último capítulo. Lina elaboró un documento único con la clave o concepto del objeto [sólo en obra procesaba precisos documentos] que posteriormente habría remitido a los técnicos del SESC.

Ella se apropió de una imagen de la sociedad, una imagen conocida como es un carrito ambulante y lo transformó en su uso. Si la denominación de Pop Art deriva de *Arte Popular* nos encontramos sin duda ente un diseño Pop, tomando del Pueblo, una vez más, los intereses y la temática. El lenguaje de vivos colores que utilizó era una especie de lenguaje *naïf-pop*.

Lina no dudó en manejar un lenguaje que podía ser entendido por su interlocutor, no podemos dudar de la capacidad gráfica de la arquitecta. Esta vez se trataba de un lenguaje directo, con intereses populares y sin ser éste su objetivo, pero de manera inevitable según su criterio, creador de un *arte ciudadano*.

LA MÍMESIS Y EL JUGUETE COLECTIVO

[Concepto] La Definición del objeto. ¿Qué era realmente el Pequeño tren de carritos? Se trataba de un tren *diurno* y *nocturno* formado por cuatro carritos de colores, realizados con *material de desecho* como chapas o ruedas de bicicleta, iluminado con una luz intermitente roja, protegido del sol y de la lluvia por unos toldos, también de colores, que además cerraban completamente el carrito por la noche.

Tropicalia: Manifiesto, 1960.

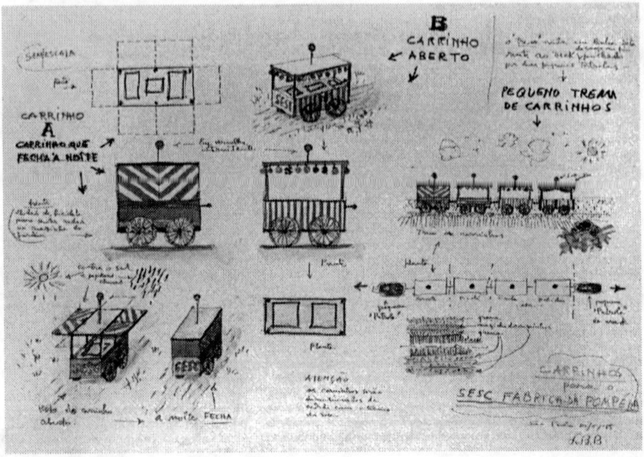

Estudio para el *Pequeño tren de carritos*, 1985, Lina Bo Bardi.

Lina Bo Bardi reflexionaba en este documento sobre cómo se percibía este pequeño tren de día y de noche y por supuesto sobre su resultado.

En el mismo y único documento que conservamos, el movimiento a realizar por el carrito quedaba definido por el pavimento que concretaba y localizaba en el perímetro de la rua del Pompéia.

Fiesta en la rua interior del SESC Pompéia.
© Nelson Kon.

Boceto-estudio de sección de las naves existentes del SESC Pompéia, 1977, Lina Bo Bardi.

Boceto-diagnóstico del Centro Histórico de Salvador de Bahía, 1986, Lina Bo Bardi.

Nada más lejos, en esta ocasión del *extrañamiento* respecto del proceso y del material en que se produce. Parafraseando a Lina:[1]

> Después de la Segunda Guerra Mundial, la crítica continuó trabajando dentro de las reglas que llamamos "equívocos", adoptadas también por lo que conocemos como los países occidentales. Después del 'impasse' viene un momento muy complicado para la arquitectura, no se sabe qué mirar o qué hacer y se piensa que todo está permitido y esto se reflejará cuando el arquitecto salga a la calle e inicia su camino de servicio a la sociedad, ya que la arquitectura, se quiera o no se quiera es fundamentalmente, un arte colectivo y socio-político.

¿Para quién era el *Tren*? Para los usuarios del centro y para evidenciar, gracias al recorrido del tren a través de la *rua*, el recorrido programático incesante en sus actividades, insinuando con sus paradas la existencia de actividades que el usuario no contempla salvo al investigar y recorrer el complejo, lo que dota al Pompéia de una perpetua dosis de emoción, diversidad y temporalidad.

Significado

¿Por qué de este objeto? Se trata de un mensaje elemental: acercar a los usuarios del SESC, *conectar virtualmente la totalidad del programa*.

En cierta manera Lina Bo Bardi no deja de proponernos una arquitectura en acción, en la que su actitud desborda el propio contenedor y

[1] Lina Bo Bardi inició la conferencia *Uma aula de arquitectura* con una referencia muy importante 'The Architecture of the Humanism' publicado por Geoffrey Scout en 1884. Planteaba las cinco reglas de comportamiento a los que considera que estaba sometida la arquitectura a través de losTratados del siglo XVII, llegando, incluso, al momento en que imparte la conferencia:

1. Equívoco de las referencias y reglas que crean complejos de inferioridad.
2. Equívoco romántico.
3. Equívoco de lo pintoresco.
4. Equívoco pasional.
5. Equívoco biológico.

* *Uma aula de arquitectura*: Lina Bo Bardi, Conferencia impartida en la Facultade de Arquitetura e Urbanismo de São Paulo, 1989 (recogida en Projeto-Brasil, n 133, julio 1999, pp. 103-108).

Vista aérea del complejo SESC Pompéia, en primer término aparecen las naves existentes en 1977.
© Archivo Lina Bo & P.M. Bardi.

produce una síntesis de lo popular con la actividad creativa, desde el placer y la diversión del conocimiento.

La precisión constructiva en el arranque del proyecto no es lo importante, sino que una suerte de naturalidad nos incita a participar de actividades que sintetizan lo erudito y lo lúdico.

El pequeño tren de carritos es una *extensión temporal* de la búsqueda de Lina Bo Bardi por ofrecer una actividad que ya existía en el lugar y que sólo necesitaba hacerse visible.

Finalmente, se construyeron unos carritos para venta de dulces, una idea que mucho distaba del proyecto de Pequeño Tren que ella había proyectado.

Logo y Portada - cartel del periódico SESC Pompéia, nº 1, 1982, Lina Bo Bardi.

[La repetición de la propuesta en Salvador de Bahía no hace sino confirmar este concepto, en esta ocasión el recorrido se extiende físicamente a la totalidad del centro histórico, Pelourinho, hilvanando todas las propuestas lanzadas por la arquitecta –sólo ejecutadas algunas– en lo que podría entenderse como un centro histórico reordenado desde los usos culturales activos y creadores o un único espacio cultural activado desde diferentes pasos. Esta repetición del objeto que recorre, no hace sino reafirmar el SESC Pompéia como lugar de encuentro, un foco urbano como el centro de ciudades como Bahía.]

EL PAISAJE FUTURISTA CREADO

El siglo XX homenajeó al mundo moderno a través de la máquina, de la ciudad. La realidad industrial y su lenguaje particular de expresivas chimeneas y silos, asociada a la velocidad, fue protagonista desde las primeras vanguardias artísticas como transmisora de un nuevo *ritmo urbano*.

Lina Bo Bardi posteriormente, en 1977, se apropió del paisaje industrial desencadenado en grandes urbes como São Paulo como si éste fuera un *objeto industrial* y lo *manipuló*.

> ... Arquitectura es casi implícitamente todo lo que es estructura y representación, partiendo de la estructura misma de las rocas, del esqueleto, de la figura infinitesimal del átomo hasta la apariencia de las esferas que componen el sistema planetario.
>
> El hombre se esforzó, sirviéndose de los medios que la propia naturaleza le ofrecía, en el sentido de modificarla y reorganizarla, creando poco a poco arquitecturas infinitésimas, perfeccionándolas, fueron instaurando, en el mundo, nuevas arquitecturas, desde la piedra lascada hasta el satélite interplanetario, de la caverna al araña-cielo, del amuleto a la Catedral.[2]

Hasta la intervención de la arquitecta en el SESC Fábrica da Pompéia, las construcciones fabriles no eran *reutilizadas* en Brasil.

En 1964 se inauguró tímidamente uno de los primeros ejemplos de este tipo de intervenciones en Estados Unidos, se trató de la antigua Fábrica de chocolates *Ghirardelli Square* en San Francisco, convertido en espacio comercial y de restauración, con amplios espacios exteriores, completados con actividades como el Festival Chocolatero.
El equipo del SESC no dudó en visitarlo y se sintió interesado por la posibilidad de recuperar la fábrica Pompéia y así abaratar el presupuesto, fue entonces que apareció la posibilidad de que Lina Bo Bardi realizara el proyecto. Ella tenía reconocida experiencia en lo que se conocía como *Arqueología Industrial* tras su proyecto realizado en el Solar de Unhão en el que había transformado una antigua Casa Grande y Senzala, en un espacio cultural sin precedentes en Salvador de Bahía, una fusión de Museo y Taller (Proyecto CETA).

[2] Lina Bo Bardi, *Contribuição Propedêutica ao Ensino da Teoria da Arquitetura*, São Paulo, 1957.

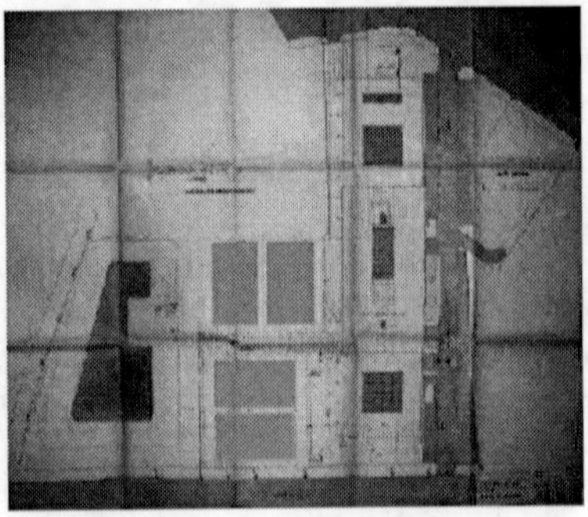

Proyecto inicial para el SESC Pompéia realizado por Julio Neves.

Boceto *Totem señalizador* para el acceso del SESC Pompéia, 1981, Lina Bo Bardi. © Archivo Lina Bo & P.M. Bardi.

El SESC desarrolló entre los años 1969 y 1974 una estrategia de expansión homogénea en la ciudad de São Paulo. Se trataba de crear 4 *centros culturales-deportivos* en los 4 puntos cardinales de la ciudad.

Para la creación del centro SESC que nos ocupa, se destinaron los terrenos ocupados por la antigua fábrica, situada en un área de inundación de la planicie del Tietê, lo que hoy se conoce como Agua Branca.[3]

Dicha zona fue un área de ocupación industrial y operaria a finales del siglo XIX, caracterizándose por su proximidad con la línea férrea, algo propio de la ciudad industrial.

[3] En la actualidad la imagen del barrio (aún se percibe un lenguaje fabril) contrasta con zonas cercanas como Lapa, barra Funda o Jardín Analia Franco en las que comienzan a predominar otras torres, residenciales y de oficinas.

La rotundidad de la propuesta de Lina para el nuevo centro SESC consistió en su apuesta por mantener por completo la fábrica existente. Esto hizo que la dirección descartara el proyecto realizado por el arquitecto Julio Neves que derribaba el conjunto completamente.[4]

El edificio ya tenía adjudicado su uso de manera genérica: deportes y cultura, como era objetivo de los centros SESC. De manera provisional se realizaron en la fábrica abandonada ciertas obras mínimas de acondicionamiento para actividades deportivas.

Lina Bo Bardi siempre buscó alternativas programáticas a los Centros Comerciales que consideraba deshumanizaban al hombre, dichas opciones programática se acercabas mucho a la dictada por el SESC.

Tras la construcción del SESC Pompéia, Lina presentó un proyecto para SESC en Bahía en contra de los proyectos que buscaban convertir la ciudad en un desarrollo turístico –como se hizo más tarde. Mario Cravo declara en la cinta Oficina Bo Bardi: «Salvador era una ciudad totalmente blanca, la gente vestía de blanco, no era un museo turístico de colores».

Los vecinos *colonizaron el lugar* e hicieron uso del mismo; será en esas condiciones que Lina visite el lugar y grave en su memoria escenas contempladas allí:[5]

> [São Paulo, 1976, Lina Bo Bardi]
>
> Na segunda vez que lá estive na Fábrica de Tambores da Pompéia, um sábado, o ambiente era outro; não mais a elegante e solitaria estrutura Hennebiqueana mas um público alegre de crianças, mães, pais, ansiaos passava de um pavilhão a outro. Crianças corriam,

[4] «Desconozco la opinión de Julio Neves sobre la anulación de su encargo para el SESC Pompéia pero el destino quiso acercarle de nuevo a la vida de Lina Bo Bardi. Entre los años 1996-2008, Julio Neves dirigió el MASP y desmontó la museografía diseñada por Lina Bo Bardi caracterizada por los atriles de vidrio, así como las actividades y la difusión del Museo», Giancarlo Latorraca. Comunicación personal de la autora, 31 de octubre de 2007.

[5] Lina Bo Bardi, São Paulo, 1986, en AA.VV., *Cidadela da Liberdade*, SESC São Paulo & Instituto Lina Bo e P.M. Bardi, 1999, São Paulo.

Estudio de crecimiento del SESC Pompéia, 1983, Lina Bo Bardi.
© Archivo Lina Bo & P.M. Bardi.

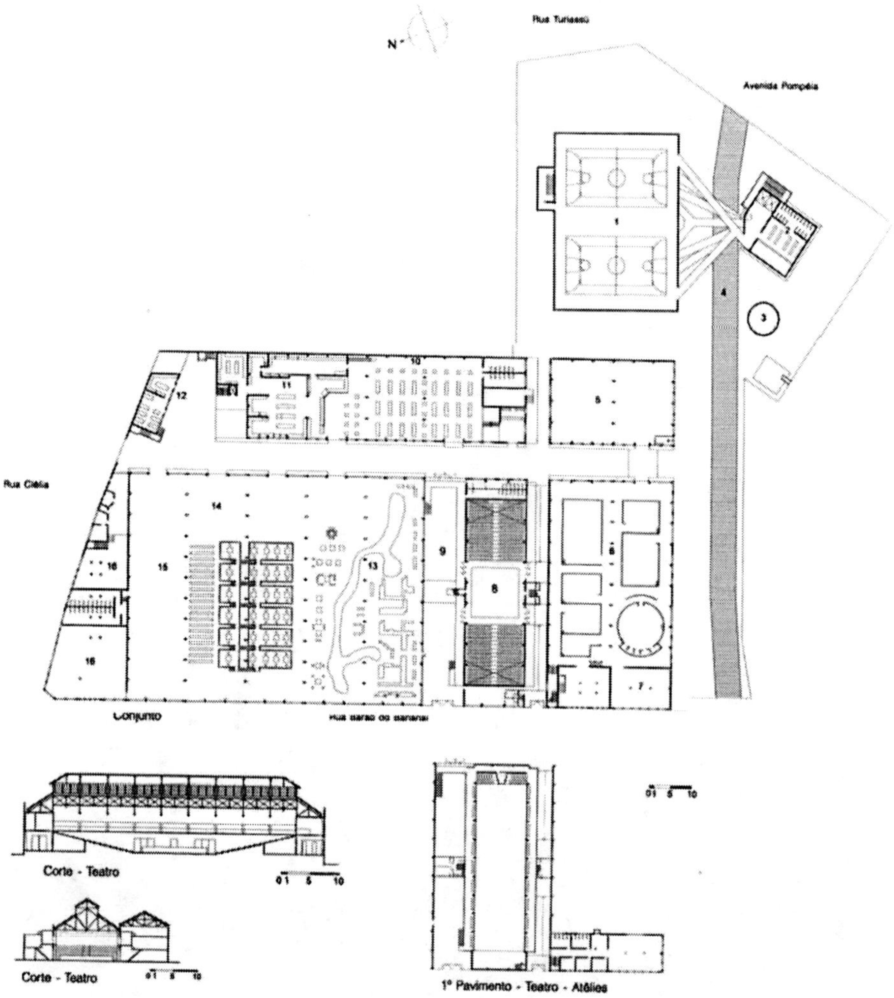

Planos del SESC Pompéia.
Usos: 1. Bloque deportivo. 2. Usos complementarios deportivo (vestuarios, salas pequeñas, bar, etc.). 3. Depósito agua. 4. Solárium. 5. Cascada. 6. Talleres. 7. Laboratorio fotográfico. 8. Teatro (1.200 plazas). 9. Vestíbulo/ sala. 10. Bar-restaurante. 11. Cocina.

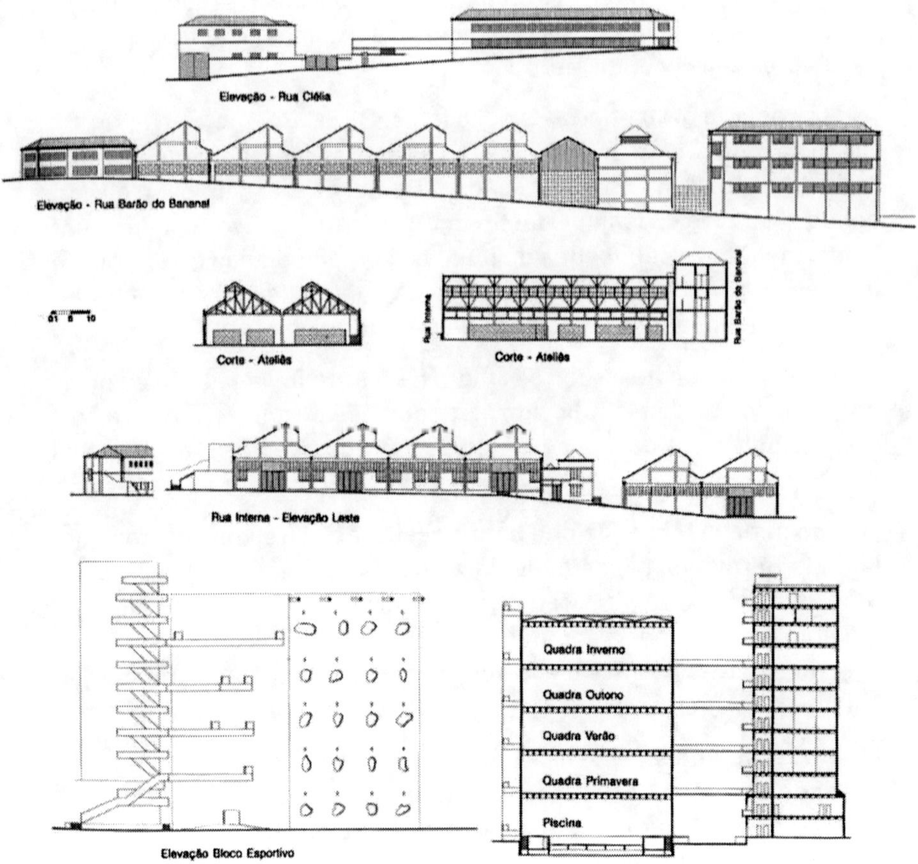

12. Vestuarios y comedor trabajadores. 13. Multiuso. 14. Biblioteca/ videoteca/ internet. 15. Exposiciones temporales. 16. Administración. 17. Mantenimiento.
Bloques deportivos: 1. Piscina. 2. Pista de verano. 3. Pista de primavera. 4. Pista de otoño. 5. Pista de invierno.

jovens jogavam futebol debaixo da chuva que caía dos telhados rachados, rindo com os chutes da bola na água. As mães preparavan churrasquinhos e sándwiches na entrada da rua Clélia; um teatrinho de bonecos funcionava perto da mesma, cheio de crianças. Pensei: isto tudo deve continuar assim, con toda esta alegría. Voltei muitas vezes, aos sábados e aos domingos, até fixar claramente aquelas alegres cenas populares.

Al atravesar la gran puerta de acceso del SESC Pompéia en la rua Clélia se entra en un universo nuevo. El acercamiento desde el tren (parada metro Agua Branca) es inquietante, se cruza un paso elevado desde el cual se divisan perfectamente los rotundos volúmenes del centro deportivo salpicados de huecos, con pinceladas de un rojo intenso y sobre todo se divisa el silo que sobresale como si se tratara de una chimenea fabril, no hay duda de a dónde dirigirse.

Ya en la cercanía uno recorre el muro descarnado de ladrillo en el que destacan los enormes tubos de instalaciones de colores, y donde una entrada única nos da la bienvenida, la portada que nos introduce en la *rua* Pompéia.

¿Cómo sería el recorrido que habría realizado el tren de carritos que Lina Bo Bardi había imaginado para el SESC paulista? ¿Qué paradas realizaría? ¿O quizá no pararía y cada uno subiría y bajaría donde quisiera? ¿O no podría ser utilizado por los usuarios del centro? Creemos que se desprendía la sugerente idea de recorrer, investigar, imaginar, sorprenderse, etc.

El ritmo obtenido en el paisaje es el de la ciudad contemporánea, aunando la ciudad de los rascacielos, de los autos y los puentes, y la velocidad de internet por un lado y por otro la serenidad necesaria para poder alojar el programa de deporte, placer y el descanso.

El paisaje propuesto era futurista al reflejar una ciudad *tentacular* fusión de naturaleza y artificialidad. Se trata de una figuración de una ciudad autónoma que nos recuerda una vez más un *collage* como las *atmóferas espaciales* que analizábamos en el Laboratorio Vital de Lina Bo Bardi y que podría incluso recordarnos algunas composiciones de Erik Satie, cargadas de sonoridades nuevas y fluctuantes, ritmos de cabaret y enigmáticas espiritualidades pero siempre creaciones libres.

Lina Bo Bardi se apropió del paisaje fabril existente, un paisaje ligado a las líneas férreas. Propone desde la ingenuidad y la sencillez otro tren. Un paisaje que tomo lo revisa y lo convierte, desde la mimesis, en un Paisaje Urbano Abierto al Futuro.

Una exaltación poética de la ciudad del siglo XX, una *obra abierta hacia el siglo XXI.*

LA PROPUESTA
[Esencia abierta]

La intervención se desarrolló en varias parcelas, esto es importante, que se corresponden con las diferentes fases del proyecto.

La primera es la parcela ocupada por la antigua fábrica, de la cual se conservó la estructura principal, se descarnó en su lenguaje y el programa fue claro: las actividades culturales.

El sistema constructivo se leía fácilmente al quedar la estructura de hormigón a la vista, el ladrillo sin enfoscar, y las tejas sustituidas en ocasiones por tejas de vidrio, incluso de diferentes colores creándose una *luz coloreada*.

En las naves más amplias –las situadas al oeste– se localizan y según cercanía al acceso: el área de Administración –ocupando la nave remate norte anteriormente ya ocupada por las zonas administrativas de la fábrica; la sala de convivencia (uso diario)– ocupando cinco de las naves originales, ahora un espacio único fluido caracterizado por los cubículos de trabajo y el río artificial; el teatro –ocupando dos naves; y los talleres atelier.

En las naves enfrentadas –las naves este, que se comunican con el conjunto a través de lo denominaremos la *rua*, calle interna al aire libre– se encuentran la *chopería* o restaurante y una sala de usos múltiples *experimental*.

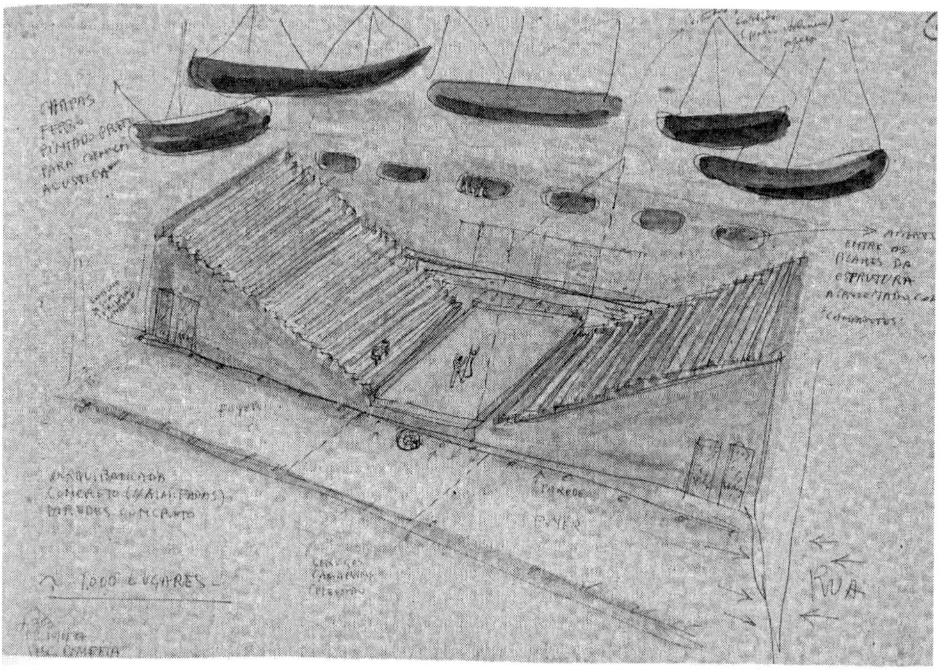

Boceto-estudio Teatro del SESC Pompéia, 1977, Lina Bo Bardi.

Teatro SESC Pompéia, 1983.

Foyer del Teatro SESC Pompéia.

Solarium del SESC Pompéia. © Nelson Kon.

En definitiva, a través de la manipulación del espacio racionalmente organizado de la fábrica, se ofrece un programa cultural, manipulable, con total claridad, pureza y transparencia.

El usuario rápidamente se identifica con el espacio y lo entiende rápidamente ya que la intervención de Lina Bo Bardi es leve pero muy exacta (cada espacio recibe la superficie necesaria, la iluminación necesaria, los accesos necesarios y los espacios auxiliares necesarios, es decir responde a su necesidad interna), siendo en su conjunto un *objeto múltiple*, en el que el programa fluye con naturalidad.

El resto de las parcelas fueron posteriormente adquiridas por el SESC y estaban sometidas a normativas restrictivas importantes.

[Primero] El límite sur de las naves corresponde al trazado natural del río, en su tramo final antes de verter al río Tietê, lo que convertía esta zona, la más baja del conjunto, en una zona de inundación en época de lluvias (todo el agua no sólo del conjunto Pompéia sino de la zona). La normativa prohibía ocupar esta área.

[Segundo] Como consecuencia del anterior condicionante las parcelas dedicadas a uso deportivo estaban separadas, al menos en la planta de acceso.

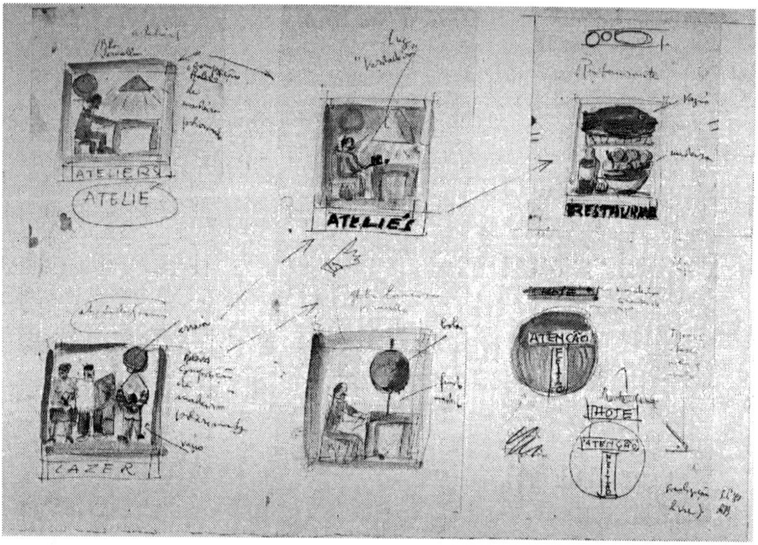

Boceto-estudio de señalizadores programa del SESC Pompéia, 1981, São Paulo, Lina Bo Bardi.

Boceto-estudio de *rua* interior del SESC Pompéia, 1977, Lina Bo Bardi.

¿Qué hizo Lina? Una vez más y con absoluta naturalidad hizo de las restricciones la *virtud* del proyecto.

[Primero] Canalizó el riachuelo provocando que todas las aguas del proyecto se dirigieran hacia el mismo. Cubrió dicho riachuelo canalizado con un pavimento permeable y lo denominó solárium (situado a sur, refrescado, sin sombras...).[6]

[Segundo] El programa deportivo se resuelve dividido en dos volúmenes. Uno responde a la geometría de las últimas naves originales. Un volumen de treinta por cuarenta metros destinado a piscina e instalaciones de agua en planta de acceso y sótano, accediendo desde el exterior directamente y cuatro pistas superpuestas. En el otro volumen ubicó las salas deportivas de menor dimensión (o no reglamentaria), todos los vestuarios y comunicaciones verticales.

Completó la composición volumétrica con dos elementos:

- Las pasarelas en 'Y' que conectaron los dos volúmenes permitiendo su propio acceso doblemente, es decir permitiendo el acceso a la habitual pista dividida en dos para entrenamiento.
- La torre de agua.[7]

El complejo quedó abierto hacia los predios colindantes a juzgar por los estudios de crecimiento que realizó la propia Lina Bo Bardi.

Este sistema abierto o con vocación de crecer, de colonizar pertenece a la manera de funcionar del conjunto en que cada pieza es independiente en su funcionamiento pero adquiere un nuevo funcionamiento al alimentarse del programa que le rodea.

[6] La rua Pompéia. funciona como la escalera del Centro Pompidou y la rua solárium como la plaza de acceso de dicho Museo, añadiendo un componente paisajístico natural: se trataba de repensar la geografía del lugar.

[7] Umberto Eco, «Torres de hierro torres de marfil», *Historia de la fealdad*, Barcelona, Lumen, 2007, capítulo XII-XV.
Umberto Eco trata los antecedentes de Lo Feo Hoy, navegando por La Fealdad Industrial, La Vanguardia y el triunfo de lo feo, La Fealdad ajena, lo kitsch y lo camp. Esta reflexión pertenece al campo de los análisis realizados por Lina, que gustaba cualificar sus obras como feas. Lo feo en el mundo clásico y en el medioevo, asociado a lo espiritual daba paso a lo feo asociado a otros cultos.

Concierto nocturno realizado en el *solarium* del SESC Pompéia.

Las circulaciones entablan relaciones dentro del global y son también programa del complejo.

[¿Cómo funciona el *programa*?] Analicemos en lo particular el funcionamiento del teatro, para así entender el conjunto en general:

Se trata de una sala de escena central, lo que permite subdividirla en dos salas menores. El acceso a la sala se realiza desde la escena. La sala se rodea de dos vacíos fundamentales, un gran vestíbulo que en sus dimensiones permite se convierta en salón de actos o teatro semi-abierto; acceso de carga y descarga (*rua* Barrio do Bananal) por un lado y por el otro el acceso a los camerinos y vestuarios, un nuevo posible acceso de carga y descarga y un acceso a los talleres que pueden almacenar las escenografías allí mismamente realizadas y que a su vez están conectadas con la *rua-solárium* que es además espacio para eventos y espectáculos al aire libre.

Los accesos al *complejo teatral* pueden realizarse desde la *rua* interior (siempre), desde la *rua* Barrio do Bananal (periódicamente) o desde los espacios adyacentes (excepcionalmente).

Por tanto podríamos afirmar que el proyecto, todo él, es un teatro, que manipulamos en función de la actividad a desarrollar en él de manera *convencional* o *experimental*.

¿Un teatro extensible a todo el complejo Pompéia? Podría ser. La argumentación teatral podríamos aplicarla a cada subprograma: talleres, deportes, convivencia etc. lo que nos lleva a concluir que se trata de un programa preestablecido homogéneo pero flexible; un juego de papiroflexia con vocación de crecer:

[Primero] Por un lado la decisión de mantener las naves existentes con una nueva lectura aunque sigue tratándose de una cadena de montaje de actividades culturales: manipulación que invita a manipular.

[Segundo] Por otro lado tenemos la zona deportiva que en cierta manera crea una escenografía urbana, desde el lenguaje fabril si queremos, pero que es eminentemente sincera con el programa que aloja, cargándose de poesía gracias a las pasarelas que conectan ambos volúmenes deportivos y en la realidad permiten que funcionen.

El funcionamiento entre las pasarelas y los niveles es ceremonial, antes de entrar en una sala, uno contempla el paisaje urbano circundante, elevándose la mirada hacia el horizonte de la ciudad y siendo plenamente consciente de las piezas materiales del Pompéia. Al entrar el cambio de intensidad lumínica en las salas nos enfoca la mirada a las ventanas amorfas (que son además una muestra real de arquitectura democrática, de tecnología vernácula o de libertad antropológica) que enmarcan de manera natural las montañas que rodean São Paulo en la lejanía.

Recordamos las palabras de André Breton: «Para mí un cuadro es una ventana que mira hacia algo externo; la cuestión es: ¿hacia qué?»

Pista del Bloque deportivo del SESC Pompéia.

Ttéia 1, 1970, Lygia Pape.

Ventana de una construcción vernácula brasileña, "Caipiras, capiaus: pau-a-pique", exposición celebrada en el SESC Pompeia entre los meses de junio y octubre de 1984.

[Concepto] La definición del lenguaje

Las misteriosas y simbólicas ventanas-perforaciones del SESC son como telas tupidas y perforadas por la luz. Una alusión a la libertad técnica, a la caverna, a los huecos de la arquitectura popular, a la ventana misteriosa hacia la ciudad.

Una transición entre dos lenguajes: desde la elaboración mental del problema hasta la obtención de la solución formal y después, con la cuestión solucionada estéticamente, se procedía a ejecutar la obra. Un sistema circular de trabajo, análogo a la concepción del tiempo de Lina Bo Bardi,[8] un *mirar al mundo*.[9]

[8] Concepto del tiempo no lineal definido por Lina Bo Bardi.

[9] Guillaume Apollinaire, *Las Ventanas*, collage verbal, Poema-prefacio al catálogo preparado para la exposicion de Robert Delaunay en el Salón de los Independientes de 1912 y la organizada por Der Sturm en Berlín.

Homenaje a Joaquín Torres-García, menú chopería del SESC Pompéia, Lina Bo Bardi.

Baranda *Flor de Mandacarú* del bloque deportivo, Lina Bo Bardi.

Las ventanas

Del rojo al verde el amarillo muere | Cuando los loros cantan en las selvas natales | Tala de pihis[10] | Hay un poema por hacer al pájaro de una sola ala | Lo enviaremos como mensaje telefónico | Traumatismo gigante | Hace saltar las lágrimas | Mira una linda chica entre jóvenes Turinesas | El pobre muchacho se sonaba con su corbata blanca | Levantarás el telón | Y ahora mira cómo se abre la ventana | Arañas las manos tejían la luz | Belleza palidez insondables violetas | Trataremos en vano de tomar un descanso | Empezaremos a medianoche | Cuando se tiene tiempo se tiene libertad | Caracoles Rape múltiples Soles y el Erizo marino del ocaso | Un viejo par de

[10] Pihis: Pájaro imaginario, palabra inventada por Apollinaire.

zapatos amarillos ante la ventana | Torres | Las Torres son las calles | Pozos | Pozos son las plazas | Pozos | Árboles huecos que cobijan las mulatas vagabundas | Los mulatos les cantan a morir | A las mulatas castañas | Y la oca cuá-cuá trompetea al norte | Donde los cazadores de mapaches | Raspan las peleterías | Diamante centelleante | Vancouver | Donde el tren blanco de nieve y de luces nocturnas huye del invierno | Oh París | Del rojo al verde todo el amarillo se muere | París Vancouver Hyères Maintenon Nueva York y las Antillas | La ventana se abre como una naranja | El bello fruto de la luz

Desde esta lectura de las ventanas del bloque deportivo inducimos la esencia de su lenguaje, en este complejo de ocio y deporte.

Recordemos su propuesta: En primer lugar, mantiene la esencia universal de la estructura fabril y de la estructura de funcionamiento de ésta como cadena de montaje: una manipulación que invita a la manipulación de grandes espacios poéticos colectivos –como ella misma los define.

A continuación, integra en las geometrías abstractas de lo existente y de lo proyectado de los dos bloques deportivos de hormigón, los elementos disonantes –que son signos– como las barandillas de Flor de Mandacarú, las ventanas perforadas, las inmensas celosías de cestería, las pasarelas y los señalizadores o tótem como el menú –homenaje a Joaquín Torres-García.

El resultado: Un sistema único.

La formalización del conjunto responde a lo que describíamos como *Universalismo Constructivo*, concepto avanzado por Torres-García. El lenguaje general se mimetiza con la realidad urbana y nace del programa: capta su esencia y da una solución universal.

La *geometría abstracta* se identifica con el uso del hormigón (en Brasil por ejemplo el hormigón es esencial) incorpora una serie de *elementos disonantes* que aportan su propio concepto de modernidad, sintetizan los aspectos provenientes de la Fuerza Cultural del Ser-Humano: materiales que sufren una metamorfosis desde su condición natural como por ejemplo lo hacen las piedras en la Naturaleza, flores convertidas en barandillas, tejas transparentes y de colores, ríos interiores,

Pasarelas en *Y* bloque deportivo, SESC Pompéia.

portones gigantes de cestería, instalaciones a la vista, ventanas dibujadas con las manos [Como Calder dibujaba el movimiento en el aire].

La Modernidad de Lina Bo Bardi pasa por el equilibrio entre estos dos sistemas, equilibrio entre el rigor y la libertad,[11] se permite licencias después de re-pensar todo, lo que le permite introducir elementos disonantes hasta el momento pero que son fruto de re-reflexionar [Veíamos cómo el elemento básico de diseño, la silla jirafa, pasaba de tener cuatro a tres patas. ¿Por qué? Porque no necesita cuatro para estar en equilibrio y concentraba el respaldo en el punto de apoyo necesario, minimizaba el material y el resultado se asemejaba a una jirafa].[12]

[11] Lina Bo Bardi incorpora este criterio y lo lleva al extremo en el Pabellón de Brasil para Sevilla '92, en dicho pabellón Lina Bo Bardi había exteriorizado la estructura desde su casa de vidrio, el propio MASP –lo que algunos denominan *exoesqueleto*– y va sincerando sus proyectos para que lo que entendemos como espacio sea lo eterno e inmutable, el resto es completamente transitorio pero sin esconderse.

[12] Giorgio Girardi, «L'assemblaggio di una sedia», *Lina Bo Bardi architetto*, Marsilio, Venecia, 2004, p. 92.

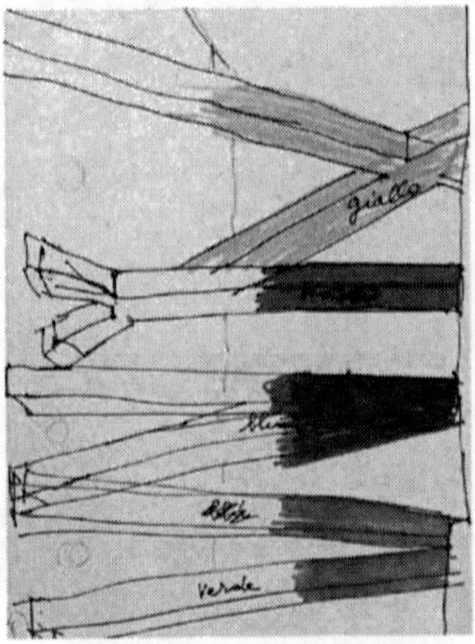

Estudio pasarelas SESC Pompéia, Lina Bo Bardi.

Ésta es su auténtica enseñanza: El equilibrio –que la hace eminentemente contemporánea– marca el límite entre la libertad y el libertinaje (lo que ella misma define como frivolidad capitalista, lo folclórico...). Frente a una desorbitarte carga de fantasía e imaginación procedente de todo lo que investiga y observa e inventa, Lina tenía una formación técnica y cultural muy importante, de ahí que «todo» se tecnifique, con la participación de quien queramos. «Todo» se piensa, se anticipa, se tiene en cuenta, no hay improvisación, no hay intuición desmedida, sino que todas las cuestiones a tener en cuenta se procesan más rápidamente.

Tras el Movimiento Moderno lo que se puso en duda es el modelo Occidental con la consiguiente crítica al Razón. Lina halló el *equilibrio entre la razón y la realidad de la vida* (términos aparentemente contradictorios), dicho equilibrio la convierte en una creadora contemporánea en su contexto y en el actual.

El juego simbólico de la Antropología surge desde el instante en que Lina Bo Bardi realiza el inventario de las actividades realizadas en la Fábrica y las reelabora para flexibilizarlas y anticipar usos, así como completar los existentes.

Lina va *almando* los proyectos, una suerte de *sueño de lo real*,[13] el ejemplo más claro, su propuesta para área de convivencia para ser utilizada por niños y abuelos.

Lina Bo Bardi mantuvo otro discurso con cierta continuidad y es quizá el momento de recuperarlo: Lo «feo», afirmar que el proyecto que uno realiza es intencionadamente feo puede significar varias cosas, desde una crítica al propio concepto de belleza y la consecuente sustitución del mismo, a la intencionalidad de concentrarse en el concepto y en el aspecto más docente, o una manera de no mostrar una falsa debilidad ante lo poético.[14]

> ... El pequeño puente postula pues, en principio, aunque de manera simple, la violación de la supuesta funcionalidad (o su literalidad), como impulso mimético que apunta directo a la reconciliación... desmintiendo la idea de lo perfecto...

Claudio Vekstein realizaba esta afirmación al referirse al puente que une las casas de Diego Rivera y Frida Kahlo y con ello quizá se refería a la salida que Juan O'Gorman dio al precio pagado por la Modernidad.[15]

Los puentes de Lina Bo Bardi en el complejo deportivo, sin embargo, se resisten a ser frágiles, se suceden de manera poderosa para afianzar las conexiones y asegurar el funcionamiento. Nada la obligaba a plantear dos bloques dependientes,[16] pero la continuidad programática pertenece a una interesantísima dualidad que forma parte de las manifestaciones plagadas de contradicciones en el proponer de Lina para construir nuevos modos de vida colectivos.

[13] Josep Mª Montaner, «Las formas de la mímesis: Lina Bo Bardi y Latinoamérica», *Las formas del siglo XX*, Gustavo Gili, España, 2002, p. 112.

[14] Lina Bo Bardi afirmó que buscaba intencionadamente "lo feo" para el SESC Pompéia.

[15] Claudio Vekstein, congreso *De la Materia al Proyecto*, octubre 2001, Rosario, Argentina.

[16] En este sentido si analizamos la sección del SESC funciona con idéntica claridad a como lo hacen las naves. De alguna manera es el mismo proyecto "puesto en pie", en esto no podemos dejar de recordar el Pompidou, centro que además está ensayando paralelamente misma esencia del Museo-taller de Lina Bo Bardi ya planteó en 1968 con el Museo de Arte de São Paulo, MASP.

Fiesta en SESC Pompéia.

DE LA CATEDRAL AL CIRCO MODERNO

[Espacio simbólico] El usuario conceptúa el espacio.

> Estamos convencidos de que la arquitectura puede mejorar la condición humana. Lo importante es que permanezca en el tiempo, en la memoria de la gente. El más claro ejemplo son las iglesias medievales.[17]

En el año 1975, coincidiendo temporalmente con los preliminares del proyecto SESC, el crítico de arte español Jose María Azcárate planteaba al otro lado del Atlántico una panorámica del arte del siglo precedente (1875-1975) como una película del revés, a través de una paradoja: lo más moderno, el monstruo surrealista de los años 20, miraba al arte medieval.

[17] Jacques Herzog, «Nuestros edificios actúan como puntos de energía», *Semanal*, *ABC*, 30 de marzo de 2008, pp. 42-46.

Vista aérea del Bloque deportivo, © Nelson Kon.

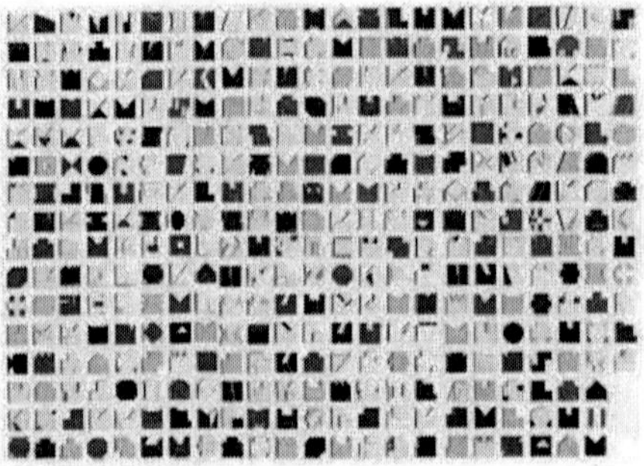

Libro do Tempo, 1961, Lygia Pape.

Ohlo do Guará n° 6, 1983, Lygia Pape.

Recordamos aquí y de manera resumida el hecho sociológico que recobraba dicho parlamento: la concreción de la ciudad medieval, cargada de simbolismo y realidad.

Los caminos de peregrinación, en Europa, convertidos en caminos de cultura, intercomunicaban las nuevas ciudades amuralladas como medida de protección, en las que afloraban lonjas, ayuntamientos, calles, tiendas y catedrales. La sociología religiosa sufría un cambio y el gótico se convertía en un arte episcopal, un arte de ciudades.

Además de la corte, aristocracia sanguínea, surgía una nueva aristocracia intelectual fruto del nacimiento de las universidades. El comercio estaba al servicio del país y del vecino y nacía una nueva organización laboral en gremios. El símbolo de esta ciudad de la Europa medieval fue la catedral, financiada con el esfuerzo económico de los ciudadanos que al ver su catedral construida, veían su propio esfuerzo, y sentían que era la propaganda de su ciudad.[18]

[18] La financiación de las catedrales se realizaba a través de una operación en la que el solar era parcelado para sepulturas vendidas a los ciudadanos, y las futuras capillas subastadas a cambio de contribuciones de los gremios o las universidades.

Las actividades más significativas de la ciudad se celebraban en la catedral que incluso servía como lugar de paseo. Por lo tanto, el centro de la vida ciudadana, el sitio social, era la catedral: el lugar de los encuentros.

Recuperamos también en este punto una reflexión acerca del circo, en su interpretación más idealista, entendido como objeto y acción desarrollada en el juego y como juego, como hecho sociológico el circo representa metafóricamente la libertad, un lugar de encuentros.

¿Catedral-Circo Moderno?

La catedral, espacio cuyo objetivo era la mejora de los hombres en la sociabilidad de los encuentros allí realizados, permaneció en la memoria de los ciudadanos en el tiempo.

El circo en el siglo XX retomó su condición de estable y compiló el espíritu sociabilizado y desacralizado.

El SESC surgió desde este espíritu conciliador y lúdico para la sociedad pública contemporánea, de ahí nuestra identificación del SESC Fábrica da Pompéia con el Circo Moderno.

El desafío sociológico al que se enfrenta Lina Bo Bardi en el inicio de este proyecto paulista era el de sanear esta zona industrial en desuso.

El solar adquirido por el SESC[19] –un predio ocupado por una antigua fábrica de barriles– se encontraba en un barrio industrial en su origen; residencial y de pequeño comercio en 1977 –amurallado desde finales del siglo XIX por los caminos ferroviarios ligados al río Tietê, algo propio de la ciudad industrial.[20]

[19] El SESC-Servicio Social de Comercio, es una institución privada, creada a finales de los años cuarenta por la asociación de empresarios del comercio y servicios, sin ánimo de lucro y de ámbito nacional brasileño, con un claro compromiso de innovación y de transformación social.
Roberto Cenni, director del SESC Pompéia, declaraciones registradas en São Paulo, 30 de octubre de 2007.

[20] Carlos Moraïs, «O culto ao corpo ganha um novo espaço em São Paulo», *Diário de São Paulo*, 30 de marzo de 1986.

El SESC desarrolló entre 1969 y 1974 una estrategia de expansión homogénea en la ciudad de São Paulo. Se trataba de crear 4 centros culturales-deportivos en los cuatro puntos cardinales de la ciudad.

El SESC realizaba proyectos innovadores que ofrecían deporte y cultura a su asociación, a través de un sistema de financiación interesante y que se mantiene hasta nuestros días.

El SESC Pompéia ocupó la Fábrica Nacional de Tambores Ltda. situada en un área de inundación de la planicie del Tietê, lo que hoy se conoce como Agua Branca.

Los empresarios sufragaron el proyecto a través de aportaciones periódicas, priorizando su participación en las actividades del centro abierto a todos los ciudadanos. Los miembros del SESC ven su propio esfuerzo en la ejecución del proyecto; esto se convierte en cierta manera en propaganda de los empresarios.

Lina Bo Bardi planteó el SESC como centro de la vida urbana y ciudadana del municipio Pompéia del Estado de São Paulo: el SESC es el que integra a los ciudadanos en dicho municipio y por extensión en la ciudad.

La elaboración del programa nació de la vida que los propios ciudadanos hacían en la Fábrica, de las actividades de la vida cotidiana ligadas al juego y como individuo participativo.

Los vecinos colonizaron el lugar e hicieron uso del mismo; será en esas condiciones que Lina Bo Bardi visite el lugar y grabe en su memoria escenas contempladas allí.

Ella aportaba desde su reflexión intelectualizada aquellas actividades que posibilitaban el aprendizaje, de forma que el programa era la suma de áreas: de recreo (descanso y deporte) donde reponer y despedir energía; de convivencia entre mayores y niños donde estimular funciones nuevas desde las tendencias ancestrales; de catarsis de las tendencias anti-sociales en salidas positivas –teatro, áreas de competición y lugar para la celebración de fiestas. El estudio del programa era por tanto un estudio en el juego, desde la ACCIÓN.

El SESC planteado por la arquitecta era un lugar social en el cual se podía pasear, tomar el sol, encuadernar unos grabados allí realizados, actuar teatralmente o celebrar una fiesta; entrando de lleno en el terreno de las formas artísticas mezcla de formación, cultura y pasión.

Una vez que se tenía la financiación, el SESC llamaba al arquitecto, ella favoreció dicha financiación al reducir el presupuesto a través de su propuesta, por lo que recibió el encargo. Comenzó dando la idea general que conservaba las naves de la Fábrica original, daba algo así como la traza del edificio y el fraccionamiento en sectores, o etapas de construcción con su presupuesto. No se conocía a priori cual sería el resultado final.

La base geométrica del conjunto era lógica y estructuraba perfectamente el complejo.

El edificio era algo así como un estuche de adiciones lógicas en el que todo se coordinaba y en esto radicaba la belleza de carácter abstracto y objetivo. Estas sumas lógicas responden no sólo al funcionalismo del programa sino al funcionalismo técnico y material, agregándose también todo un despliegue de atmósferas soñadas a través de las herramientas que veíamos anteriormente.

Todos los sumandos eran necesarios para conseguir un lugar de espectáculo no temporal pero con ese grado de libertad que parecía pertenecer sólo a la arquitectura perecedera.

El resultado era un lugar mágico, un aglutinador de manifestaciones artísticas que desencadenaran en otras nuevas, en las que el usuario no era un mero espectador sino co-creador. En esta co-creación o creación con proyección social, el usuario sentía el objeto suyo: «eso lo he hecho yo, eso lo han hecho mis conciudadanos». Desde esa participación el SESC proyectado por Lina Bo Bardi, se convertía en juego afectivo y símbolo del Pompéia paulista.

El programa nació de la identificación sociológica entre el usuario y el complejo, como sucedía con el Pequeño Tren de Carritos y además se convirtió en propaganda de los comerciantes que la financiaban.

El SESC Pompéia se convirtió en un símbolo urbano de una ciudad contemporánea, donde se desarrollan las actividades más representativas de la ciudad, un lugar de encuentros de nuestra sociedad pública actual.

La catedral espacio cuyo objetivo era la mejora de los hombres en la sociabilidad de los encuentros allí realizados, permaneció en la memoria de los ciudadanos en el tiempo.

El circo en el siglo XX retomó su condición de estable y reunió el espíritu sociabilizado y desacralizado. El SESC Pompéia surgió desde este espíritu conciliador y lúdico para la sociedad pública contemporánea, lo que verifica una vez más nuestra propuesta de identificación del SESC Pompéia con el Circo Moderno.

ACTIVACIÓN Y CREACIÓN

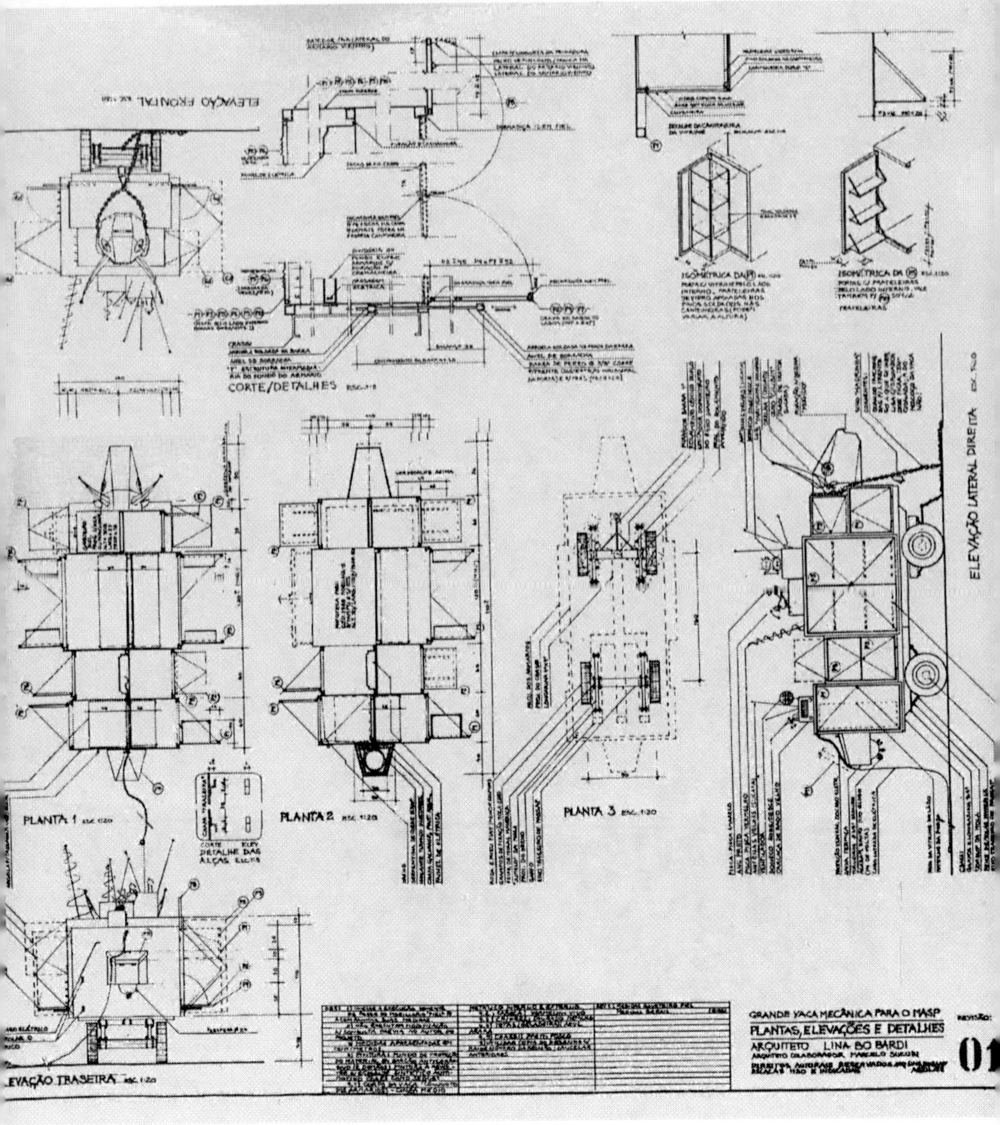

Plantas, alzados y detalles de la Gran Vaca Mecánica, 1988, Lina Bo Bardi (planos definidos por Marcelo Suzuki).

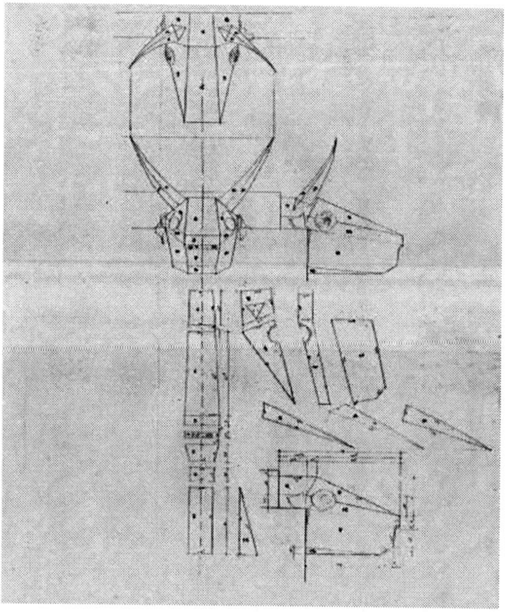

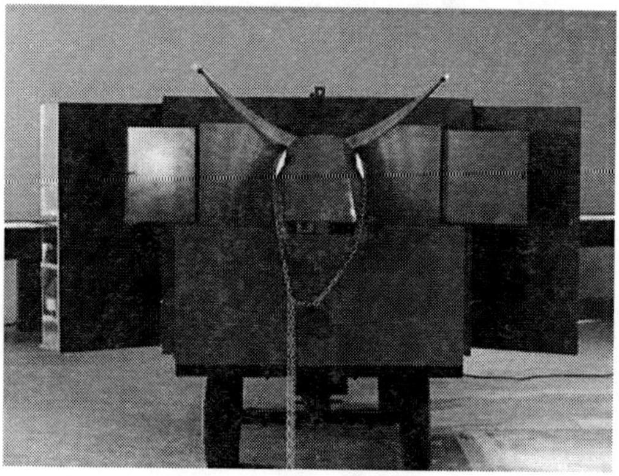

Detalle técnico de la cabeza de la Gran Vaca Mecánica, 1988, Lina Bo Bardi (planos definidos por Marcelo Suzuki).

Reconstrucción de la Gran Vaca Mecánica (vista frontal).

En el año 2004, más de quince años después de que Lina Bo Bardi realizara el proyecto denominado por ella misma Grande Vaca Mecânica para el Museo de Arte de São Paulo, MASP; este gran objeto zoomorfo sobre ruedas fue finalmente construido, fuera de Brasil, en Italia. El motivo de esta reconstrucción –que respetó parcialmente el proyecto original– fue la exposición *La libertà dell'architettura* celebrada en la Galería Internacional de Arte Moderno de la ciudad de Venecia, alojada en la Ca' Pesaro y que se celebró entre el 10 de septiembre y el 15 de noviembre, coincidiendo con la IX Bienal de Arquitectura.

La Vaca se ubicó en la sala principal de la exposición rodeada de otros objetos del imaginario creado por la arquitecta.[1]

Lina Bo Bardi, que abandonó su Italia natal en 1946, no regresó allí tras 1975; paradójicamente sí retornarían sus recuerdos, sus animales, sus maquetas y sus dibujos y lo harían a una de las ciudades más mágicas, a Venecia.

El contexto dentro de la muestra de la Gran Vaca Mecánica fue descrito por los curadores:[2]

> La presencia de los valores primordiales y del arquetipo en la experiencia proyectiva de Lina Bo Bardi coloca aquel tipo de conocimiento que nace del carácter de icónico del objeto.
>
> En sus escritos deja entender que, en principio, la autenticidad de la obra cuenta mucho más que la identidad del autor. Eventualmente es el originario, en la verdad el arcaico, el primordial, el arquetipo que sustituye la originalidad. Para Lina, la autenticidad va contra la originalidad.

[1] «L'Architetto Lina Bo Bardi, racionalismo tutto istinto», *Repubblica*, 3 de septiembre de 2004. Artículo publicado con motivo de la exposición celebrada en Venecia, entre el 10 de septiembre y el 15 de noviembre, coincidiendo con la IX Bienal de Arquitectura.

[2] Texto original, Luciano Semerani Antonella Gallo e Giovanni Marras, AU 129, diciembre de 2004.

Primer estudio de la Gran Vaca Mecánica (dibujo 1),
Lina Bo Bardi, 1988.

LA DISONANCIA

[Concepto] La definición del objeto.

¿Qué era realmente la Gran Vaca Mecánica? Lina Bo Bardi la describió ajustadamente:[3]

> Grande Vaca Mecânica - Objeto escultórico / Instalação sonora e luminosa / Contenedor-expositor articulado de objetos de artesanato popular brasileiro - "o quarto de milagres"; criação de Lina Bo Bardi.

[3] "Gran Vaca Mecánica-Objeto escultórico/Instalación sonora y luminosa/contenedor –expositor articulado de objetos de artesanía popular brasileña– el *cuarto de los milagros*; creación de Lina Bo Bardi".

Reconstrucción de la Gran Vaca Mecánica (vista aerea), Venecia, 2004.

Este objeto con posibilidad de movimiento y de arrastre –proyecto de expositor– servía para reunir en su interior (en su "vientre") una muestra artesanal brasileña.

Se trata de un objeto con el que *identificarse*, que a la vez contiene objetos con los que equipararse por ser la esencia del país –su artesanía– en opinión de la arquitecta, por lo tanto, la Vaca *contiene* en su interior la investigación bobardiana del nordeste brasileño realizada entre los años 1958 y 1964.

Su experiencia en el nordeste de Brasil concluyó con la creación del Centro de Estudio y Trabajo Artesanal en Salvador de Bahía (Proyecto CETA). Como exploradora de los estados nordestinos brasileños reunió material artesanal cotidiano, posteriormente lo expuso y le

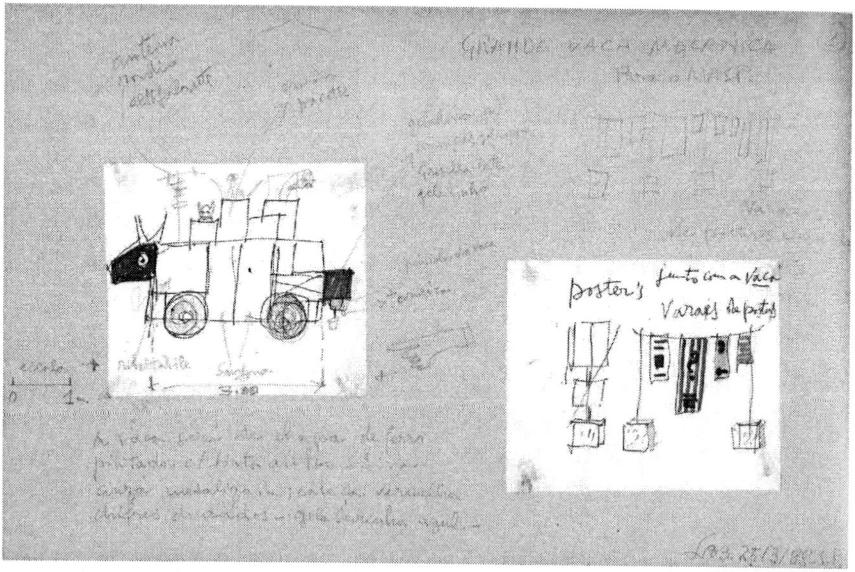

Estudio de la Gran Vaca Mecánica, contexto expositivo (dibujo 2), Lina Bo Bardi, 1988.

Estudio movimiento de arrastre Gran Vaca Mecánica, 1988, (probablemente realizado por Marcelo Suzuki).

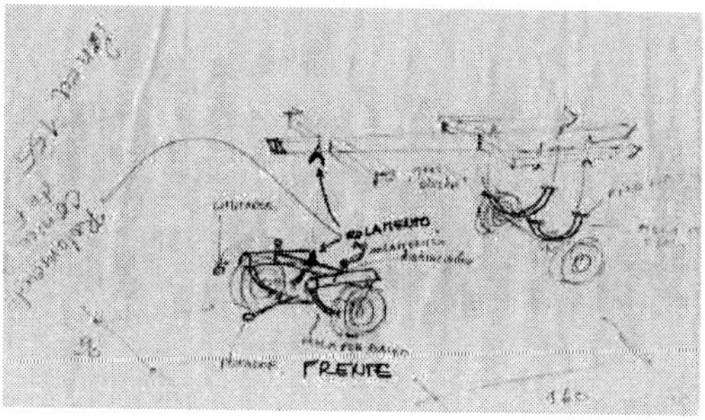

sirvió como base para el citado proyecto CETA cuya finalidad última fue el diseño.

De esta investigación práctica la arquitecta dedujo algunas de las claves de sus creaciones, como los encuentros inesperados de lo popular con lo culto, la insistencia del reciclaje, la cosificación del arte nuevo y la necesidad de enfrentarse a la creación desde la esencialidad y la realidad.

Reconstrucción de la Gran Vaca Mecánica, cabeza, Venecia, 2004.

No era la primera vez que ella proyectaba estos objetos para dar la bienvenida a sus exposiciones o a sus espacios. Tal y como veíamos, Dodecaedro y Polochon se crearon con este objetivo.

Fue quizá su contacto con la artesanía brasileña en el Nordeste brasileño lo que la incitó a fabricar estos objetos.

> Observadas superficialmente, las arquitecturas de Lina Bo parecen felices intuiciones fantásticas de un alma libre. Pero un estudio analítico del proceso de composición, conducido sobre los esbozos y las diversas soluciones de proyecto, muestra que la investigación de la autenticidad y la expresión fuerte y apropiada de la idea son un trabajo creativo y autocrítico en su conjunto.
>
> Trabajo libre, enamorado y feliz, pero también difícil y laberíntico, como es cada acción artística que asesta la eficacia del signo...
>
> La metamorfosis de la naturaleza en arquitectura es, en ese sentido, un acto de posesión que está fuera de nosotros, o sea, se hace *un proyecto del mundo*. Este modo de crear arquitectura es también dejarse poseer por la naturaleza. Un acto de amor para con el prójimo.
>
> Escribe Lina: «Todo lo que los países occidentales altamente desarrollados, inclusive Estados Unidos, han buscado y buscan, Brasil ya posee y es una parte pequeña de su cultura. Sólo que el detento de esta casi total libertad del cuerpo, de esta des-institucionalización, es el PUEBLO».

De los muchos dibujos que se han conservado del proyecto, analicemos tres:

> [Dibujo 1] El primero, es un expresivo dibujo a línea y mancha de color bermellón: una vaca sobre ruedas vista de perfil y cabeza roja. Queda anotado queda que los cuernos serán dorados y el lomo blanco.

> [Dibujo 2] El segundo dibujo (en la página anterior) contiene de nuevo un alzado de la vaca sobre ruedas. Convertido definitivamente en objeto móvil.

Una serie de notas le dan uso a las diferentes piezas: El lomo sostiene una antena de radio y cajones de los que surgen diversos *bichos* de los coleccionados por Lina a lo largo de su vida –como ya analizamos.

El resto del cuerpo geométrico se convierte en expositor. Las ubres en azul *arara* son un depósito de bebida.

Lina apunta ya en este dibujo que la Gran Vaca Mecánica es un proyecto para el MASP.

Aparecen algunas cotas, así como el material a utilizar: chapa de hierro pintada en diferentes colores y acabados.

Este gran objeto zoomorfo con ruedas de 210 centímetros de altura fue diseñado por Lina Bo Bardi para la entrada a una exposición que se iba a realizar en el MASP. Lina Bo Bardi, curadora de una exposición de Arte Popular Brasileño en dicho Museo, proponía en 1988 que un animal mecanizado, la Gran Vaca Mecánica –que era en sí mismo un proyecto expositivo– expusiese una serie de juguetes populares. A un lado del alzado aparecen una serie de carteles. Se indica que con ellos se formará una valla, creándose una forma de escena circense.[4]

> [Dibujo 3] El tercer dibujo (con el que iniciábamos este capítulo) es un plano técnico, con plantas, alzados y detalles precisos completamente acotados y con múltiples anotaciones. El encontrarse

[4] "La relación de los animales y los niños está en el circo". Paul Johnson, «Picasso y Walt Disney: ¿hay lugar para la naturaleza en el mundo moderno?» *Creadores*, Barcelona, Ediciones B, 2006, pp. 273-302.

detalladamente definidos, como proyecto de ejecución, hizo posible su montaje en Venecia. De manera particular se definió la cabeza, morfológicamente más compleja y clave en la definición del animal.

En el plano también se apuntan movimientos limitados pero estudiados a través de diversos despliegues de su cuerpo. La vaca se convertía así en una vaca mecanizada además de carrito expositor, Lina Bo Bardi añadió:

> A arquitetura não é só uma utopia, mas é um meio para alcanzar certos resultados coletivos; comer, sentar, conversar, virar, pegar um poco de sol...

Los tres dibujos resumen los tres pasos creativos: idea/ transformación/materialización.

Significado

¿Por qué este objeto? Una vez descrito el proyecto como expositor tratamos de contextualizarlo y encontrar su sentido, su relación con los objetos y en concreto con los objetos zoomorfos.

Lina Bo Bardi venía del Viejo Mundo donde se creaban novedades importantes de un modo tradicional, llegaba al nuevo mundo abrazando las nuevas tecnologías pero también lo popular (que siempre parece que fuera un paso por detrás).

Su instinto siempre respetó la naturaleza, la Gran Vaca Mecánica, animal mecánico no contaminante era síntesis pero también era un prototipo del futuro. Ella –que deseaba reconciliarse con la tradición brasileña y con la universal– acudía a la vaca que junto con la cabra era animal simbólico vital en Brasil y simbólico en lo universal y posteriormente, al igual que Tarsila do Amaral, lo convertía en animal icono, repitiéndolo en todo su imaginario [El tema llegó a ser algo obsesivo para Lina Bo Bardi, incluso diseñó los manubrios de las puertas de su particular Casa de Vidrio con forma de cuernos taurinos].

Como *dibujo-objeto* la Vaca era un pictograma, un ideograma de conceptos y argumentos a través de la presencia de una disonancia sencilla y precisa con la que se identificara uno y, además, sal del

Bestias en libertad, artesanía procedente de Ceará, archivo recogido en Apuntes del nordeste 1959-1980, Lina Bo Bardi.

Buey sentado, artesanía procedente de Ceará, archivo recogido en Apuntes del nordeste 1959-1980, Lina Bo Bardi.

proyecto.[5] Lina trató de superar el formalismo desde la disonancia, en este caso la del objeto. La Vaca, uno de los animales, quizá, más representativos universalmente, fue mecanizada y abstraída desde una vía analítica, geométrica, racional, obtenida desde el recurso de un *transponga animalesco*, aplicando así la figura retórica de la metonimia una vez más.

Lina Bo Bardi *surrealizó*[6] la Vaca, combinándola con una atmósfera imaginada que habría sido una exposición temporal, lo que la convirtió

[5] Una de las claves más importantes de Lina Bo Bardi es la disonancia. El punto de partida estaría en el objeto y es importante acotar esas disonancias. Sírvanos de referencia, para entender el término, la siguiente cita. En una entrevista a Prokófiev en *The New York Times*, afirmaba: «La disonancia puede ser –como en Bach– «sal» de una composición, pero « esa sal no debe volverse un derroche de pimienta».

[6] Surrealizar: Término que utiliza Paul Johnson en su ensayo Picasso vs. Walt Disney para definir la esencia de Disney ante la naturaleza a la que considera, reforzó, transformó y reanimó.
En: Paul Johnson, «Picasso y Walt Disney: ¿hay lugar para la naturaleza en el mundo moderno?» *Creadores*, Barcelona, Ediciones B, 2006, pp. 273-302.

O Touro, 1928, Tarsila do Amaral.

en un juguete generador de juego a su alrededor, un juguete colectivo protagonista de sus constantes atmósferas arquitectónicas.

Ella, a diferencia de Durero o del mismo Walt Disney,[7] no adjudicaba a los animales emociones humanas, sino que era a través de los mismos que trataba de explicar sentimientos colectivos humanos, no los antropomorfizaba sino que los arquitecturizaba.

Por primera vez la arquitecta elaboraba un proyecto de juguete desarrollado en planos precisos, un juguete colectivo, que encerraba los cinco puntos fundamentales de su arquitectura [idea contundente, superación del formalismo e introducción aceptada de la disonancia, rigor con libertad, arquitectura y teatro, mirada antropológica] conectando con el proyecto donde la Vaca habría habitado temporalmente, el Museo de Arte Moderno, MASP.

Inmersa en el siglo XX, testigo de una transformación de nuestras experiencias visuales, Lina nos enseñaba a ver de manera diferente y el mirar de manera diferente era más importante que la propia obra.

[7] Ibidem.

Estudio para la *Muestra de Agricultura Paulista*, São Paulo, 1951, Lina Bo Bardi.

Uso

¿Cómo participaba la Gran Vaca Mecánica del espacio en el que habría habitado? Este objeto zoomorfo derivado del Museo de Arte de São Paulo era un expositor dentro de otro expositor (MASP), con apariencia de juguete futurista, en un paisaje artificial, que era el Museo.

Lina Bo Bardi diseñó este animal mecanizado en 1989 como *Cuarto de los milagros*, condensando la simultaneidad de lo popular y lo mecánico.

El objeto simbólico facilitaba la transformación del espacio en espacio cultural simbólico, es decir, se comportaba como una actuación por la que el usuario conceptuaba el espacio, desencadenando su mutación el paso del tiempo y la cultura arquitectónica se modificaba con ello.

EL VALOR DE LO TEMPORAL

[Concepto]. El espacio en el que habita la Gran Vaca

Dejemos en un paréntesis el proyecto para el cual se proyectó la Gran Vaca Mecânica, el MASP y recuperemos en este momento una breve reflexión acerca de los espacio transportables y temporales.

Lina Bo Bardi proyectó en 1951 un pabellón para la Exposición de Agricultura de São Paulo transformando el programa arquitectónico y sintetizando la idea del proyecto en el cartel publicitario y en el monumento al tractor que forma parte de dicho pabellón. El programa es desconcertante como en el MASP y traspasa los límites materiales del propio pabellón. El proceso creador es el proyecto.

En el espacio propuesto, la estructura colgaba de manera similar a los mástiles de un circo, equilibrados por tres cuerdas ancladas al suelo y se repetía hasta cinco veces por parejas que se ataban a través de una cuerda colgada perimetralmente del pabellón, la lona que cubría el espacio colgaba de dicho perímetro.

Se trataba de un pabellón temporal y transportable como lo son los circos con un lenguaje análogo.

Este proyecto no fue construido en su totalidad y constructivamente habría sufrido modificaciones, como sucede en otros proyectos derivados y posteriores [El teatro Oficina de 1980, en el que los mástiles se resolvieron como andamiaje perimetral –siendo, además, la platea y la tramoya del teatro– o el proyecto del teatro das Ruinas de 1989 en el que la estructura que sujeta la lona cubriente de las ruinas era un paraguas invertido de madera].

La esencia es muy clara: una manera leve pero exacta y contundente de equilibrar la estructura más inestable: la unidad que en su agrupación sugiere un espacio de límites difusos.[8]

[8] «A la pregunta de qué era para Gio Ponti la construcción perfecta, Ponti se refirió al obelisco, al que en alguna ocasión había definido como: "El símbolo verdadero y absoluto de la expresión arquitectónica, un enigma; es sibilino, es metafísico..., representa una arquitectura enigmática no funcional, es sólo un acto plástico, sólo el acento... El obelisco se encuentra en un equilibrio frágil, al límite. Tememos que caiga y nos parece

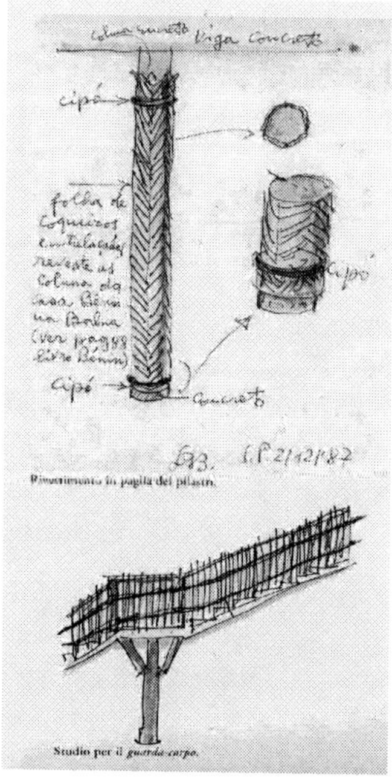

Pabellón Brasil en la 13ª Trienal de Milán, Milán, 1964, Lucio Costa.

Estudio para el revestimiento de los pilares de la Casa del Benin, Salvador de Bahía, 1987, Lina Bo Bardi.

Los equilibrios generan espacios y Lina experimentó todo un mundo de *equilibrios* materiales, espaciales, programáticos y conceptuales.

En la muestra de Agricultura y en concreto en el proyecto de pabellón, el tejido generado por las cuerdas también nos evoca el mundo popular, por ejemplo la importante reflexión a través de la hamaca [Milán, 1964, Pavilhão do Brasil na 13ª Trienal de Milão, Lucio Costa][9] y que fue desencadenante para Lina tras su investigación del nordeste brasileño reproduciendo la elaboración natural de las telas de arañas como veíamos en el capítulo anterior.

un milagro que se sostenga...» En: *Gio Ponti*, al cuidado de Graziella Roccella, Köln, Taschen, 2009, p. 7.

[9] Ana Luiza Nobre, «O caminho plástico de Lucio Costa», *Um modo de ser moderno*, São Paulo, Cosac & Naify, 2004, pp. 49-60.

Los tejidos como elementos arquitectónicos fueron utilizados por Lina Bo Bardi desde sus primeros trabajos en el *Studio Palma* como en la tienda *Olivetti-Tecnogeral*, hasta convertirse en un elemento compositivo como sucediera en la Casa do Benim en Salvador de Bahía donde Lina creaba diferentes profundidades, colores y texturas etéreas, recurriendo a telas de intenso colorido, colgadas en distintas orientaciones así como el tejido de cestería con el que cubrió la estructura de hormigón existente.

Las articulaciones entre mástiles y cuerdas –elementos relacionados con la ingeniería de las poleas, los cables, los grilletes, los tensores y los anclajes metálicos (aspectos particulares del circo)– también fueron objeto de estudio como podemos comprobar en el sistema expositivo del primer Museo de Arte Paulista, el espacio de uso público y como veremos más adelante se trató de un detalle esencial en los pasadores de su colección de joyas.[10]

Las articulaciones entre lo estable (lo duradero) y lo maleable (lo temporal) derivaron en otros diseños como su silla-trípode de 1967, conocida como "Cadeira de Beira de Estrada" en la que, además de sintetizar su idea de equilibrio esencial, introdujo una sintaxis antropológica ancestral.

Lina nos descubre, con las palabras de la arquitectura, las posibilidades de combinar un mismo elemento y transformarlo desde la escala.

Este elemento arquitectónico –mástil– en equilibrio (como lo es el propio espectáculo del circo que nos sirve de referencia hasta ahora) también fue un recurso de Lina para inducir al usuario al movimiento.

El acceso al pabellón de la muestra de Agricultura Paulista que analizábamos recién, se situaba en el extremo opuesto al Monumento a la Agricultura[11] el cual consistía en una agrupación azarosa

[10] Este proyecto responde a tres reflexiones: Programa de un espacio público teórico, seriación, solución de anclajes para rapidez de montaje y transporte.

[11] La propuesta de Lina Bo Bardi para la *Muestra de Agricultura Paulista* se ejecutó parcialmente: El cartel que daba la bienvenida al conjunto de la muestra y el monumento a la Agricultura. Lina Bo Bardi, *Lina Bo Bardi*, Milán, Ed. Charta-São Paulo, Ed. Instituto Lina Bo e P.M. Bardi, 1994, pp. 68-69.

Cartel manifiesto Muestra Agricultura Paulista, São Paulo, 1951, Lina Bo Bardi. (Conservado en el MoMA).

de mástiles[12] –doce elementos– rodeando tres máquinas agrarias expuestas sobre tres podium de ladrillo que nos recuerdan a la escena (el plano del suelo) de una actuación circense: puede entenderse como un monumento o como un juguete. Los mástiles de colores se combinaban desde una exigencia plástica divertida.

Se jugaba con dos *acontecimientos*, el espectáculo y la muestra, para que se contagiaran de la diversión entre si, dotando a la muestra del carácter lúdico del que carecía hasta ahora. Esta interrelación quedaba de manifiesto a través del cartel de acceso, en el que el helicóptero se convertía en una mosca que rondaba a las reses en una simbiosis entre máquina y animal.

[12] Bosque de mástiles que Lina Bo Bardi ya había utilizado en espacios interiores como en el SESC Pompéia de São Paulo y que formó parte de su lenguaje particular.

El papel de la publicidad revelado en el *cartel* de acceso propuesto, es un canto al mundo moderno por parte de Lina Bo Bardi, sin dejar de lado la realidad brasileña. Lina no dislocaba la composición ni las tipografías, el cartel derivaba de un *fotomontaje* en el que no renunciaba ni al impacto del mundo de la máquina que se refleja en el helicóptero, ni a la esencia natural de la agricultura a través de la presencia de la silueta de la vaca. El cartel definitivo sintetizaba su ruptura con las exposiciones tradicionales y ensayaba sobre el futuro de Brasil.

El diseño de este cartel –que pertenecía a la tradición de las portadas de revistas que había realizado en su actividad editorial– recurría a una suma de diferentes argumentos. En el primer boceto, que era un collage y fotomontaje (menos sintético que el cartel), creaba dos planos: En el del fondo, y a contra luz, una fotografía de una vivienda perteneciente a un paisaje rural, representado por una línea sinuosa. En el primer plano aparece una silueta roja de un tractor, una vaca y ternero cubiertos de flores, *toonizado*.

Lina lo definía como stand-escenario. De este collage Lina extrajo el monumento a la agricultura.

En el cartel definitivo, aparece una misma silueta de vaca frontal a dos escalas: ganadería y un helicóptero-insecto: máquina. Los fragmentos de la realidad –mimetizados en lo particular– sorprendían al visitante en su conjunto.

Para Lina Bo Bardi, el diseño era un juego de función estructurante de la mente como medio de información, debían modificarse las normas visuales, como le sucedía a Ladislav Sutnar.

El pabellón expositivo no exhibía el contenido de la muestra, éste salía al exterior y se presentaba como un espectáculo. Este *monumento* captaba la atención del visitante desde una visión dinámica de lo expuesto.

El pabellón de lona, misterioso e indescifrable desde el exterior, debía rodearse para su acceso y en su interior de manera sorpresiva escondía un cine para 300 personas, suma de imágenes y sonidos.

Esta sucesión de percepciones impactantes (como en un juego de movimiento) ampliaba las posibilidades del programa preestablecido.

Estudio para stand-escenario *Muestra Agricultura Paulista*, São Paulo, 1951, Lina Bo Bardi.

Se trataba de una provocación a través de diferentes fragmentos de la realidad –cotidianos– que al combinarse libremente daban como resultado un objeto plástico y elástico en su funcionamiento, enseñándonos a ver una exposición desde una perspectiva nueva:[13]

> Como en todo lugar inexplorado, el niño o el primitivo, al igual que el actor en el escenario, debe adaptarse a su nuevo ámbito y amoldarse a él, descubriéndolo poco a poco, inventando y probando nuevas pautas de comportamiento. A la mañana siguiente, vivida y superada

[13] Pedro Azara, «Arquitectos a escena: luces y sombras», *Arquitectos a escena. Escenografías y montajes de exposición en los 90*, Barcelona, Gustavo Gili, 2000, pp. 7-37.

Huida del circo, Milán (?), 1943, Enrico Bo da Barbaroux (padre de Lina Bo Bardi).

la aventura, la prueba..., pasadas las primeras horas de excitación que el reloj no mide, ya en su espacio habitual, el joven permanece quieto por unos días, transformado y renovado, recordando quizá una noche mágica e irrepetible, una noche en la skene..., "Skenao" significaba festejar, dar una fiesta en una tienda de campaña (hoy diríamos en una carpa o en un entoldado) montada especialmente por un corto período de tiempo, durante los días de fiesta.[14]

[14] Ibidem, p. 12.

Circo en miniatura, escena de una de las representaciones realizadas por Alexander Calder.

Esta era la actitud de Lina Bo Bardi ante los espacios expositivos contemporáneos, y desde esta reflexión entendemos más claramente la acción temporal más rotunda realizada por ella en el MASP: el circo Piolín.

Acciones temporales

Cuando el matrimonio Bardi arribó al puerto de Río de Janeiro, a bordo de la nave Almirante Jaceguay a finales de 1946, se produjo un hecho significativo.

Pietro María Bardi trasportaba en sus maletas su colección particular de arte, un acontecimiento extraordinario, pues dicha colección sería precursora de actividades culturales decisivas en el país. El matrimonio Bardi fue protagonistas indiscutible de dichos acontecimientos.[15]

Lina Bo Bardi transportó, probablemente, en una de las maletas un óleo de su padre, Enrique Bo, *Huida del circo* de 1943. Este cuadro nos

[15] Silvana Rubino, «A escrita de uma arquiteta», Silvana Rubino y Marina Grinover, *Lina por escrito. Textos escolhidos de Lina Bo Bardi 1943-1991*, São Paulo, Cosac Naify, 2009, p. 19.

Escena de circo, 1929, Alexander Calder.
El circo fue en origen un espectáculo artístico, normalmente itinerante, que contaba con una pista y galerías de asientos para el público bajo una carpa. Aunque en la actualidad en muchas ocasiones se mantiene ese carácter pasajero incluso desempeñándose artes circenses en las avenidas de una ciudad; existen muchos circos estables y fijos geográficamente. Históricamente representa un registro de la cultura importante: hazañas, descubrimientos, ideas o creencias humanas. Antropológicamente la trayectoria del Circo nos remite a las civilizaciones antiguas en las que algunas de las actividades que hoy relacionamos con el contenido circense como acrobacia o equilibrismo tenían que ver con la propia preparación de guerreros, con los rituales religiosos o con las prácticas festivas. En Roma adquiere un carácter de espectáculo público y de entretenimiento, tomando el nombre del espacio arquitectónico donde se celebraba: Circo.
Era un arte de entretenimiento. Imperaba una forma libre de exploración de las posibilidades artística en el que la técnica está al servicio del arte, de la expresión.
El circo obtuvo gran popularidad desde comienzos del siglo XX, incluso existían críticos en la materia, creándose en casi todas las capitales europeas un circo estable.

revela ciertas reflexiones que seguro estuvieron en la cabeza de Lina: el circo como espectáculo simbólico, su esencia espacial y el protagonismo de la naturaleza.

En dicha obra, una hilera de animales huye a través de un muro que ellos mismos probablemente han derrumbado. Tras dicho muro vemos un circo representado conceptualmente: un estructura ligera y una carpa desplegada [La potente representación del circo en el cuadro paterno consistía en la esencia circense del mástil central, potenciada por el uso del rojo brillante].[16]

El hecho del transporte de las obras de arte en las maletas de los Bardi, así como la temática del cuadro paterno en particular, nos

[16] Gio Ponti, maestro de Lina Bo Bardi, reflexionó acerca del Obelisco como veíamos anteriormente.

recuerda inevitablemente el conjunto de maletas numeradas por Alexander Calder en las que transportó su obra más viajera, *el circo más pequeño del mundo*, que ya investigamos en el capítulo dedicado a juguetes y juegos.[17]

De una y otra maleta, en uno y en otro lado del Atlántico, se desplegaron universos mágicos y misteriosos, en los que se sucedían los gestos de luz, color, sonido y movimiento, todo ello con un ritmo trepidante y contagioso. Todo aquel que contemplaba dichos despliegues se veía envuelto de un espíritu de humor, ingenio, ingenuidad y sobre todo, poesía. Sirva todo esto para adentrarnos en el juego por antonomasia: el del circo, lugar de encuentro de niños, adultos y animales. Hablamos de uno de los referentes más importantes de Lina Bo Bardi.

El circo como espacio desarrollado en el juego y como juego, en el que la frontera con la arquitectura es imprecisa, es objeto y es acción y se caracteriza por la activa participación de los espectadores desde el entusiasmo y desde su inmersión en el espectáculo.

El espectáculo del circo en miniatura de Alexander Calder –la representación de representaciones– se iniciaba con la llegada del propio Calder quien portaba sus misteriosas maletas negras, rotuladas con su nombre, en sendas manos. Las abría y pausadamente sacaba de ellas sus figuras, todavía inanimadas. La función comenzaba entonces con una música circense –una melodía identificable– de ritmo constante y homogéneo. No hacían falta las palabras pues el lenguaje era otro.

Alexander Calder plasmó en oleos y grafitos de temática circense, la atmósfera en la que se producían las actuaciones y las relaciones de éstas con el espectador.

La esencia espacial era la siguiente: mástiles o estructuras equilibradas en un entramado de cuerdas que sugería un cerramiento o lona: la presencia invisible de la carpa o su presencia en esencia.

[17] Alexander Calder realizó su primer circo en 1905, a la edad de siete años, esto sería la semilla del que posteriormente realizaría en París entre 1926 y 1931, su circo en miniatura, con el que obtiene su primer éxito. En: Fernando Antoñanzas Mejía, «El circo y los juguetes como germen de la obra de Calder», *Artistas y juguetes*, Madrid, Universidad Complutense de Madrid, Facultad de Bellas Artes, 2004, pp. 44-80.

Este espacio sugerido, temporal y leve, este no-espacio transportable era a la vez rápido en su montaje, exacto y consistente para cumplir con el objetivo de hacer perceptible una atmósfera donde desarrollar las actuaciones circenses, creando una suerte de límite onírico entre el espectador y el animador de las figuras, esto es Calder.

Una vez instalada la ligera escena, comenzaba la actuación genuina: Las pequeñas figuras-esculturas, animales, payasos, trapecistas, etc. –que con una mínima morfología y una máxima expresividad incorporaban la pasión del propio Calder intelectualizada– se conducían a través de sus movimientos individuales y relativos lo que les permitía interactuar en un lugar de acción. Estos movimientos transformaban el espacio, los dibujos que se trazaban en el aire procuraban un nuevo plano elevado respecto de las figuras.

Este juego de movimiento agudizaba la capacidad visual del espectador al tener que hilar las imágenes percibidas para obtener la esencia de la actuación. Los movimientos de los personajes concatenaban sucesivos equilibrios combinatorios y abstracciones modernas.

El interés radicaba especialmente en las relaciones espaciales, individuos y objetos que interactuaban, generando un juego tridimensional. Parafraseando a uno de los asistentes, Sebastià Gasch –quien conoció a Calder a través de Miró:[18] «En el circo, Calder, no busca la bella actitud del acróbata, como haría otro escultor, sino los ejercicios más dinámicos. Objetos móviles y circo. Éste es el verdadero Calder».

Estas actuaciones representaban la activación de los juguetes creados por su activador, Calder, y con ello incorporaban la propia creación del espectáculo jugándose así al juego del creador sobre su objeto creado. Calder era creador, usuario y activador.[19]

Se organizaba un paisaje artificial transformable desde el movimiento, que era a la vez futurista (establecía las bases del arte venidero) en el

[18] Para una panorámica completa del personaje, véase Jean Lipman, *El universo de Calder*, Valencia, IVAM, 1992.

[19] Calder se convirtió en creador, empresario de su circo virtual y manejador de todos los personajes –sólo requería de ayuda para la puesta en funcionamiento del gramófono, labor en la que participaban amigos como por ejemplo Isamu Noguchi.

que se mecanizaban –de manera esencial y sin artificios complejos– todas las figuras.

En cierta manera se conseguía un *conjunto plástico* como los imaginados por Fortunato Depero desde el equilibrio entre la dimensión intelectual y la dimensión lúdica del espectáculo.

Calder viajó en 1926 a Europa y su experiencia con el circo se enriqueció uniendola tradición circense europea a la de EE.UU., a su desarrollo artístico se unió el ambiente de vanguardia. Los artistas asistían y probablemente el intercambio de ideas y opiniones era fascinante, a todo aquello se unía la pasión de muchos, como Joan Miró o Joaquín Torres García, por la cultura popular. Calder logró fascinar a otros muchos de los asistentes como Picasso o Edgar Varèse.

Aunando todos los juegos de vanguardia, el circo de Calder abandonababa las dos dimensiones del papel y jugaba con el lenguaje para, desde la esencia, proponer uno nuevo, el del equilibrio, con fragmentos de la realidad y desde la abstracción de su observación.

Aquellas representaciones reflejaban un ambiente mágico por lo entrañable y por la intensidad poética confinada, capaz de conmover a todo el público, desde entonces hasta hoy. Como sucediera con Torres-García entre otros, el circo se convertía en desencadenante, Calder tenía la necesidad de representar el circo ¿representar el circo? ¿acaso no es ya el circo una representación? Por tanto, una representación de representaciones. ¿No es vital y real aquello que vemos en la pista?

Calder descubría una actitud que traza gestos y ademanes del enfrentarse al mundo con una conciencia artística moderna:[20] «La obra de Calder es eternamente joven. Juega, se divierte y al hacerlo dota a su obra de fuerza y de vida,... ha descubierto en el juego un mundo nuevo».

[20] Los artistas encontraron en la popularidad del circo una manifestación del arte popular. Muchos de ellos eran asiduos de circos como el de Medrano y otros muchos, además –Manet, Seurat, Toulouse-Lautrec, Daumier, Chagall, o Picasso– pintaron escenas de este Universo.

Estudio del circo Piolin bajo el vano libre del Museo de Arte de São Paulo (MASP), 1972, Lina Bo Bardi.

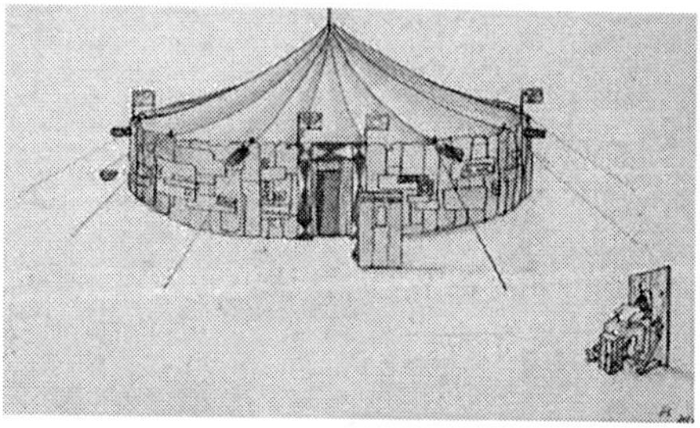

Estudio cartel, *Circo Piolin* bajo el vano libre del Museo de Arte de São Paulo (MASP), 1972, Lina Bo Bardi.

Estudio de Circo, Lina Bo Bardi.

El humor fue una constante y una de las aportaciones de Calder al arte del siglo pasado. Parafraseando al crítico Sweeney:[21] «La obra de Calder es eternamente joven. Juega, se divierte y al hacerlo dota a su obra de fuerza y de vida... ha descubierto en el juego un mundo nuevo». ¿Y Lina Bo Bardi?

[21] James Johnson Sweeney, *Alexander Calder*, Nueva York, MoMA, 1945, *Minimal art: a critical anthology, Número 6512*, University of California Press, 1995).

Circo Piolin bajo el vano libre del Museo de Arte de São Paulo (MASP), 1972, Lina Bo Bardi.

En 1972, Lina Bo Bardi soñó un circo en el Museo de Arte de São Paulo (MASP), un circo que se instaló ese mismo año com motivo del cincuenta aniversario de la Semana de Arte Moderna de São Paulo. El *circo Piolín* –que así se llamó– reveló la naturaleza del propio museo en el que lo expuesto era el circo, de esto se trataba, de exponer este espectáculo.

Poco o nada le preocupó a Lina el espacio creado bajo la carpa circense. Lo importante era la relación espacial establecida entre: museo/circo.

El circo Piolín que Lina Bo Bardi sitúa bajo el MASP es la maleta de Calder que transportaba su circo en miniatura pero lo extraordinario es que el propio museo también lo es y ambos encierran misteriosamente sorpresas, sueños y fantasías.

Sabemos que Lina Bo Bardi sentía fascinación por las formas zoomórficas y como hemos probado también, por el circo. El mundo de los animales, se intensificó tras coleccionar Lina Bo Bardi un conjunto de mascarones de proa, carrancas, remates zoomorfos de barcos de unos ciento cincuenta centímetros en Vale do Rio, São Francisco, cambiándoles su uso, y exhibiéndolos de manera autónoma como objetos artísticos.

Por todo esto nos atrevemos a relacionar la Gran Vaca Mecánica, el Circo Piolín y el MASP.

Iniciamos la indagación observando tres dibujos que Lina Bo Bardi realizó acerca del circo Piolín, de ello podemos extraer tres claves acerca del objeto creado, la atmósfera desencadenada y la acción realizada. Analicémoslos como una imagen única, una suerte de dibujos comunicados:

El objeto creado es una carpa de circo tradicional en lo que a su solución técnica se refiere, definida como un espacio aislado del exterior, que crea su propio universo –esto lo deducimos desde una asociación de ideas preconcebidas acerca del circo y desde la idea de misterio en el que Lina ahonda descubriéndonos su carácter escenográfico al revelarnos este truco en la taquilla de entradas, además desde este detalle se introduce la primera disonancia que nos desconcierta: la pequeña escala del circo y por lo tanto las actuaciones que podrán realizarse allí.

La carpa, una lona controlada y equilibrada con un sistema de cuerdas y cables externos: el sistema consta de tres mástiles dobles interiores y exteriores, se nos evoca como ligera. Este objeto colorido, evocador de carruseles, participa también de una manipulación de materiales al mostrarnos que se construye cosiendo piezas de tela o retales que se encubren con un efectista acabado de colores y estrellas.

Lo realmente importante del objeto es que no se muestra lo que en él sucede sino el misterioso mundo oculto bajo la carpa, ese espectáculo único pero repetible detrás del límite material. Esta relación entre contenedor y contenido es análoga a la existente entre la Gran Vaca Mecánica y la colección de artesanía a exponer.

Las huellas de lo que sucede en el interior salen a través de carteles gigantes que se entremezclan con la escalera de acceso al MASP, el tótem y su cartelera con lo que hay un intercambio del misterio interior circense –exterior que crea una atmósfera nueva bajo el museo que capta además la atención del espectador por extrañeza; lo que nos lleva a una segunda disonancia: la situación del circo bajo el MASP, radicalmente ligado a la calle y no en el belvedere:[22] una carpa bajo un tetto.[23]

El circo es adaptado en sus dimensiones y se sitúa centralmente bajo el tetto, pudiéndose rodear y rodeado de aire aunque enmarcado visualmente desde el MASP. Esta disonancia respecto a su situación nos produce un conflicto, no sólo sobre la propia escala del objeto sino sobre lo que puede realmente suceder en su interior y sobre la propia naturaleza del MASP.

Lina Bo Bardi pareciera estar creando, con todos estos elementos, una escena insertada en la vida cotidiana de la ciudad, *Skene pás o bios*:[24]

[Primero] El MASP se convierte en la negra *skia* –sombra que no representa ni expone nada, tan sólo el vacío, emparentado con la sombra en sí misma.

[Segundo] La relación entre el MASP y el circo se trata de un encuentro temporal entre la precisión requerida y la contundente técnica del museo y la perspectiva generada por el circo, desde el circo y entre el circo y el propio MASP, lo cual provoca un duplicado, una repetición del propio proceso creativo del Museo de arte paulista.

[Tercero] Se produce una relación bifronte –propia de una escena– entre la solidez, la consistencia y la seguridad atribuibles s la arquitectura (tectónica) frente a la ligereza de las bambalinas y entoldados: Lo permanente frente a lo temporal.

[Cuarto] Lina juega como una ilusionista y nos enseña a ver explícitamente estas relaciones espaciales, quizá de manera aparentemente ingenua, pero a través de la presencia del circo –objeto– nos enseña –juego del aprendizaje– a habitar de manera novedosa el espacio.

[22] Belvedere (ocasionalmente, Belvidere) es un término arquitectónico tomado del italiano que significa "bella vista") que se refiere a cualquier clase de estructura arquitectónica (un cenador, mirador o galería) situada de manera que pueda tenerse esa vista.

[23] Tetto: expresión italiana que significa 'un techo'.

[24] «La vida es una escena», Pedro Azara, *Arquitectos a escena: luces y sombras, Arquitectos a escena. Escenografías y montajes de exposición en los 90*, Barcelona, Gustavo Gili, 2000, p. 8.

Lina coloca en su Museo de Arte Moderno (MASP), firme y duradero, un espacio temporal y misterioso que es el circo para que ambos se contagien recíproco desde sus cualidades espaciales y desde las acciones desencadenadas, reafirmándose sobre todo la condición de espacio de encuentro de ambos lugares.

Se accedía al Museo iberoamericano que albergaba la colección de Arte Moderno más importante del continente a través de un «circo», era un resultado fascinante. Una vez más, superando todos los formalismos, Lina introducjo un elemento disonante en su arquitectura.

Lina Bo Bardi expuso el circo como espectáculo, con una misteriosa situación de la carpa, dando acceso al museo, con cierto misterio sobre el interior de éste.

El circo bajo el MASP creó un juego de movimiento en la sucesión de percepciones creadas desde el reconocimiento de lo expuesto hasta lo expuesto al introducirnos en el MASP.

Ella duplicó la propia relación que existe entre el MASP y lo expuesto mediante una relación establecida entre lo sólido y permanente del MASP y lo temporal y lo escenográfico del circo. Este encuentro es el MASP.

El encuentro de CIRCO y MASP, reafirmó el paisaje artificial creado por el museo, revelando la propia esencia del Museo, su sorpresa, su misterio y sus fantasías, un museo como encuentro de mundos y pensamientos, como sucede en el circo y como sucede en la Vaca Mecánica.

LA ESENCIA AÉREA

El belvedere Trianon de la Avenida Paulista era el punto más alto de la ciudad, donde residían ricos hacendados.

En 1957, Lina Bo Bardi presentó ante las autoridades paulistas y por iniciativa personal, una gran acuarela del proyecto del MASP, rotundo y revolucionário.[25] El proyecto salió adelante años más tarde, cuando ella regresó por vez primera de Salvador de Bahía en 1964.

[25] *Uma aula de arquitectura*, Conferencia impartida por Lina Bo Bardi en la Facultad de Arquitectura y Urbanismo, FAU, São Paulo, 1989.

Belvedere Trianon, São Paulo, antes de 1957.

MASP, São Paulo.

La respuesta que daba era una idea clarísima, ante la premisa de no poder ocuparla y mantener el belvedere, la planta de acceso quedaba liberada, flexible en su uso, el boceto reflejaba su uso temporal como zona de uso infantil. El dibujo describe cómo dicha planta libre es colonizada por juegos de niños. En esta jardín infantil propuesto para el belvedere, Lina convirtió un gran stabile rojo, de marcado acento gestual, en tobogán colectivo para que fuera usado por los niños y divertirse [desconocemos si la semejanza formal con los stabiles de Calder, procede de éste o de las esculturas urbanas de Mario Cravo Jr., amigo de Lina Bo Bardi en Salvador de Bahía].[26]

¿Qué más elementos contenía? Un molinillo, un carrusel (incondicional de Lina), un globo terráqueo gigante, un laberinto tridimensional realizado con tubos y un banco corrido. La escala viene dada por los niños, padres y niños que juegan por todo el espacio libre.

[26] A finales de los cincuenta Alexander Calder comenzó a interesarse por realizar una obra de mayor tamaño, trabajando en colaboración con arquitectos, piezas macizas de acero, estáticas, aunque realizadas con un gran dinamismo, que evocan la gravedad terrestre. El color servía para dar otra dimensión al peso y al movimiento de los objetos de dimensión monumental –denominada stabiles. Lina Bo Bardi proyectó en 1958 una casa para Mario Cravo y en el jardín incluyó algunas de las piezas o stabiles.

Estudio-perspectiva del vano libre del Museo de Arte de São Paulo (MASP), 1968, Lina Bo Bardi.

Dicho parque infantil habría formado parte de una propuesta más extensa y contínua de gran jardín que Lina llamó el *Central Park de los pobres*.

Gran espacio público para habitar en lo colectivo.

El dibujo servía como demostración de validez de las especulaciones en el ámbito arquitectónico.

¿Aparecía la Naturaleza?

Integrante y envolvente, como parte del MASP (trató de ser fachada en los primeros estudios pero se descartó por el elevado peso que generaba en una estructura ya compleja), prolongando el parque Trianon. En la esquina superior derecha de la acuarela aparece una pequeña anotación sobre el pavimento para cubrir el belvedere.

La dualidad y los contrastes entre la Naturaleza existente, la futura y la arquitectura se repiten. Ya partió de este concepto en la casa de vidrio.

Los dibujos-acuarela coinciden en reflejar la versatilidad del belvedere, confirman que ese espacio ganado a la ciudad, que la está mirando puede permanecer.

El *presente histórico* es un concepto ya presente en el primer dibujo que Lina presenta a las Autoridades.

Estos tres dibujos nos hablan de la relación de la Avenida Paulista respecto de la ciudad. Alternativamente Naturaleza y ciudad aparecen al fondo de esta gran ventana urbana. El MASP se ha aposentado y generado una situación de *extrañamiento*.

Se produce un *diorama urbano a escala real*.

El encuadre se va ajustando, y el acercamiento es más o menos menor cuando está describiendo una escena posible o una escena temporal real.

Los tres dibujos dialogan con distintos interlocutores.

La gran acuarela que Lina Bo Bardi presenta, narra también los fundamentos del proyecto. Esta representación del proyecto arquitectónico registra un lugar inimaginable hasta entonces, todo era posible para Lina Bo Bardi en Brasil. Este boceto parece constituir una narración literaria, donde dialoga con distintos interlocutores, a través de

Acuarela, *Nuevo Belvedere Trianon*, Museo de Arte de São Paulo (MASP), hacia 1968, Lina Bo Bardi.

Estudio *Integración Parque Siqueiro Campos y Museo de Arte de São Paulo* (MASP), hacia 1957, Lina Bo Bardi.

anotaciones, evocando ideas e imágenes. Se trata en una demostración de los fundamentos arquitectónicos más que una representación.

La vista aérea permitía entender la *estructura ósea* de la ciudad, como la misma Lina Bo Bardi definía este encuadre. El rotundo MASP es una ventana en la propia mirada de Lina Bo Bardi, es mediador entre el parque Trianon y la ciudad.

Profundicemos en este documento gráfico, realizando sucesivas lecturas o inventarios:

Primera propuesta

La primera propuesta que Lina Bo Bardi realiza para el MASP es, en esencia, el proyecto que realiza. Las claves aparecen en esta primera acuarela que Lina presenta en la Administración.[27] Está fechado el 4 de mayo de 1968.[28]

[27] El relato de esta apuesta ante la Administración por el proyecto lo relató la propia Lina Bo Bardi en Uma aula de arquitectura, conferencia impartida en la Facultad de Arquitectura y Urbanismo, FAU, São Paulo, 1989.

[28] Existe un conflicto entre las fechas de los dibujos y las narraciones de la propia Lina alrededor del proyecto del MASP. Esto probablemente se debe a que Lina inventarió sus propios dibujos en los años noventa, al ser consciente de la relevancia de su propia obra.

Concepto y museografía (transparencia y ausencia de jerarquía) del Museo de Arte de São Paulo (MASP), hacia 1970, Lina Bo Bardi, fotograma Oficina Bo Bardi.

El primer plano está formado por un plano que avanza sobre nosotros, libre sobre el que se disponen los siguientes elementos: genera la atmósfera.

Segundo plano-volumen elevado que apoya en dos láminas de agua, acota el plano cubriente y la esencia del edificio: acota en definitiva el no-edificio.

Se define un plano a cubrir, cuyas dimensiones provocan dos domines: El del paisaje y el del plano del suelo.

El plano del fondo es un parque (gran masa arbórea) que nos da la clave urbana-paisajística.

Segunda propuesta

La atmósfera de plano libre que mira a la ciudad, (belvedere) como veíamos recién, quedaba planteada con el plano del suelo con el que, además, Lina Bo Bardi cumplía con los requisitos impuestos por los herederos, es decir era un dato de partida.

Podemos concluir que Lina Bo Bardi está descubriendo que la arquitectura es un juego teatral: nos está planteando un tablero de juego y se insinúa la libertad de juego. Nos ofrece la posibilidad de colonizar libremente el espacio y utilizarlo tras investigarlo.

Para entender las reglas del juego en este *tablero* recordemos las dos reglas esenciales de John Cage cuya música (quien decidió romper con toda la música anterior y especialmente con el serialismo) se basa en lo *aleatorio*, fijando ciertos aspectos mientras que otros los deja a la elección del intérprete (esto supone una valoración del intérprete también como creador). Para ello utilizaba dos procedimientos fundamentales y en cierto sentido opuestos, el uso del belvedere y del Museo en general responde a esta lectura. El Museo sale a la calle pero, además, la calle entra en el museo:

> [Primero] Fijar la *macroestructura*: estableciendo la forma global (lo externo) de la obra mientras que se deja a la elección del intérprete muchos elementos de construcción interna (motivos, dinámicas, número de repeticiones, extensión de los pasajes más improvisados, etc.).

Estudio-perspectiva del vano libre del Museo de Arte de São Paulo (MASP), 1968, Lina Bo Bardi.

[Segundo] Fijar la *microestructura*: planteando los elementos más pequeños de la composición (lo interno), como los motivos, dejando así una forma exterior completamente aleatoria que depende de las elecciones del intérprete (de esto habla Umberto Eco en su ensayo *Forma Abierta*).

Esta analogía propuesta con las claves de la obra de John Cage no es gratuita, Lina Bo Bardi relató lo siguiente en una conferencia impartida en la Facultad de Arquitectura y Urbanismo (FAU) en São Paulo en 1989:[29]

[29] «Cuando el músico y poeta americano John Cage viajó a São Paulo, al pasar por la avenida Paulista mandó parar el coche junto al MASP, se bajó, y andando de un lado para otro del belvedere, levantó los brazos y exclamó: "¡Es la arquitectura de la libertad!. Acostumbrada a los elogios hacia 'el vano más grande del mundo con carga permanente cubierto en plano' a través del juicio del gran artista era posible comunicar aquello que

Quando o músico e poeta americano John Cage veio a São Paulo, de passagem pela avenida Paulista mandou parar o carro na frente do MASP, desceu, e andando de um lado para outro do belvedere, os braços levantados, gritou: «É a arquitetura da liberdade!». Acostumada aos elogios pelo "maior vão livre do mundo, com carga permanete, coberto em plano", achei que o julgamento do grande artista tal vez estíbese conseguido comunicar aquilo que queria dizer quando projetei o MASP: o museu era um "nada", uma procura da libertade, a eliminação de obstáculos, a capacidade de ser livre perante as coisas...

En ambos procedimientos una interpretación jamás será igual a otra, y la construcción de la obra siempre será libre, él sólo da unas pautas. Para fijar los diferentes elementos (internos o externos) también se basaba en el azar.

Tercer inventario

Todos estos recorridos son como *dibujos-ojo* que en la juventud de Lina Bo Bardi debieron irse fijando y probablemente participan de los universos visuales que le habían encantado desde la infancia. Quizá el MASP es un secreto homenaje que Lina Bo Bardi quería brindar al circo y que hizo evidente al alojar aquel circo real de 1972.

Resultado: Un paisaje artificial creado

En el dibujo para el uso del belvedere del MASP, la esencia aérea de éste nos revela que el edificio levitante es un objeto más de la atmósfera creada. Su escala y el rojo de la estructura principal[30] le otorgan un carácter icónico urbano al conectar el paisaje natural del Parque Siqueiro Campos –que en el dibujo aparece como telón de fondo– y el paisaje artificial creado.

fue primordial para mí al proyectar el MASP: el museo era 'nada', era la eliminación de obstáculos, la capacidad de ser libre frente a las cosas.»
En: *Uma aula de arquitectura*, Conferencia impartida por Lina Bo Bardi en la Facultad de Arquitectura y Urbanismo, FAU, São Paulo, 1989.

[30] El MASP fue inaugurado en 1968 por la Reina Elizabeth II de Inglaterra. El color rojo de la estructura fue incorporado a mediados de los años ochenta.

El MASP protege el belvedere de límites diluidos, dicho belvedere se define, tal y como veíamos, como un tablero de juego libre, azaroso y temporal, y el espacio intermedio bajo el MASP equilibra ambos espacios.

Lo permanente del Museo queda redefinido por acciones temporales: el parque infantil, el circo, el mercado, las exposiciones, etc. [La Gran vaca Mecánica está gestándose].

En toda esta reflexión se confirma, además, la definición que daba Baudelaire de lo moderno: «La modernidad es lo transitorio, lo fugaz, lo contingente; la mitad del arte, cuya otra mitad es lo eterno y lo inmutable».

El rotundo MASP, ventana en la propia mirada de Lina Bo Bardi, es mediador entre el parque Trianon y la ciudad.

LA EXPOSICIÓN DEL VACÍO

[Concepto] La creación de un espacio intermedio entre espacios.

El MASP es una gran sala para aprender con el arte, ligado a una museografía novedosa y un sistema de exposición de caballetes de vidrio. Parafraseando a Lina Bo Bardi: «En su conjunto ¡un Picasso tiene como telón de fondo un Greco! Y además sin conocer su autoría», una manera diferente de entender la pintura (Lina Bo Bardi tuvo en cuenta todos los factores incluso las luminarias, o los controles de luz de la fachada) y un espacio para la *investigación* y la *difusión* con dos salas auditorio.

Lina Bo Bardi propuso para el MASP un modelo expositivo nube con múltiples nudos sin jerarquías. También estableció cómo era el espacio para contemplar el arte: el de la libertad. El arte no debía ser moderno ni clásico, sino una expresión de la Fuerza Cultural del ser humano.

El espacio de Lina Bo Bardi buscaba reforzar la obra de arte en este sentido. Ella eliminó la separación difusa entre lo moderno y lo contemporáneo, eliminó las fronteras geográficas (arte sin fronteras). El arte se convertía en una búsqueda de respuestas a las preguntas de la vida, atrapando lo eterno en lo transitorio.

Lina Bo Bardi no trató de crear un nuevo principio más allá de las máximas clásicas (el Movimiento Moderno amenazaba con convertirse en ello), sino que sondeó los fenómenos a base de experimentar con ellos sin descanso y, de esta manera se introdujo en su esfera: Creó un equilibrio entre lo complejo y lo sencillo, la tensión y el relajamiento, la levedad y lo pesado, el pasado y el futuro.

Lina Bo Bardi se apropió así del espíritu de su tiempo sin tener que negar el pasado.

Lina Bo Bardi, entre los muchos factores que estudió para el MASP, analizó el diálogo de su (no)edificio con el Parque Siqueiro Campos, un diálogo de continuidad.

Atravesando el inmenso oasis, que es el parque, el recorrido dirige hacia el punto más alto de la ciudad.[31] Esta percepción se confirma, al contemplar la ciudad nocturnamente desde alguno de los edificios más elevados de la ciudad como el propio COPAN y de manera opuesta desde la vivienda de Lina Bo Bardi en Morumbi, la Casa de Vidrio, cuyo estar (estancia volcada a las miradas hacia el exterior) se orientaba intencionadamente hacia la avenida Paulista, en un diálogo muy sugerente.

[Primero] Al entrar, de manera tangente a la pieza, bajo el espacio de acceso, se siente la necesidad de recorrerlo, voltearlo, arrancarlo del suelo para descubrir qué se halla detrás de todo aquello.

[Segundo] La estructura principal, en un rojo muy intenso, lo convierte en algo todavía más *ajeno* a este mundo.

Esta estructura, además, se encuentra con el plano del suelo en unas láminas de agua que potencian la *levitación* del Museo. Lina Bo Bardi hablaba a nuestra capacidad de alegría y de admiración, se dirigía al sentimiento de misterio que rodea nuestras vidas, al sentimiento que

[31] «El enorme exoesqueleto del MASP forma parte del espíritu de la época, en que era necesaria la demostración de capitalidad económica de la ciudad de São Paulo, para ello se buscó la creación de un potente Museo nacional, bajo la supervisión de Pietro María Bardi, era el museo de la mayor ciudad de América del Sur y por ello la respuesta fue radical». Julio Ramos Collares, *Exoesqueletos en el Modernismos brasileño en las décadas de los 40 y 50 del siglo XX*, Porto Alegre, 2003 pp. 131-154.

Reconstrucción de la Gran Vaca Mecánica, 2004.

Maquetas de *Dodecaedro, Polochon* y *MASP*, estudio de Lina Bo Bardi, Casa de Vidrio (visita realizada por autora, noviembre 2007).

nos vincula con la creación, hablaba a esa parte de nuestro ser que no depende de la sabiduría.

El MASP surge desde esta situación como si se tratara de una imagen onírica, una contundente pieza de reflejos cristalinos flotando visualmente como un objeto mágico:[32]

> (...) também podemos criar, pois à nossa frente há um horizonte infinito, azul, bonito... É como contemplar, de cima de uma montanha, um horizonte livre.

GRAN VACA MECÁNICA-MASP

Lina Bo Bardi trasladó las cualidades de la arquitectura temporal a la arquitectura duradera. Dotó a la arquitectura de ese grado de libertad que parecía pertenecer sólo a la arquitectura perecedera, desde el ensueño que la edificación duradera no podía permitirse pero en la que se inspiraba a veces.

Es esa fusión novedosa entre lo perecedero y lo duradero, desde ese nuevo concepto del tiempo que Lina manejaba, el juego es una ley que participa, por eso la vaca y el circo bajo el MASP parece que entrelazan estos conceptos.

La superposición, en el MASP y en la Gran Vaca, de lo temporal con lo permanente refleja la mutación del espacio con el paso del tiempo y cómo es el uso del usuario lo que conceptúa el espacio cultural en origen para convertirse en simbólico a nivel urbano (los objetos generan atmósferas, éstas desencadenan paisajes que elaboran los proyectos y viceversa: proyectos → paisajes → atmósferas → objetos).

Esta reflexión también era determinante en el SESC Pompéia, que analizábamos en el capítulo anterior.

[32] Lina Bo Bardi en, *Uma aula de arquitectura*, Conferencia impartida en la Facultad de Arquitectura y Urbanismo, FAU, São Paulo, 1989.

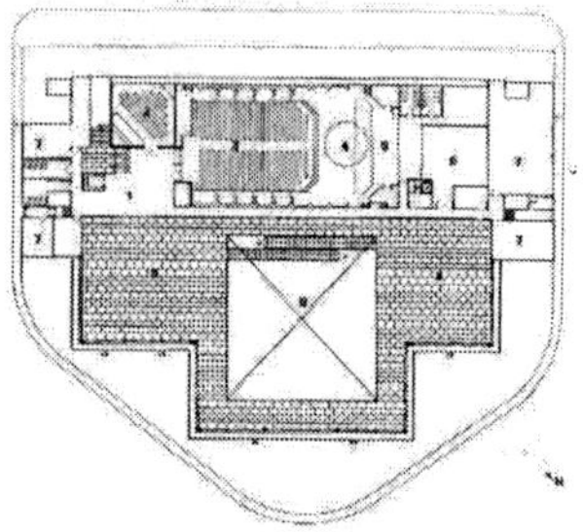

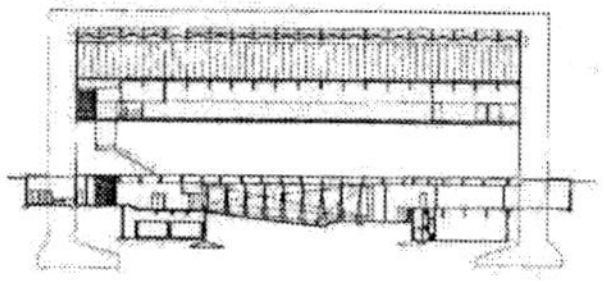

Museo de Arte de São Paulo (MASP), planta cota –4.50 y alzado, Lina Bo Bardi.

Desde el objeto retomamos también el concepto de *Caja de los milagros* que Lina Bo Bardi revisó de nuevo en el proyecto para el *Novo Teatro Polytheama* como ya hemos revelado, de la libertad de creación, su esencia aérea y el espacio intermedio de la arquitectura, la creación del nuevo icono urbano, el diseño de las atmósferas desencadenantes y la presencia de la realidad y el papel contemporáneo del museo, en lo que Lina Bo Bardi fue especialmente contemporánea y avanzada. Esta revisión pertenece por igual a la Gran Vaca Mecánica y al MASP.

El *Cuarto de los Milagros* o la *Boîte à Miracles* a la que Le Corbusier se refirió por primera vez, con las siguientes palabras:[33]

> El verdadero constructor, el arquitecto, puede construiros los edificios más útiles porque conoce todo lo relativo a los volúmenes. De hecho, puede crear una cajita mágica que contenga todo lo que

[33] La primera referencia a este enigmático volumen apareció en un congreso sobre arquitectura y arte dramático celebrado en la Sorbona de París en 1948, su descripción fue transcrita en el tomo VII de sus *Obras Completas*.

Museo de Arte de São Paulo (MASP), vista aérea, Lina Bo Bardi. © Nelson Kon.

vuestro corazón pueda desear. Escenarios y actores materializan el momento en el que la cajita mágica aparece; la cajita tiene forma cúbica y lleva en sí cuanto es necesario para realizar milagros, levitación, manipulación, distracción, etc. El interior del cubo está vacío pero vuestro espíritu inventivo lo llenará con todo aquello que constituya vuestros sueños... a semejanza de las representaciones de la antigua Commedia dell'Arte.

Esta definición fue retomada por Lina Bo Bardi, cuyo concepto aplicó a un objeto, la Gran Vaca Mecánica, que respondía a la esencia de la caja mágica lecorbuseriana y que además, nos permitía leer el MASP desde esa misma perspectiva: objeto y museo eran una caja mágica. La Vaca, como objeto generador de juego a su alrededor, al ser protagonista de sus constantes atmósferas arquitectónicas puede también leerse como un acumulador de las claves del Museo:[34]

[34] Alejo Carpentier, «Del folklorismo musical», La Habana, 1966, *Ese músico que llevo dentro*, Madrid, Biblioteca de Autor, 2007, pp. 389-406 (La Habana, Letras Cubanas, 1ª edición 1980).

> El folklore soy yo, es decir: sum qui sum, soy quien soy, por los frutos conocerás el árbol, por mi voz hablarán los míos. Bastaría esta solución por ser la más sencilla y recta.

La Gran Vaca Mecánica y el MASP contienen la misma esencia, cada uno es semilla del otro. Y si *por los frutos conocerás el árbol*, por la Vaca Mecánica, conocemos o aprendemos a ver, el Museo en el que habría habitado temporalmente. El ardid de la Gran Vaca Mecánica era por lo tanto el siguiente: el expositor adoptaba la forma de vaca para resultarle atractivo a los visitantes, esta atracción sería más directa en los usuarios más jóvenes, los niños, por compartir con ellos el lenguaje, sin embargo habría resultado más atractivo para los mayores desde el extrañamiento.

La valla que rodeaba a la vaca eran carteles explicativos sobre el material artesanal expuesto. La Gran Vaca Mecánica y el MASP revelaban sendas estrategias expositivas, eran una reflexión acerca del museo contemporáneo en el que, además, el presente se contaba a sí mismo. El objeto era a la vez pauta de cómo usar el museo, libre y abierto. Por la Vaca Mecánica, descubrimos el Museo en el que habita.

El acercamiento entre la Vaca y el Circo –lugar donde confluye el juego– están íntimamente relacionado pues de alguna manera el circo evoca proyectos de la propia Lina, como la Exposición Agraria o su Espacio Público de 1951, resueltos a través de un sistema constructivo temporal; el MASP mantiene las cualidades de ambos pero desde un sistema constructivo permanente.

La Vaca emitía música y luz (como si se tratara de un juguete futurista de Fortunato Depero), desde este sentido de la Vaca: ¿No podemos afirmar entonces que se trataba de un juguete, un juguete colectivo, un objeto atractivo para entretener a los niños, un objeto de popularidad universal, con una carga pedagógica, un objeto móvil con vocación de ser tecnológico, diseñado con un lenguaje abstracto cercano al infantil capaz de generar juego alrededor?

El objeto disonante introducido en su arquitectura era un signo que creaba una atmósfera totalmente nueva. ¿Y no es así como proyectaba Lina Bo Bardi? La Gran Vaca Mecánica se encuentra entre la apariencia y la verdad: un expositor que se ubica dentro de otro expositor que sintetiza el tiempo contemporáneo, simultáneamente, primitivo o popular y mecánico, ligada a la naturaleza y a la vez prototipo de futuro no contaminante.

El MASP con su apariencia mágica de juguete futurista, de paisaje artificial creado, era un activador de la ciudad desde su esencia aérea y desde la realidad, vacío, hito contemporáneo y pausa urbana. Una obra abierta, un proyecto en proceso continuo, para la ciudad de São Paulo.

LINA BO BARDI. OBJETOS Y ACCIONES COLECTIVAS: JUGUETES Y JUEGOS BOBARDIANOS

SESC Pompéia, pasarelas de acceso al bloque deportivo.
© Nelson Kon.

> Lina renunció a la mitología de la belleza clásica para mezclar disonancias como el atrevimiento y la espontaneidad. El resto es un reflejo de la personalidad de la autora: su formación en el ámbito del diseño en Milán, después de una inmersión en el enigmático mundo brasileño.[1]

Para encadenar todas las creaciones de Lina Bo Bardi la hemos acompañado en su búsqueda a través del hombre, como lo hizo ella en Brasil se han encontrado las respuestas a muchas de la preguntas, atrapando lo que todavía hoy nos queda de Lina Bo Bardi; sabemos que nuestra búsqueda es parcial y el tiempo, al revisarla, quizá la encuentre equivocada, pero esto indicará que su legado continúa vivo.

Se esbozan a continuación, a modo de notas finales, lo que se entiende como temas abiertos para que sean investigados en lo venidero desde una visión contemporánea a temas todavía no cerrados, facilitando cuestiones variadas y aplicables a muy diferentes ámbitos de la creación y la investigación.

En el año 1900, año de la infancia, los artistas europeos comenzaron a cumplir su deseo de cambiar el arte precedente; en 1946, finalizada la Segunda Gran guerra Mundial, Lina Bo Bardi llega a Brasil habiendo reflexionado sobre lo acontecido en Occidente. Su vida se convierte entonces en un Laboratorio Vital de observación de la realidad y de ensayo y creación colectiva, ya que ella entiende el arte como un medio de comunicación; retoma la capacidad de transformar la sociedad desde la arquitectura; niega las reglas europeas, no las herramientas y se abre al mundo brasileño, para acceder así al mundo contemporáneo. Necesita quitarse el peso de la memoria para enfrentarse a Brasil que era un horizonte abierto. Tras la brutal contienda, que marca el papel de muchos artistas exiliados, Lina se libera de los horrores de la guerra como arquitecta independiente de las tendencias.

Lina Bo Bardi es crítica con los academicismos, incluido el amenazante del Movimiento Moderno, y propone reaprender a pensar: *repensar*. Lo primitivo del nordeste brasileño le sirve como *Unlearning*, principio

[1] Bruno Zevi, En: AA.VV, *L'Impasse del design. L'esperienza nel Nordest del Brasile*, Milán, Charta-Instituto Lina Bo e P.M. Bardi, 1995.

básico en el arte del siglo XX, para desencadenar una forma de Art Pove, desde lo cotidiano y desde la realidad.

Los museos proyectados por Lina Bo Bardi, como el MASP y el Solar de Unhão son museos luchadores que se convierten en *museos creadores*, ámbitos idóneos para la creación colectiva y que Lina define como "ni museo, ni centro cultural". Lina se enfrenta así a dos ciudades sin tradición museística, con el reto de introducir ese hábito y además, desviar el eje París-Nueva York. Ante las necesidades urbanas la arquitecta propone construir casas y museos a la vez al considerar la necesidad por igual de ambos.

Lina es una paseante que pasa y pasea, asombrada, con la actitud de un niño, asumiendo sumergirse en los cambios tras su inmersión en el mundo urbano; concilió valores universales con los problemas metropolitanos.

Lina Bo Bardi, como creadora, trabaja primeramente de manera individual y a continuación da paso a la participación de otros técnicos y usuarios en una suerte de *arquitectura democrática*; conjuga el aislamiento del yo y el colectivo; una dicotomía que la hace muy contemporánea.

Todo esto, que definimos como el laboratorio vital de Lina Bo Bardi, fruto de sus experiencias vitales ensancharon sus horizontes de lo artístico, Lina guardó y recopiló lo más posible; la diversidad de lenguas manejadas por Lina Bo Bardi se corresponde con su visión del mundo. Miraba a la realidad pero para que al mirar fuese visto el espejo interior.

LINA BO BARDI Y LOS NUEVOS CAMINOS EXPRESIVOS; EL PROCESO Y NO EN LA OBTENCIÓN DEL PRODUCTO

La capacidad de transmisión a través del lenguaje gráfico de los proyectos de Lina se apoya en sus atmósferas en las que desarrolla sus ideas iniciales que siempre son contundentes. Los dibujos, cargados de anotaciones y medidas, dan una solución final que aspira a una vida sencilla y esencial desde la alteridad y la dualidad, de lo uno en lo otro.

El aspecto misterioso del lenguaje de Lina Bo Bardi se crea con un lenguaje plástico cercano al público, similar a los recuerdos infantiles, algo que ya había sugerido Magritte. Ambos lo desarrollan a través del collage, cercano a la publicidad; la propaganda es potenciada por Lina en sus trabajos editoriales, exposiciones, logos y ferias. Lo extraño, lo simbólico y lo onírico juega con la realidad más objetiva, desmontando la realidad para sorprender al rearmarla, creando imágenes combinatorias.

LINA BO BARDI Y EL RECICLAJE COMO CONCEPTO DE UTILIZACIÓN DE TODO LO OBSERVADO

Lina Bo Bardi crea como si se tratara de una suma de procedimientos: la tradición, lo informal y lo formal, los materiales, la ciudad, etc.; con la actitud del que inventa de nuevas, centrándose en el estímulo del proceso y no en la obtención de productos. No crea de la nada y ahí está la evolución. Reutiliza todo aquello que conserva algo de vida, y que denomina *Presente histórico* como en los vestigios lo que resiste tiene la misma importancia que lo que desaparece. Lina demuestra que la utilización de la tradición, desde libertad rigurosa, es otra forma de entender la modernidad.

Las dos vías de la abstracción, la de las emociones y la analítica (que crearon tensiones artísticas como en la Bauhaus entre expresionistas y constructivistas), son conciliadas por Lina Bo Bardi; y en sus objetos, que derivan de la industrialización desde puntos de vista emocionales al acudir a la antropología, responde con un diseño y un lenguaje arquitectónico que incluye signos simbólicos en geometrías abstractas y que hemos denominado *universalismo constructivo*.

La culminación de la fascinación por los objetos y las imágenes se produjo con el Pop Art, éste convivió en los años sesenta y setenta con el Minimalismo (obsesión por objetos y propiedades) y con el Arte Teórico, en ese sentido Lina Bo Bardi participa de las tres reflexiones que tratan de al conciliar al "pueblo" con el arte.

El reciclaje urbano para Lina Bo Bardi es una acumulación de fragmentos urbanos, que aportan una lectura más clara de la ciudad y del paisaje y en los edificios es un concepto cercano al de *arqueología* incorporando su *presente histórico*. Lina reutiliza los espacios con naturalidad, equilibrando lo existente y nuevo; para obtener grandes espacios colectivos, poéticos, a los que superponer un segundo orden constructivo como en el teatro Pompéia en que tramoya y patio de butacas se resuelven con una andamiaje lateral azul arara.

Lina Bo Bardi crea *nuevos materiales* como en un experimento de laboratorio; los hormigones se colorean con piedras y azulejos; las juntas y los encofrados incorporan materiales cerámicos y formas irregulares; y incorpora la naturaleza como un material más, entremezclando hormigones, piedras y verdes, como en su proyecto de Jardín vertical.

Los objetos, fruto del reciclaje, experimentan, como la *cuna de emergencia* que Lina realiza con una caja y un retal; su insecto realizado con una bombilla, alambre y plumas de ave tropical; *Polochon* y *Dodecaedro* reciclan modelos de juguetes populares y el *Pequeño tren de carritos* hace lo propio con el puesto ambulante tradicional, cuyo movimiento se consigue con ruedas de bicicleta.

La aportación del objeto que en si mismo recicla se produce con la Gran Vaca Mecánica que transforma lo simbólico y lo mágico, y por la reflexión lecorbuseriana de "Cuarto de los milagros"; el museo recibe una nueva lectura funcional y contemporánea.

LINA BO BARDI Y LA OBRA ABIERTA:

- Los juguetes como modelos dubitativos
- La arquitectura como juego y en el juego
- Los juegos y los juguetes como proyectores sociales
- Los juguetes como activadores sociales

Como hiciera el siglo XX en general, Lina se plantea qué es arte y como respuesta propone una obra abierta en la que nos da una especie de partitura; mezclando arte, artesanía, antropología etc. evitando siempre las certezas; para que nosotros lo interpretemos.

La obra de Lina está repleta de preguntas que evitan las respuestas al ofrecer simultaneidades, contrastes y dualidades, y disonancias inexplicables; este equilibrio, que sugiere surrealismo y técnica, evita las convicciones e introduce al usuario: un modelo dubitativo que evita la repetición.

[Surrealismo] Lina Bo Bardi recupera el modelo del surrealismo como escape de la realidad a través del *ensayo* y el choque provocado por cosas nuevas, poniendo todo en duda; como sus encuentros entre lo culto y lo popular. Algunos autores como Werner Spies, afirman que la base del surrealismo es lo perteneciente al mundo femenino, lo onírico, lo misterioso.

[Técnica] Lina Bo Bardi desarrolló proyectos complejos técnicamente que supo resolver de manera sencilla, llevando al límite algunos materiales el hormigón en el MASP o las pasarelas del SESC Pompéia, conciliado todo esto con *técnicas vernáculas* como tejidos y estructuras de entramados de madera y barro.

El acercamiento de Lina Bo Bardi al mundo del juego, se justifica desde el carácter lúdico de su obra, cargada de humor, misterio y sorpresa, ausente de prejuicios, mimética con la realidad y pedagógica; de sus juguetes, siempre se revela una enseñanza. La *universalidad* del juego y el hecho de entender que la cultura es una consecuencia de éste, demuestran la relación establecida entre arquitectura y juego. Ahondando en las características propias éste como la de ser libre y reglado a la vez, su necesidad de un espacio y un tiempo propio, su automovimiento con una posible repetición cambiante, la existencia de enlace y desenlace etc. nos lleva a concluir que la arquitectura de Lina Bo Bardi se desarrolla como juego y dentro del juego.

El juego como fenómeno, se reconoce a través de sus efectos como son el recreo, el resurgimiento de tendencias ancestrales para estimular otras nuevas, la preparación al aprendizaje o la catarsis de tendencias antisociales; y nos acerca a la idea de que la arquitectura de Lina Bo Bardi obtiene estos mismos resultados al conseguir que el individuo se desarrolle a partir de las actividades desarrolladas en sus espacios públicos.

Los juguetes de Lina Bo Bardi estudiados mejoran su cualidad colectiva, en los espacios que habitan y pertenecen a la cultura contemporánea universal.

Los juegos de *transposición* en los que se superpone una función diferente a la cotidiana, producen un cambio en el mensaje del objeto; esto lo hemos podido comprobar a través del *Pequeño tren de carritos* que recorre el SESC Pompéia, alterando el mensaje de la Fábrica, que ahora está al servicio del ciudadano, cultura, ocio y deportes, manteniéndose sin embargo la estructura interna de la manufactura. El SESC Pompéia de manera global transpone su mensaje cambiando su función. Encontramos estas transposiciones en el logo diseñado por Lina Bo Bardi en el que la chimenea del SESC deja de echar humo para expulsar flores, Lina recurre a un medio de comunicación popular.

El *Pequeño tren* y el logo contienen la esencia del nuevo mensaje del Pompéia; son dos objetos temporales con vocación de ser permanentes.

Los juegos de *ficción* que implican afectos, escenificación y simulacro tienen que ver directamente con la concepción indisoluble de arquitectura y teatro en Lina Bo Bardi.

Algunos proyectos de Lina Bo Bardi obtienen un resultado que es un juego de construcción, modificándose el paisaje urbano a través de lo construido y reinterpretando el ritmo de la ciudad, como sucede en el SESC Pompéia.

También el *vacío* es un juego constructivo, como el vano libre del MASP, las *ruas* del SESC o la escena del Teatro Oficina. Ese vacío, NADA, lo es todo; permite que el usuario conceptúe el espacio; para ello Lina se eleva, como también lo hizo en su *Casa de Vidrio*, para estar y no estar en el mundo desde lo alto. El vacío del MASP se acerca a la desmaterialización del arte, Lina así lo confirman sus declaraciones sobre la visita de John Cage al MASP; el vacío es silencio y libertad. Esta es también una idea oculta en la Gran Vaca Mecánica: materializar el vacío como potencial de la ausencia.

La *libertad* en Lina Bo Bardi, sustituye al concepto tradicional de belleza, permitiendo al hombre jugar con el orden y con las costumbres. La libertad es un flujo del juego que avanza por oleadas y se extiende por etapas que constituyen una historia distinta de la oficial y se extiende llegando a la etapa contemporánea. El creador de realidades y leyendas, se aloja donde los hombres persisten en jugar con la sociedad, aunque a través de sí mismos, y no quieren ser nada sino lo que son.

Desde la clara vocación didáctica de Lina Bo Bardi y pongamos como ejemplo sus museos, la arquitecta incorpora el concepto de libertad, como manera de entender todo el arte, incluida su arquitectura. Lina ensaya sobre el posible futuro Brasil y se apoya en la exuberancia de su naturaleza y en la aristocracia del pueblo, y para ello (como hizo el surrealismo y el futurismo) lo disloca todo, creando un objeto atractivo para el público que es el MASP, como ya hiciera Robert Delaunay al convertir la Torre Eiffel en el icono parisino gracias a sus *Ventanas*.

Lina Bo Bardi sugiere también cómo debe ser el espacio para contemplar el arte, éste nace de la libertad, ni moderno ni clásico sino expresión de la fuerza cultural del ser humano. Mientras el debate museográfico, liderado por el MoMA toma, por decisión de su director Alfred Barr, a las Señoritas de Avignon como canon museográfico, Lina propone un canon nube (que realmente, trata de no ser un canon) con múltiples nudos y sin jerarquías, pues busca reforzar la obra de arte en este sentido, eliminando la separación difusa entre lo Moderno y lo Contemporáneo, o lo geográfico: un arte que no tiene fronteras.

La *metamorfosis* es un juego simbólico que en nuestra investigación se evidencia gracias a Polochon y Dodecaedro, creando arquitectura desde la abstracción, la escala y la permutación de la naturaleza. Se trata de objetos teatrales en origen, pero desencadenan mecanismos creativos generales. En este sentido, otros objetos metamorfoseados como la *silla jirafa* añaden una connotación colectiva.

El concepto y la práctica de la metamorfosis, difundida con la obra de Ovidio, además de mezclar el mito, la alegoría, el erotismo y la poesía, implica tanto el cambio de forma más allá de todo determinismo y toda racionalidad, como la fuerza de un deseo que modifica el mundo mágicamente, a voluntad. Ante la desacralización del mundo que acompaña al dominio de la tecnología sobre la naturaleza, las transformaciones lúdicas están al servicio Lina que se apodera de los mitos, juega con los bosques y las selvas. El mundo de la metamorfosis es para la arquitecta un mundo sin trabas que disuelve las jerarquías en la magia.

La obra de Lina Bo Bardi está cargada de *simbolismo*, síntesis de su pensamiento, desde el primitivo al actual. Tiene especial presencia la metáfora y el juego de asociaciones imprevistas. La presencia de lo simbólico habría sido necesaria hasta que el marco social que criticaba desapareciera. La abstracción que busca Lina Bo Bardi debe partir del pensamiento colectivo y éste necesita del simbolismo para que se produzca una identificación con el objeto.

Por todo esto podemos afirmar que los objetos diseñados por Lina Bo Bardi participan de las características del juego, esto los convierte en juguetes; de manera análoga sucede con su arquitectura: el MASP, por ejemplo, es tan juguete como la Gran Vaca Mecánica.

Lina Bo Bardi, en cierta manera, se apropió del objeto industrial-artesanal, y lo convirtió en arquitectura.

A pesar de la fuerza de sus proyectos construidos, al profundizar en ellos, descubrimos poesía. En sus infraestructurales creaciones paulistas conviven pequeños muebles infantiles, juguetes con ventanas cavernícolas delineadas por estudiantes de arquitectura que participaban de la acción creativa propuesta por la arquitecta.

Lina Bo Bardi fue apasionada y sensible y se enfrentó a un mundo masculinizado pero siempre mantuvo el entusiasmo, ella siempre dijo que «si volviera a nacer sólo coleccionaría, fantasías, emociones y alegrías».

Al saber escuchar a sus usuarios se convirtió en la más valiente hacedora de caminos de la modernidad y con esa misma valentía proyectó como un niño que juega a hacer ciudades e inventar nuevos mundos.

Cronología bobardiana

ROMA

1914 Nace Aquilina Bo. Primera exposición Arte Moderno NY. Gran guerra. Manifiesto futurista.

MILÁN

1939 Arquitectura Escuela Superior de Roma. **1940** Italia, Segunda Guerra Mundial. Milán, Carlo Pagani y Gio Ponti.

RIO
SÃO PAULO

1945 Pietro maria Bardi. **1946** Escuela carioca. **1947** Assis Chateaubriand MASP. Colección joyas.

SALVADOR

1958 Salvador de Bahía. **1959** Solar de Unhao. **1959-1980** L'impasse del design.

SÃO PAULO

1957-1968 MASP. **1959** Bahia no Ibirapuera.

SÃO PAULO

1977-1986 SESC Pompeia. **1985** Dodecaedro. Polochon.

SALVADOR

1914 Nace Aquilina Bo. Primera exposición Arte Moderno NY. Gran guerra. Manifiesto futurista.

SÃO PAULO

1980-1991 Teatro Oficina. **1991** Concurso Pabellón Sevilla '92.

1922 Semana Arte Moderna. São Paulo. **1929** Liceo Artístico Mamiani. Le Corbusier Nuevo Mundo. **1939** Roma.

1941 Giorgio de Chirico. **1945** Bruno Zevi. Milano Sera.

1950 Habitat. Villanova ARtigas & Rino Levi. **1951** Casa de Vidrio. **1957**

1960 Brasilia. **1948** Silla Trípode.

1964 Golpe militar al gobierno João Goulart. **1968** Glauber Rocha.

1988 Gran Vaca Mecánica. **1999**

1986 Gilberto Gil. **1988** Casa de Olodum. **1977** Estudio Bo Bardi.

1991 Concurso Pabellón Sevilla '92. **1992** Fallece Lina Bo Bardi.

Bibliografía comentada

El *Instituto Lina Bo & Pietro M. Bardi* es creado por el matrimonio Bardi en 1990, para la divulgación y promoción internacional de la cultura y las artes brasileñas en general. En 1993, tras el fallecimiento de Lina, se inicia una labor editorial particular que permite difundir su obra. El Instituto, junto a la editorial Charta, patrocina varios libros durante los años 1993-1997, son las primeras publicaciones de la obra de Lina Bo Bardi. En 1996, Laura Miotto y Savina Nicolini, bajo la dirección de Bruno Zevi y en 2000, Olivia de Oliveira; inician la revisión crítica de la obra de la arquitecta. La exposición retrospectiva, *Lina Bo Bardi* viaja alrededor del mundo entre 1993 y 2001, São Paulo, Lisboa, Barcelona, Londres, Helsinki, Hong Kong, etc., lo que genera diversos catálogos, desde nuevas y particulares lecturas. La reciente y última publicación *Lina por escrito*, editada por Cosac Naify, recopila una selección de textos escritos por Lina Bo Bardi a lo largo de su carrera para diferentes medios editoriales.

En la presente investigación se han consultado publicaciones llegadas a España y otras recogidas en la biblioteca de la Facultad de Arquitectura y Urbanismo, el Instituto Lina Bo & Pietro M. Bardi y el Instituto de Arquitectos de la ciudad de São Paulo en el año 2007.

La bibliografía propuesta selecciona justificadamente nueve documentos imprescindibles en el desarrollo de esta investigación; se añade una selección de textos examinados sobre la obra de Lina Bo Bardi y otros temas relacionados que han participado en el presente ensayo de manera secundaria. La bibliografía se completa con los textos aludidos en las notas a pie de página que acompañan la presente investigación.

BO BARDI, Lina, ***Contribuição Propedêutica ao Ensino da Teoria da Arquitetura***, São Paulo, Instituto Lina Bo e P.M. Bardi, 2002.
Edición de la Tesis que Lina Bo Bardi presentó en 1957 en la Facultad de Arquitectura y Urbanismo de São Paulo. Clara y sencilla, incluye un recorrido por obras del interés de la arquitecta y reflexiones realizadas por ella misma desde un punto de vista humanista. Destacan algunos capítulos como *Natureza e arquitetura*, *A medida humana*, *O Arquiteto e a sociedade* y *Atualização metodológica*. Posteriormente no hace mención de este trabajo hasta la conferencia impartida en la FAU, Uma aula de arquitectura, importante académicamente.

DAVOLI, Silvia, PADRINO, Francisca y VALOIS RESTELLI, Andrea, *Oficina Bo Bardi*, DVD, en vías de publicación, 2006.
Recoge la trayectoria de Lina Bo Bardi en Salvador de Bahía, su exploración del nordeste brasileño, su proyecto CETA y su papel como activadora social. Recoge testimonios de artistas bahianos como Mario Cravo, Calasans Neto o Maria Muniz. Graziella Bo Valentinetti añade el significado que Brasil tenía para Lina y Lisa Ponti lo completa el análisis sobre Lina Bo Bardi y el diseño.

GALLO, Antonella, *Lina Bo Bardi architectto*, Venecia, Marsilio, 2004.
Catálogo realizado para la exposición *Lina Bo Bardi architectto*, celebrada en Venecia en 2004. El autor profundiza en Lina Bo Bardi como intelectual de vanguardia inmersa en los misterios del Brasil. En dicha exposición se reconstruye la Gran Vaca Mecánica: la presente investigación cambia de enfoque tras visitarla.

INSTITUTO LINA BO & P.M. BARDI, *Lina Bo Bardi*, São Paulo, Instituto Lina Bo e P.M. Bardi, 1993. Documento VHS en color, 50 min.
Este documento videográfico completa la visión general de la obra de Lina Bo Bardi con testimonios personales de la arquitecta. Cuenta con imágenes grabadas de sus proyectos en São Paulo, Salvador y Uberlândia. La trayectoria se completa con testimonios de artistas coetáneos suyos como Pierre Verger, Caetano Veloso o Maria Bethânia.

RUBINO, Silvana y GRINOVER, Marina, *Lina por escrito. Textos escolhidos de Lina Bo Bardi 1943-1991*, São Paulo, Cosac Naify, 2009.
Esta acertada recopilación de textos escritos por la propia Lina Bo Bardi, es necesaria para ahondar en la reflexión crítica realizada por la arquitecta a lo largo de su carrera y su compromiso intelectual. Muchos de los textos habían sido publicados con anterioridad en medios dispersos, como en la revista *Habitat*, *Projeto Design*, etc. La labor de clasificación dirigida por Silvana Rubino permite tener una visión global. Se incluyen dos conferencias impartidas por Lina: *Arquitetura. Cidade e Natureza* (transcrita por el Colegio de arquitectos de São Paulo) y *Uma aula de arquitectura*. La introducción, *A escrita de uma arquiteta*, da una lectura particular de Lina Bo Bardi a través de las publicaciones periódicas en las que colabora.

AA.VV, *Tropicália. Uma revolução na cultura brasileira*, al cuidado de Carlos Basualdo, São Paulo, Cosac Naify, 2007.
Catálogo realizado para la exposición *Tropicália* cuyo recorrido concluyó en 2005 en Río de Janeiro. El texto de Carlos Basualdo, *Vanguarda, cultura popular e indústria cultural no Brasil* contextualiza el tropicalismo y justifica el acercamiento de Lina Bo Bardi a esta corriente revolucionaria. Que incluyeran a Lina resulta significativo. Además de escenografías, la única obra de arquitectura seleccionada

fue la Casa Valéria Cirell de 1985. Incluye sus textos inéditos: *Cultura e Não Cultura*, *Arte Industrial* o *Por que o nordeste*.

OLIVEIRA, Olivia de, *Lina Bo Bardi. Obra construida*, 2G Gustavo Gili, nº 23, 24, 2002.

——, *Subtle substances. The architecture of Lina Bo Bardi*, Barcelona, RG Gustavo Gili, 2006.

MIOTTO, Laura, NICOLINI, Savina, *Lina Bo Bardi. Aprisi all'Accadimento*, Torino, Eurostampa, 1997.

AA.VV, *Cidadela da liberdade*, São Paulo, Instituto Lina Bo e P.M. Bardi, 1999. Catálogo realizado con motivo de la exposición *Cidadela da Liberdade* celebrada en el SESC Pompéia en 1999. Profundiza en la génesis de este proyecto con numerosos dibujos y textos originales de la autora; también recoge las actividades realizadas por la propia Lina Bo Bardi como directora cultural del centro, mostrando fotografías de los eventos celebrados: su activación.

——, *Lina Bo Bardi*, Milán, Milán, Charta e Instituto Lina Bo & P.M. Bardi, 1994. Editada en el año 1993 por el Instituto Lina Bo & Pietro M. Bardi; esta publicación es la recopilación más completa a nivel general; incluye su autobiografía; dibujos personales; refleja su producción editorial en Italia y en Brasil y docuemnta toda su obra construida y en papel. Los textos son de Lina Bo Bardi. La estructura del texto es cronológica.

——, *L'Impasse del design. L'esperienza nel Nordest del Brasile,* Milán, Charta-Instituto Lina Bo e P.M. Bardi, 1995.
Esta publicación diseñada por la propia Lina Bo Bardi sintetiza su exploración del nordeste de Brasil entre los años 1959 y 1964. Recopila fotografías y textos de la autora. La importancia radica en su contenido, en los objetos seleccionados por Lina, el porqué de dicha selección y la lectura de los mismos dada por la arquitecta. Esto ha sido clave en la presente disertación por tratarse de un inventario de objetos cotidianos y simbólicos del ser humano, algo definitivo en su obra. La formulación de la relación entre los objetos de Lina Bo bardi y los espacios en los que habitan surge de esta lectura antropológica.
El texto se completa con imágenes de exposiciones como Bahia no Ibirapuera celebrada en 1959 en São Paulo. Destacan los testimonios recogidos de Jorge Amado, Bruno Zevi, Lívio Xavier, Flávio Motta y Glaubert Rocha.

——, *Igreja do Espírito Santo do Cerrado*, Lisboa, Blau e Instituto Lina Bo e P.M. Bardi, 1999.

——, *Museu de Arte de São Paulo,* Lisboa, Blau e Instituto Lina Bo e P.M. Bardi, 1999.

——, *Palácio das Indústrias. Memoria e cidadania. O restauro para a nova Prefeitura de São Paulo*, São Paulo, Edição DPH/ Metodo, 1992.

——, *Paulista architects: second generation of Brazilian modern architecture [Lina Bo Bardi, Paulo Mendes da Rocha]*, A+U Publishing, 1999.

——, *SESC Fábrica da Pompéia*, Lisboa, Blau e Instituto Lina Bo e P.M. Bardi, 1999.

——, *Teatro Oficina*, Lisboa, Blau e Instituto Lina Bo e P.M. Bardi, 1999.

ARTÍCULOS

ALIAGA FUENTES, Maribel, «Lina Bo Bardi: concreta poesia», *Arquitextos*, n°esp. 196, 2003.

BEM, José Paulo de, «Renocação urbana do parque Dom Pedro II», *Projeto*, n°138, São Paulo, febrero 1991, p. 71.

BETTO, Frei, *Carta enviada al Instituto Lina Bo Bardi para el archivo documental sobre Lina Bo Bardi*, 27 de junio de 1993.

«Biennale: Allo luav "La libertà dell'architettura"», *Nuova Venezia*, 14 de agosto de 2004.

BLANC, Philippe, «Lectura de Lina Bo: Pompéia», *ARQ (Santiago)*, n° 55, dic. 2003, pp.60-65.

BO BARDI, Lina, «Artesanato Industrial. Concurso para mobiliário», *Habitat*, n°46, 1958.

——, «Entrevista manuscrita de Lina Bo», *Cultural. Diario de Noticias*. Salvador, 16 de marzo de 2005, p. 4.

——, «Palma», *Habitat*, n° 5, São Paulo, 1951 pp. 62-65.

CARVALHO FERRAZ, Marcelo, «Lina Bo Bardi e a tropicália», *Arquitextos*, 2008.

CUNHA MAHFUZ, Edson de, «Traços de uma arquitetura consistente», *Arquitextos*, 016, 2001.

FUKSAS, Massimiliano, «Buchi nel cemento», *L'Espresso*, 30 de septiembre de 2004.

FURQUIM WERNECK, Evelyn, «Por uma revolução da arquitectura teatral: o Oficina o SESC da Pompéia. Projetos singulares de Lina Bo Bardi», *Arquitextos*, n° 101, octubre 2008.

——, «Estudo das relações simbólicas entre os contextos urbanos e sociais com base em documentos gráficos de Lina Bo Bardi (1)», *Arquitextos*, nº107, abril 2009.

GUEDES SOBRINHO, Joaquim, «Lembrança de Lina Bo Bardi», Caderno especial Lina Bo Bardi, *Caramelo* nº4, Faculdade de Arquitetura e Urbanismo da Universidade de São Paulo, 1992.

JORGE, Luis Antònio, «As liçoes da arquitetura brasileira de Lina Bo Bardi», *Projeto Design*, septiembre 1997.

——, «L'Architetto Lina Bo Bardi racionalismo tutto istinto», *Repubblica*, 3 de septiembre de 2004.

——, «L'opera di Lina Bo Bardi: libertà nella metamorfosi», *Gazzettino, Architettura*, 28 de agosto de 2004.

——, «Lina do Brasil», *Repubblica, Maestri*, 11 de septiembre de 2004.

MELENDEZ, Adilson, «A nova prefeitura de São Paulo», *Projeto Design*, nº 138, Brasil, febrero de 1991, pp. 74-77.

MORAÏS PRADO, Carlos, «O culto ao corpo ganha um novo espaço em São Paulo», *Diário de São Paulo*, 30 de marzo de 1986.

PIERROTTI ROSSETTI, Eduardo, «Tensão moderno/popular em Lina Bo Bardi: nexos de arquitetura », *Arquitextos*, nº esp. 165, 2001.

RYDLE, Carlos, « Mudança em outubro», *Jornada Tarde*, O Estado de S. Paulo, 20 de julio de 1992, p. 19.

SERAPIÃO, Fernando, «Enigmas de um triângulo romano», *Arcoweb*.

SOUZA BIERRENBACH, Ana Carolina de, «Como um lagarto sobre as pedras ao sol: as arquiteturas de Lina Bo Bardi e Antoni Gaudí», *Arquitextos*, nº 044, 2003.

UCHÔA, Marco, «Kremlin paulistano», *Cidades. O Estado de S. Paulo*, 2 de octubre de 1992, p. 2.

OTRAS INVESTIGACIONES YA REALIZADAS

MARCHIS DE COSULICH, Roberta, *Do Pré-artesanato ao Design*, Maestría en Universidad Presbiteriana Mackenzie, São Paulo, 2007.

PEREZ DE OLIVEIRA, Liana Paula, *A capacidade de dizer não: Lina Bo Bardi e a Fábrica da Pompéia*, Maestría en Universidad Presbiteriana Mackenzie, São Paulo, 2007.

RAMOS COLLARES, Julio, *Exoesqueletos en el Modernismos brasileño en las décadas de los 40 y 50 del siglo XX*, Maestría, Fundação de Apoio da Universidade Federal do Rio Grande do Sul, Porto Alegre, 2003.

TEMAS GENERALES

ANTOÑANZAS MEJÍA, Fernando, *Artistas y juguetes*, Tesis doctoral, Dibujo I, Facultad de Bellas Artes, Universidad Complutense, Madrid, 2004.

AZARA, Pedro, *Arquitectos a escena. Escenografías y montajes de exposición en los 90*, Barcelona, Gustavo Gili, 2000.

BESOMBES DE, Anne Marie, *Los pequeños juguetes de tu hijo*, Barcelona, Daimon, 1981.

CARPENTIER, Alejo, *Ese músico que llevo dentro*, Madrid, Biblioteca de Autor, 2007 (1ª Ed., La Habana, Letras Cubanas, 1980).

DUVIGNAUD, Jean, *El juego del juego*, México, Breviarios-Fondo de Cultura Económica de México, 1982.

ELKONIN, Daniel B., *Psicología del juego*, Barcelona, Antonio Machado, 1980.

ESTRADA DÍEZ, Eugenio, *La expresión plástica infantil y el arte contemporáneo*, Editorial de la Universidad Complutense de Madrid, 1988.

GIARDINA, Andrea, «Scenari Romani», *Roma Antica*, Roma, Laterza, 2000.

GUTIÉRREZ PÁRRAGA, María Teresa, *La significación del juego en el arte moderno y sus implicaciones en la pedagogía artística*, Tesis doctoral, Facultad de Bellas Artes, Universidad Complutense, Madrid, 2004.

HUITZINGA, Johan, *Homo Ludens*, Barcelona, Alianza editorial, Madrid, 2002 (1° edición 1938).

JOHNSON, Paul, *Creadores*, Barcelona, Ediciones B, 2006.

PALENZUELA, Nilo, *Moradas del intérprete*, Madrid, Fondo de Cultura económica de España, 2007.

TORRES GARCÍA, Joaquín, *Aladdin. Juguetes Transformables*, Montevideo, Museo Torres García, 2005.

TOURNIER, Michel, *El espejo de las ideas*, Barcelona, El Acantilado, 2000.

AA.VV, *Ruidos y susurros de las Vanguardias. Reconstrucciones de obras pioneras del Arte Sonoro (1909-1945)*, al cuidado de Miguel Molina Alarcón, Valencia, Universidad Politécnica de Valencia, 2004.